国家社科基金
后期资助项目
GUOJIA SHEKE JIJIN HOUQIZIZHU XIANGMU

中国情境下多元包容型
人力资源管理研究

Research on Inclusive Human Resource Management
in Chinese Context

赵富强 著

WUHAN UNIVERSITY PRESS
武汉大学出版社

图书在版编目(CIP)数据

中国情境下多元包容型人力资源管理研究/赵富强著.—武汉:武汉大学出版社,2023.12
国家社科基金后期资助项目
ISBN 978-7-307-24232-6

Ⅰ.中… Ⅱ.赵… Ⅲ.人力资源管理—研究 Ⅳ.F243

中国国家版本馆 CIP 数据核字(2023)第 251209 号

责任编辑:唐 伟   责任校对:汪欣怡   版式设计:韩闻锦

出版发行: **武汉大学出版社** (430072 武昌 珞珈山)
(电子邮箱:cbs22@whu.edu.cn 网址:www.wdp.com.cn)
印刷:武汉邮科印务有限公司
开本:720×1000 1/16 印张:20.75 字数:361 千字 插页:1
版次:2023 年 12 月第 1 版 2023 年 12 月第 1 次印刷
ISBN 978-7-307-24232-6 定价:98.00 元

国家社科基金后期资助项目(20FGLB047)

国家社科基金后期资助项目
出版说明

后期资助项目是国家社科基金设立的一类重要项目，旨在鼓励广大社科研究者潜心治学，支持基础研究多出优秀成果。它是经过严格评审，从接近完成的科研成果中遴选立项的。为扩大后期资助项目的影响，更好地推动学术发展，促进成果转化，全国哲学社会科学工作办公室按照"统一设计、统一标识、统一版式、形成系列"的总体要求，组织出版国家社科基金后期资助项目成果。

全国哲学社会科学工作办公室

前　言

组织合法化与差异化的双元需求需要组织创新求变。随着经济全球化的发展，企业面临合法化与差异化的双重压力，既需要维持与其他企业之间的相似性以获得合法化，又需要差异化以维持竞争优势，"求同还是存异"的选择关乎企业的生存和发展。与此同时，随着我国科技发展日新月异，消费需求日益多样，产品周期日益缩短，跨界整合如火如荼，动态竞争日益复杂，外部环境变得日益 VUCA（Volatile，Uncertain，Complex，Ambiguous），组织唯有通过独特的资源与能力，不断创新方能求得生存和保持自身竞争优势。而组织创新源于员工的个体创新，个体创新想法和思维的形成以及创新行为的实现均需多元异质资源的积累和整合，无论是企业合法化求生存还是差异化求发展，均离不开多元异质员工的创造力及其创新行为，因而对组织人力资源的多元异质性提出了更高要求。

组织创新需要求同用异，化解多元冲突，发挥异质优势。在经济全球化与国内五化协同的多元融合背景下，企业间竞争日益加剧，国家劳动力市场人口结构发生了巨大变化，跨区域和跨国界的劳动力流动日益频繁，工作场所劳动力构成日益多元，组织管理挑战日益增加。面对多民族、多地域以及多元异质员工，企业需要通过趋同的组织管理实践来规范多元异质员工以获得合法性，从而维持组织生存发展；同时也需要发挥其多元异质资源优势，从而激发组织创新。随着时间推移，多元化劳动力的求同——化解多元管理冲突以及用异——发挥多元异质资源优势，对组织创新变得愈加重要，组织管理实践不但要求同存异，而且要求同化异，更要求同用异，这无疑给组织管理提出更高要求，从而引起学者们的广泛关注。

人力资源实践的多元包容性是组织求同用异之关键。众所周知，人力资源实践是组织提升个体能力、激发个体动机和提供个体机会来实现组织目标和提升竞争优势的规则框架。根据资源保存理论，人力资源实践可提升员工创新能力、激发创新动机与提供创新机会，从而影响其创新态度、行为与绩效；同时，组织给予的人力资源实践支持让员工感到组织对其能力的欣赏、价值的尊重、工作的认可、发展的投资以及福祉的关心，因而会激发其更为积极的热情、更有责任的担当、更为自愿的奉献、更为主动的沟通以及更为激情的创新等回馈组织。多元背景下，企业更需要理解、尊重和欣赏工作场所劳动力的多元差异，重视个体差异与独特贡献，公正平等对待员工，鼓励参与决策管理，给予平等机会，帮助其适应组织，宽容非故意差错以及容忍不同观点，这样才能使组织获得更好发展。有效的人力资源实践是员工创新行为的关键与组织持续创新的保障，因而求同用异、百花齐放和创新致胜的多元包容型人力资源管理实践（Diversity-Inclusive Human Resource Practice，DI-HRP）日益受到学界与业界的广泛关注。而既有相关研究主要集中于包容性氛围、包容性感知以及包容型领导等方面，对多元包容型人力资源管理实践研究缺乏深入探索。

　　既有研究重在求同存异或求同化异而未能求同用异。既有人力资源实践的相关研究主要分为两类：第一类是基于整体系统观的人力资源实践，认为每一要素都是系统的有机组成部分，强调人力资源活动的整体性，如承诺和控制型人力资源系统、利诱和投资型人力资源系统以及维持和绩效导向人力资源系统等；第二类是基于独立累加观的人力资源实践，认为每种系统包含的实践不同，每一种实践在不同的系统里有不同的含义，如高绩效人力资源实践、高承诺人力资源实践、高参与人力资源实践等，这些人力资源管理实践系统尽管包含类似实践，但这些实践协同产生的功能有所不同。前者强调人力资源实践的整体性，后者强调人力资源实践的目的性，尽管两者都对组织绩效具有显著促进作用，但这些人力资源实践只针对组织一般员工的承诺、绩效与参与问题，缺乏针对多元异质个体的聚同化异，而关注其求同用异问题的研究就更为少见。早期劳动力多样性管理重在化解冲突的求同，包容性管理重在存异，在跨界整合的移动互联时代，求同和存异均难以满足组织创新发展的需要，求同化异也仅能满足渐进性开发式创新的需要，而求同用异方能满足突发性探索式创新与渐进性开发式创新并重的双元性创新与分布式创新的需要。因此，求同用异呼唤多知多识多文化与容人容错容变化的多元包容型人力资源管理实践。

　　多元包容型人力资源管理实践应运而生使组织既求同又用异。中国情境下，一方面，随着经济全球化和国内五化协同的发展，外资企业要进来，国内企业要走出去，同时国内大量劳动力"孔雀东南飞"，"80后""90后""00后"等先后参加工作，工作场所劳动力构成日趋多元化，这些跨国家、区域、文化及代际等的管理冲突不断涌现，成为组织亟待解决的管理难题；另一方面，随着移动互联的发展，VUCA日趋加剧，企业不得不持续创新以求生存发展，而创新需要多元异质知识。因而聚同化异和求同用异成为学界和业界亟待解决的问题。

综上所述，中国情境下多元包容型人力资源管理实践对个体创造力、创新绩效、创新行为以及工作绩效均有重要影响，既能维持高度相似性，又能发挥差异化，提升个体创造力、创新行为、创新绩效以及工作绩效，从而扩大企业竞争优势，使组织实现从"求同存异"到"求同用异"的转变，实现组织与员工之间的双赢合作以及雇佣关系的积极重构，因而成为组织实现"求同用异"双赢局面的有效管理实践。尽管多元包容型人力资源管理实践对组织创新的求同用异非常重要，但这种人力资源实践究竟是什么，其内涵结构如何，其如何具体测量，其作用机理如何，其作用机制发挥的情景条件如何等，既有研究尚乏系统解答。

基于此，本研究拟对上述问题进行系统解答，对多元包容型人力资源管理实践在中国情境下的内涵结构、影响效果、作用机理以及边界条件等进行探究，力图在以下方面作出贡献：(1)科学界定多元包容型人力资源管理实践内涵结构，设计中国情境下多元包容型人力资源管理实践测量量表；(2)探究中国情境下多元包容型人力资源管理实践通过双元学习对个体创造力的黑箱机制，并考察魅力型领导的边界条件；(3)阐明多元包容型人力资源管理实践通过工作重塑对创新行为的作用机理，并明确共享型领导的情景条件；(4)分析多元包容型人力资源管理实践通过工作繁荣对创新绩效的作用机制，并考察共享型领导的边界条件；(5)揭示员工乡愁通过即时通讯对工作绩效的影响机理，并明确情绪耗竭的情景条件；(6)探究中国情境下多元包容型人力资源管理实践通过乡愁对工作绩效的作用机制，并考察依恋风格的边界条件。

本研究主要内容如下：第1章主要阐述研究背景、目的与意义，梳理国内外相关研究，对相关研究进行评述，找到本研究的理论立足点，从而确定本研究的思路框架与技术路线；第2章主要通过扎根访谈、质性研究、因子分析、关联效标以及增量效度等定性与定量研究相结合，对多元包容型人力资源管理实践的内涵结构进行科学界定，得到包括多元性选拔、个性化配置、包容性发展、参与性评估以及针对性薪酬五维20题项的中国情境多元包容型人力资源管理实践量表；第3章主要基于资源保存理论与社会交换理论，通过文献研究提出多元包容型人力资源管理实践对个体创造力影响的相关假设，构建其对个体创造力影响的被调节中介作用模型，通过实证研究揭示内部作用机理与边界条件；第4章主要以资源保存理论为理论基础，探究多元包容型人力资源管理实践对员工创新行为影响的工作重塑中介作用机理以及共享型领导的边界条件作用；第5章主要基于最优区分理论揭示多元包容型人力资源管理实践通过工作繁荣对员工创新绩效的影响机理，考察共享型领导在其间的调节作用；第6章主要基于资源保存理论，通过移动互联背景下即时通讯的中介作用，揭示乡愁对工作绩效的影响机理，并考察不同情绪耗竭状态在其间的边界条件；第7章主要从资源保存理论视角，打开多元包容型人力资源管理实践通过员工乡愁影响其工作绩效的黑箱，并考察依恋风格作为调节变量在其间的边界条件作用；第8章主要提出研究结论，厘清研究创新贡献，指出主要研究局限，指明未来研究方向。

本研究主要结论如下：

（1）中国情境下多元包容型人力资源管理实践结构与测量研究结论。本研究通过理论分析、文献查阅、案例研究、实践研究、专家讨论、扎根访谈、质性研究、探索性因子分析、验证性因子分析以及关联效标检验等定性与定量研究相结合，对多元包容型人力资源管理实践内涵构成进行了本土化的科学界定，即多元包容型人力资源管理实践指为实现组织目标、提高组织绩效和获取竞争优势，而采取的一系列尊重员工差异、认可员工价值、包容员工错误、发挥员工差异化潜能、鼓励员工管理参与、制约多元化冲突、弥补多元化不足，并且可提升员工能力、激发其动机和为其提供机会的人力资源管理活动、职能或过程，包括个性化配置、多元性选拔、包容性发展、参与性评估以及针对性薪酬，因而中国情境下多元包容型人力资源管理实践测量量表包括五维20题项。

（2）中国情境下多元包容型人力资源管理实践对个体创造力影响机理与边界条件研究结论。本研究基于资源保存理论，通过构建多元包容型人力资源管理实践对个体创造力被调节的中介作用模型以及问卷调查和统计分析发现：①多元包容型人力资源管理实践及其各维度可提升个体创造力；②双元学习在多元包容型人力资源管理实践及其各维度与个体创造力之间起中介作用；③魅力型领导调节多元包容型人力资源管理实践及其各维度对双元学习与个体创造力的直接作用，同时也调节多元包容型人力资源管理实践及其各维度通过双元学习对个体创造力的间接作用。

（3）中国情境下多元包容型人力资源管理实践对创新行为影响机理与边界条件研究结论。本研究根据多元包容和人力资源实践的本质，以资源保存理论为理论基础，探究多元包容型人力资源管理实践对员工创新行为影响的工作重塑中介作用机理，分析共享型领导的边界条件作用。实证研究得出如下结论：①多元包容型人力资源管理实践及其各维度显著正向影响员工创新行为；②工作重塑在多元包容型人力资源管理实践及其各维度与员工创新行为关系中起中介作用；③共享型领导调节多元包容型人力资源管理实践及其各维度(除多元性选拔)对工作重塑和员工创新行为的影响。

(4)中国情境下多元包容型人力资源管理实践对创新绩效影响机理与边界条件研究结论。本研究基于社会交换与资源保存理论，揭示多元包容型人力资源管理实践通过工作繁荣对员工创新绩效的影响机理，考察共享型领导在其间的调节作用。实证分析发现：①多元包容型人力资源管理实践及其各维度正向影响员工创新绩效；②工作繁荣在多元包容型人力资源管理实践及其各维度对员工创新绩效的影响间起中介作用；③共享型领导正向调节多元包容型人力资源管理实践及其各维度对工作繁荣和员工创新绩效的直接影响以及其通过工作繁荣对员工创新绩效的间接作用。

(5)员工乡愁对其工作绩效影响的作用机理与边界条件研究结论。本研究从资源保存理论视角，通过移动互联背景下即时通讯的中介作用，揭示乡愁对工作绩效的影响机理，并考察不同情绪耗竭状态在其间的边界条件。实证研究得出如下结论：①中国情境下乡愁与工作绩效显著正相关；②即时通讯中介乡愁对工作绩效的影响；③情绪耗竭调节乡愁对即时通讯和工作绩效的直接影响；④情绪耗竭显著调节乡愁通过即时通讯对工作绩效的间接作用。

(6)中国情境下多元包容型人力资源管理实践对工作绩效影响机理与边界条件研究结论。本研究从资源保存理论视角，探究多元包容型人力资源管理实践通过员工乡愁影响其工作绩效的黑箱机制，并考察依恋风格作为调节变量在其间的边界条件。追踪研究发现：①多元包容型人力资源管理实践及其各维度对工作绩效有显著正向影响；②多元包容型人力资源管理实践及其各维度(除多元性选拔)对乡愁以及乡愁对工作绩效均有显著正向影响；③乡愁部分中介多元包容型人力资源管理实践对工作绩效的影响；④依恋风格在多元包容型人力资源管理实践及其各维度(除多元性选拔与个性化配置)对乡愁与工作绩效的影响中具有调节作用；⑤进一步研究发现，依恋风格与适应障碍双重调节多元包容型人力资源管理实践通过故乡眷恋对工作绩效的间接作用。

本研究主要创新与贡献如下：

(1)多元包容型人力资源管理实践结构与测量研究的主要创新贡献如下：①基于文献研究，结合人力资源实践 A-M-O 框架，科学界定了多元包容型人力资源管理实践的内涵，从而丰富了中国情境下人力资源实践尤其是导向型人力资源实践研究；②基于扎根访谈、质性研究和统计分析，设计验证了多元包容型人力资源管理实践维度构成与测量量表，从而为后续实证研究提供了测量工具。

（2）中国情境下多元包容型人力资源管理实践对个体创造力影响机理与边界条件研究的主要创新贡献如下：①拓展了化解多元冲突挑战同时发挥异质创新优势的导向型人力资源实践——多元包容型人力资源管理实践，从而丰富了人力资源实践管理理论研究；②丰富了创造力形成的理论研究，从而对创造力培育、开发与提升的管理实践提供理论依据和决策参考；③把多元包容和双元学习进行视角整合，从而拓展了人力资源实践与创造力作用机制研究的理论视角；④魅力型领导的引入和调节作用考察，丰富了组织实践与领导风格文献的发展，对促进组织管理实践、团队领导风格以及个体创造力之间的匹配应用具有重要指导意义。

（3）多元包容型人力资源管理实践对创新行为影响机理与边界条件研究的创新贡献如下：①揭示了多元包容型人力资源管理实践影响员工创新行为的研究，丰富了多元包容型人力资源管理实践的影响效果研究；②工作重塑中介变量的引入，丰富了多元包容型人力资源管理实践作用路径与机制研究，进一步打开了多元包容型人力资源管理实践影响的黑箱机制；③共享型领导调节变量的引入，明确和丰富了多元包容型人力资源管理实践影响员工创新行为的边界条件与组织情景研究。

（4）多元包容型人力资源管理实践对创新绩效影响机理与边界条件研究的创新贡献如下：①多元包容型人力资源管理实践影响员工创新绩效的研究，丰富了导向型人力资源实践——多元包容型人力资源管理实践的理论研究；②多元包容型人力资源管理实践、工作繁荣与共享型领导以及创新绩效等变量的有机结合，丰富了既有变量及其相互影响机制的研究；③多元包容型人力资源管理实践通过工作繁荣对员工创新绩效的影响机制和共享型领导边界条件研究，揭示了人力资源实践与领导风格的资源互补作用，深化和拓展了资源保存理论的应用。

（5）员工乡愁对其工作绩效影响的作用机理与边界条件研究的主要创新贡献如下：①中国情境下乡愁对工作绩效的影响作用揭示，丰富了异乡工作员工绩效变化的内部心理作用过程；②中国情境下即时通讯完全中介乡愁对工作绩效的影响，揭示了乡愁对工作绩效影响的作用机理；③情绪耗竭调节乡愁对即时通讯及其通过即时通讯对工作绩效的间接作用，丰富了乡愁对工作绩效作用机制发生的边界条件。

（6）多元包容型人力资源管理实践对工作绩效影响机理与边界条件研究的创新贡献如下：①从跨文化乡愁与资源保存角度，打开了人力资源实践影响工作绩效的黑箱；②进一步明确了变量构成对研究结论的影响，即乡愁的内涵构成及其交互作用在人力资源实践影响工作绩效中的影响；③考察了与跨文化乡愁有关的心理特征——依恋风格在多元包容型人力资源管理实践中通过乡愁影响工作绩效的边界条件，进一步明确了人力资源实践影响工作绩效的情景条件。

综上所述，本研究圆满完成了研究的设计初衷，达到研究提出的相关要求，实现了研究的预期目标，对学界相关研究做了很好的探索拓展、丰富补充与延伸推动，对业界在员工创造力、工作绩效、创新行为、创新绩效提升以及组织创新绩效改善等方面的管理实践，起到很好的理论指导和决策参考作用。

目　　录

第1章 导　　论

1.1　研究目的与意义

1.1.1　研究背景

(1)组织合法化与差异化的双元需求需要组织创新求变

随着经济全球化的发展，企业面临合法化与差异化的双重压力，既需要维持与其他企业之间的相似性以获得合法化，又需要差异化以维持竞争优势，"求同还是存异"的选择关乎企业的生存和发展，既有研究对此形成三种观点（Guo，Tang & Su，2014）[①]：平衡观认为，企业应该保持中等程度的相似性和差异化，以达到求同与存异间的平衡（Mcnamara，Deephouse & Luce，2010）[②]；取舍观认为，企业应该保持高度的相似性以获得合法化或高度的差异化以获得竞争优势，在求同和存异间取舍，中等程度不会达到预期目标（Jennings，Jennings & Greenwood，2009）[③]；双元观认为，企业可以同时达到高度相似性和差异化，摆脱平衡或取舍的困境，实现共赢（Tan，Shao & Li，2013；Wang，Thornhill & Castro，

---

① Guo H, Tang J, Su Z. To be different, or to be the same? The interactive effect of organizational regulatory legitimacy and entrepreneurial orientation on new venture performance[J]. Asia Pacific Journal of Management, 2014, 31(3): 665-685.

② Mcnamara G, Deephouse D L, Luce R A. Competitive positioning within and across a strategic group structure: The performance of core, secondary, and solitary firms [J]. Strategic Management Journal, 2010, 24(2): 161-181.

③ Jennings J E, Jennings P D, Greenwood R. Novelty and new firm performance: The case of employment systems in knowledge-intensive service organizations [J]. Journal of Business Venturing, 2009, 24(4): 338-359.

2017)①②。与此同时，随着科技发展日新月异，消费需求日益多样，产品周期日益缩短，跨界整合如火如荼，动态竞争日益复杂，外部环境变得日益 VUCA(Volitile，Uncertain，Complex，Ambiguous)(赵富强、张秋红、陈耘、胡伟、陈凯佳，2019)③，组织唯有通过独特的资源与能力，不断创新方能求得生存和保持自身竞争优势(Scott & Bruce，1994)④，因而创新已经成为组织生存发展的决定因素之一(肖丽芳，2018)⑤。而组织创新源于员工的个体创造力与创新行为(Anderson，2014；Gong，Kim & Lee，2013)⑥⑦，包括引入新思想、获取新知识、提出新创意、改进现流程以及寻找新技术等(姚明晖等，2014；Yuan & Woodman，2010)⑧⑨。以往学者认为，个体创新想法和思维的形成以及创新行为的实现均需多元异质资源的积累和整合，组织中资源的多元化有利于个体创造力，这就对组织人力资源的多元异质性提出了更高要求(Hoever，Daan & Ginkel，2012)⑩。

(2)组织创新需要求同用异，化解多元冲突，发挥异质优势

经济全球一体与国内五化协同的多元融合背景下，组织竞争日益加剧，劳动力市场人口结构发生了巨大变化，跨区域和跨国界的劳动力流动日益频繁，新生代员工、农民工、少数民族、归国人员、外籍人口、海外务工人员、外派员工以及残疾员工等工作场所多元化劳动力越来越多(辛

① Tan J，Shao Y，Li W. To be different，or to be the same? An exploratory study of isomorphism in the cluster[J]. Journal of Business Venturing，2013，28(1)：83-97.

② Wang T，Thornhill S，Castro J O D. Entrepreneurial orientation，legitimation，and new venture performance：Entrepreneurial orientation and legitimation [J]. Strategic Entrepreneurship Journal，2017，11(4)：178-189.

③ 赵富强，张秋红，陈耘，胡伟，陈凯佳. 基于即时通讯与情绪耗竭的中国情境下乡愁对工作绩效的影响研究[J]. 管理学报，2019，16(10)：1457-1465.

④ Scott S G，Bruce R A. Determinants of innovative behavior：A path model of individual innovation in the workplace[J]. The Academy of Management Journal，1994，37(3)：580-607.

⑤ 肖丽芳. 创造力导向的人力资源管理实践对组织创造力的作用机理研究[J]. 人力资源管理，2018，5(6)：23-24.

⑥ Anderson N K P Z J. Innovation and creativity in organizations a state-of-the-science review，prospective commentary，and guiding framework[J]. Journal of Management，2014，5(40)：1297-1333.

⑦ Gong Y，Kim T Y，Lee D R，et al. A multilevel model of team goal orientation，information exchange，and creativity[J]. Academy of Management Journal，2013，56(3)：827-851.

⑧ 姚明晖，李元旭. 包容性领导对员工创新行为作用机制研究[J]. 科技进步与对策，2014(10)：6-9.

⑨ Yuan F，Woodman R W. Innovative behavior in the workplace：the role of performance and image outcome expectation[J]. Academy of Management Journal，2010，53(2)：323-342.

⑩ Hoever I J，Daan V K，Ginkel W P V，et al. Fostering team creativity：perspective taking as key to unlocking diversity's potential[J]. Journal of Applied Psychology，2012，97(5)：982-996.

鸣，2013)①，其专业特长、知识技能、文化背景愈加多元（刘雅琦、曹霞、王凯，2015)②，因而组织工作场所员工多元异质性日益增加，价值观差异日益加大，组织管理挑战日益增加（Pelled, Ledford & Mohrman，2010)③。无论企业合法化求生存还是差异化求发展，均离不开多元异质员工的创造力及创新行为。面对多元异质员工，中国情境下企业既需要通过趋同的组织制度和发展战略来规范管理员工以获得合法性，从而维持组织生存发展（Deephouse，2015)④，同时也需要这些多元异质员工带给组织多元异质资源，从而激发创新（赵富强、杨淑媛、陈耘、张光磊，2017)⑤。随着时间推移，多元化劳动力的求同——化解多元管理冲突以及用异——发挥多元异质资源优势，对组织创新变得愈加重要，组织管理实践不但要求同存异，而且要求同化异，更要求同用异，这无疑给组织提出更高挑战，从而引起学者们的广泛关注（Zhao, Fisher & Lounsbury，2016)⑥。

(3) 人力资源实践的多元包容性是组织求同用异之关键所在

众所周知，人力资源实践是组织提升个体能力、激发个体动机和提供个体机会来实现组织目标和提升竞争优势的规则框架（赵富强、张光磊、陈耘，2015)⑦。根据资源保存理论，人力资源实践可提升员工创新能力、激发创新动机与提供创新机会，从而影响其创新态度、行为与绩效（Hobfoll，2002)⑧；同时，组织给予的人力资源实践支持让员工感到组织对其能力的欣赏、价值的尊重、工作的认可、发展的投资以及福祉的关心，因而会激发其更为积极的热情、更有责任的担当、更为自愿的奉献、

① 辛鸣．包容性发展思想研究[J]．中外企业家，2013，30(2)：51-53.

② 刘雅琦，曹霞，王凯．人力资源多元化管理研究述评与展望[J]．中国人力资源开发，2015，3(6)：31-38.

③ Pelled L H, Ledford G E Jr., Mohrman S A. Demographic dissimilarity and workplace inclusion[J]. Journal of Management Studies, 1999, 36(7): 1013-1031.

④ Deephouse D L. To be different, or to be the same? It's a question (and theory) of strategic balance[J]. Strategic Management Journal, 2015, 20(2): 147-166.

⑤ 赵富强，杨淑媛，陈耘，张光磊．工作-家庭平衡型人力资源管理实践对员工绩效的影响：工作繁荣与真实型领导的作用[J]．中国人力资源开发，2017(9)：81-96.

⑥ Zhao E Y, Fisher G, Lounsbury M, et al. Optimal distinctiveness: Broadening the interface between institutional theory and strategic management[J]. Strategic Management Journal, 2016, 38(1): 93-113.

⑦ 赵富强，张光磊，陈耘．支持性人力资源实践与组织绩效的研究[J]．科学学研究，2015，8(9)：1405-1413.

⑧ Hobfoll S E. Social and psychological resources and adaptation [J]. Review of General Psychology, 2002, 6(4): 307-324.

更为主动的沟通以及更为激情的创新等回馈组织（Shore，Fisher & Lounsbury，1995）①。中国文化多元背景下，组织更需要理解、尊重和欣赏工作场所劳动力种族、性别、文化以及性取向等方面的多元差异，重视个体差异与独特贡献（Lirio，Lee & Williams，2010）②，公正平等对待员工，鼓励参与决策管理（Holvino，Ferdman & Merrill-Sands，2004）③，给予平等机会（Fredrickson & Losada 2005）④，帮助其适应组织，宽容非故意差错以及容忍不同观点（Tang，Jiang & Chen，2015）⑤，这样才能使组织获得更好发展（Roberson，2004）⑥。有效的人力资源实践是员工创新行为的关键与组织持续创新的保障，因而求同用异、百花齐放和创新致胜的多元包容型人力资源管理实践日益受到学界与业界的广泛关注。既有相关研究主要集中于包容性氛围（Nishii，2012）⑦、包容性感知（Jansen，Otten & Van，2014）⑧以及包容型领导（Tang，Zheng & Chen，2017）⑨等方面，对多元包容型人力资源管理实践缺乏深入探究。

（4）既有研究重在求同存异或求同化异而未能求同用异

既有人力资源实践的相关研究主要分为两类（赵富强、陈耘、杨淑媛，2018）⑩：第一类是基于整体系统观的人力资源实践，认为每一要素都是系统的有机组成部分，强调人力资源活动的整体性，如承诺型和控制

① Shore L M, Shore T H. Perceived organizational support and organizational justice［M］// Cropanzano R, Kacmar K. Organizational politics, justice, and support. Westport, CT: Quorum, 1995.

② Lirio P, Lee M D, Williams M L. The inclusion challenge with reduced-load professionals: The role of the manager［J］. Human Resource Management, 2010, 47(3): 443-461.

③ Holvino E, Ferdman B M, Merrill-Sands D. Creating and sustaining diversity and inclusion in organizations: Strategies and approaches［J］. The Psychology and Management of Workplace Diversity, 2004, 9(4): 245-276.

④ Fredrickson B L, Losada M F. Positive affect and the complex dynamics of human flourishing［J］. American Psychologist, 2005, 60(7): 678-686.

⑤ Tang N, Jiang Y, Chen C, et al. Inclusion and inclusion management in the Chinese context: an exploratory study［J］. International Journal of Human Resource Management, 2015, 26(6): 856-874.

⑥ Roberson Q M. Disentangling the meanings of diversity and Inclusion in organizational management［J］. Group & Organization Management, 2004, 31(2): 212-236.

⑦ Nishii L H. The benefits of climate for inclusion for gender-diverse groups［J］. Academy of Management Journal, 2012, 56(6): 1754-1774.

⑧ Jansen W S, Otten S, Van der Zee K I, et al. Inclusion: Conceptualization and measurement［J］. European Journal of Social Psychology, 2014, 44(4): 370-385.

⑨ Tang N, Zheng X, Chen C. Managing Chinese diverse workforce: toward a theory of organizational inclusion［J］. Nankai Business Review International, 2017, 8(1): 39-56.

⑩ 赵富强，陈耘，杨淑媛. 工作家庭平衡型人力资源实践研究——中国情境下的结构与测量［J］. 经济管理, 2018, 40(2): 120-139.

型人力资源系统(Arthur, 1994)①、利诱和投资型人力资源系统(Shaw, Gupta & Delery, 2005)②、维持-绩效导向人力资源系统(Gong, Law, Chang & Xin, 2009)③等；第二类是基于独立累加观的人力资源实践，认为每种系统包含的实践不同，每一种实践在不同的系统里有不同的含义，如高绩效人力资源实践(Datta, Guthrie & Wright, 2005)④、高承诺人力资源实践(Mcclean & Collins, 2011)⑤、高参与人力资源实践(Guthrie, 2001)⑥等，这些人力资源管理实践系统尽管包含类似实践，但这些实践协同产生的功能有所不同。前者强调人力资源实践的整体性，后者强调人力资源实践的目的性，尽管两者都对组织绩效具有显著促进作用(Raineri, 2017; Zhong, Wayne & Liden, 2015)⑦⑧，但这些人力资源实践针对组织一般员工的承诺、绩效与参与问题，缺乏针对多元异质个体的聚同化异，而关注其求同用异的问题研究就更为少见。

对于劳动力多元化现象，早期学者提出采用平等对待等多样化管理措施来减少组织内的冲突和歧视(Pelled, Ledford & Mohrman, 1999)⑨，但这种重在求同的管理方式并不能充分发挥多元化员工的个体优势，因而学者们提出重在存异的包容性管理，认为其是解决多元化问题更为有效的管

① Arthur J B. Effects of human resource systems on manufacturing performance and turnover[J]. The Academy of Management Journal, 1994, 37(3): 670-687.
② Shaw J D, Gupta N, Delery J E. Alternative conceptualizations of the relationship between voluntary turnover and organizational performance[J]. Academy of Management Journal, 2005, 48(1): 50-68.
③ Gong Y. Employee learning orientation, transformational leadership, and employee creativity: the mediating role of employee creative self-efficacy[J]. Academy of Management Journal, 2009, 52(4): 765-778.
④ Datta D K, Guthrie J P, Wright P M. Human resource management and labor productivity: does industry matter[J]. Academy of Management Journal, 2005, 48(1): 135-145.
⑤ Mcclean E, Collins C J. High-commitment HR practices, employee effort, and firm performance: Investigating the effects of HR practices across employee groups within professional services firms[J]. Human Resource Management, 2011, 50(3): 341-363.
⑥ Guthrie J P. High-involvement work practices, turnover, and productivity: Evidence from New Zealand[J]. Academy of Management Journal, 2001, 44(1): 180-190.
⑦ Raineri A. Linking human resources practices with performance: the simultaneous mediation of collective affective commitment and human capital[J]. International Journal of Human Resource Management, 2017, 28(22): 3149-3178.
⑧ Zhong L, Wayne S J, Liden R C. Job engagement, perceived organizational support, high-performance human resource practices, and cultural value orientations: A cross-level investigation [J]. Journal of Organizational Behavior, 2015, 37(6): 823-844.
⑨ Pelled L H, Ledford G E, Mohrman S A. Demographic dissimilarity and workplace inclusion [J]. Administrative Science Quarterly, 1999, 36(7): 1013-1031.

理方式(Miller, 1998)①, 其允许员工广泛参与和自我体现, 一方面强调平等对待, 和平共处; 另一方面又可鼓励自我展现, 发挥多元个体优势(Roberson, 2006)②。而跨界整合的移动互联时代, 求同和存异均难以满足组织创新发展的需要, 求同化异也仅能满足渐进性开发式创新的需要, 求同用异方能满足突发性探索式创新与渐进性开发式创新并重的双元性创新与分布式创新的需要。因此, 求同用异呼唤多知多识多文化与容人容错容变化的管理实践, 多知即所学专业、知识背景以及专长特长多元化; 多识即工作经历、行业经验以及社会阅历多元化; 多文化即社会背景、宗教信仰以及区域文化多元化; 容人即包容、理解、尊重以及发挥员工多元性; 容错即宽容、谅解以及帮助多元员工无心之错; 容变化即容纳、迎接、适应以及引导内外环境变化。

(5)多元包容型人力资源管理实践应运而生使组织既求同又用异

中国情境下, 一方面, 随着经济全球化和国内五化协同的发展, 国外的企业要进来, 国内企业要走出去, 同时国内大量劳动力"孔雀东南飞", "80后""90后""00后"等先后参加工作, 工作场所劳动力构成日趋多元化, 这些跨国家、区域、文化及代际等的管理冲突不断涌现, 成为组织亟待解决的管理难题(赵富强、张秋红、陈耘、胡伟、陈凯佳, 2019)③; 另一方面, 随着移动互联的发展, VUCA日趋加剧, 企业不得不持续不断创新以求生存发展, 而创新需要多元异质知识。因而聚同化异和求同用异成为学界和业界亟待解决的问题。而中国情境下究竟什么人力资源实践能够解决这一问题, 该人力资源实践究竟构成如何, 如何对该人力资源实践及其效果进行测量, 既有研究尚未发现。

中国情境下的多元包容型人力资源管理实践(Diverse-inclusive Human Resource Practice, DI-HRP)是组织提升个体多元包容能力、激发个体多元包容动机和提供个体多元包容机会, 从而实现组织目标和提升竞争优势的人力资源实践(陈耘、陈凯佳、赵富强、张秋红、胡伟, 2019)④, 因而其既可以减少多元化带来的组织冲突和矛盾——求同存异, 又可以鼓励个体

① Miller F A. Strategic culture change: The door to achieving high performance and inclusion [J]. Public Personnel Management, 1998, 27(2): 151-160.

② Roberson Q M. Disentangling the meanings of diversity and inclusion in organizations[J]. Group & Organization Management, 2006, 31(2): 212-236.

③ 赵富强, 张秋红, 陈耘, 胡伟, 陈凯佳. 基于即时通讯与情绪耗竭的中国情境下乡愁对工作绩效的影响研究[J]. 管理学报, 2019, 16(10): 1457-1465.

④ 陈耘, 陈凯佳, 赵富强, 张秋红, 胡伟. 中国情境下乡愁的影响效果与影响因素[J]. 中国人力资源开发, 2019, 36(4): 45-60.

充分展现自我——百家争鸣，同时也可以发挥多元化个体的自身优势——百花齐放，还可以实现多元化员工的协同融合——相得益彰，从而提升员工感知到的组织认可和尊重，增强个体的自我效能感和组织支持感，进而有利于个体和组织的绩效提升(Shore，Randel，Chung，Dean，Holcombe Ehrhart & Singh，2011)①。因此，多元包容型人力资源管理实践是一种既充分包容员工的差异性以达到高度相似性，又充分尊重和利用员工的多元化，还整合差异化个体，从而激发个体创造力的管理实践。

(6)多元包容型人力资源管理实践内涵结构与作用机制的提出

中国情境下，多元包容型人力资源管理实践对个体创造力、创新绩效、创新行为以及工作绩效均有重要影响，既能维持高度相似性，又能发挥差异化，促进个体创造力、创新行为、创新绩效以及工作绩效，从而提高企业竞争优势，使组织实现从"求同存异"到"求同用异"的转变，实现组织与员工之间的双赢合作以及雇佣关系的积极重构，因而成为组织实现"求同用异"双赢局面的有效管理实践。尽管多元包容型人力资源管理实践对组织创新的求同用异非常重要，但这种人力资源实践究竟是什么，其内涵结构如何，其如何具体测量，其作用机理如何，其作用机制发挥的情景条件如何等，既有研究尚乏系统解答。

1.1.2　研究目的

基于此，本研究拟对上述问题进行系统解答，对多元包容型人力资源管理实践内涵结构、作用机理以及边界条件等进行探究，力图在以下方面作出贡献：

①科学界定多元包容型人力资源管理实践内涵结构，设计中国情境下多元包容型人力资源管理实践测量量表。本研究拟通过文献研究、实地调研、专家讨论、质性研究以及统计分析等，探究中国情景下多元包容型人力资源管理实践的内涵结构，开发中国情境下多元包容型人力资源管理实践测量工具，同时选取创新导向人力资源实践为参照，检验多元包容型人力资源管理实践的增量效度，以确保多元包容型人力资源管理实践内涵结构的独立性、完备性与必要性。

②探究中国情境下多元包容型人力资源管理实践通过双元学习对个体创造力的黑箱机制，并考察魅力型领导的边界条件。本研究拟基于资源保

① Shore L M, Randel A E, Chung B G, et al. Inclusion and diversity in work groups: A review and model for future research[J]. Journal of Management, 2011, 37(4): 1262-1289.

存理论，探究多元包容型人力资源管理实践通过双元学习对个体创造力的影响机理，同时考察魅力型领导在其间的边界条件，从而为多元包容型人力资源管理实践的影响效果与情景条件研究提供理论依据和决策借鉴。

③阐明中国情境下多元包容型人力资源管理实践通过工作重塑对创新行为的作用机理，并明确共享型领导的情景条件。基于 COR 理论，探究多元包容型人力资源管理实践、工作重塑、共享型领导和员工创新行为之间的关系，探究多元包容型人力资源管理实践通过工作重塑影响员工创新行为的作用机制，并明确共享型领导的边界条件，从而为员工创新行为实现的管理实践提供理论指导。

④分析中国情境下多元包容型人力资源管理实践通过工作繁荣对创新绩效的作用机制，并考察共享型领导的边界条件。基于 COR 理论，选择工作繁荣作为中介变量，探究多元包容型人力资源管理实践对员工创新绩效影响的黑箱机制；选择共享型领导作为调节变量，考察黑箱机制发生的边界条件，从而丰富人力资源实践、工作状态及创新行为等相关变量的研究。

⑤揭示员工乡愁通过即时通讯对工作绩效的影响机理，并明确情绪耗竭的情景条件。本研究旨在从资源保存理论角度探究中国情境下乡愁对工作绩效的影响，即时通讯能否化乡愁包袱为工作动力，不同情绪耗竭状态其转化机制是否有所区别，以期对员工乡愁的缓解作出贡献。

⑥探究中国情境下多元包容型人力资源管理实践通过乡愁对工作绩效的作用机制，并考察依恋风格的边界条件。旨在阐明以乡愁为中介，以依恋风格为调节变量，揭示多元包容型人力资源管理实践对多元化员工绩效的影响机理，并考察依恋风格的调节效应，从而为组织发挥多元化员工工作积极性的管理决策和实践提供理论依据与决策借鉴。

1.1.3　研究意义

（1）理论意义

第一，本研究基于文献研究与扎根质性研究，结合人力资源实践 A-M-O 框架，科学界定了多元包容型人力资源管理实践的内涵结构，设计并验证了多元包容型人力资源管理实践维度构成与测量量表，从而丰富了人力资源实践尤其是导向型人力资源实践研究，同时为后续相关实证研究提供了测量工具。

第二，本研究对中国情境下多元包容型人力资源管理实践通过双元学习对个体创造力影响的黑箱机制揭示以及魅力型领导边界条件的考察，扩展了导向性人力资源实践，弥补了非正式组织支持对创造力影响研究的不足，从多元包容和双元融合视角拓展了人力资源实践对创造力的作用研究，回应了多元包容性实践的本土情境研究呼吁。

第三，本研究对中国情境下多元包容型人力资源管理实践通过工作重塑对员工创新行为影响机理的探究与共享型领导边界条件的研究，丰富了中国情境下人力资源实践多元包容的本土内涵，补充了导向性人力资源实践理论研究，明确了人力资源实践影响员工创新行为的工作重塑内在作用机制。

第四，本研究通过对中国情境下多元包容型人力资源管理实践作用机制发生的边界条件进行考察，进一步拓展了多元包容型人力资源管理实践研究，丰富了既有变量及其相互影响机制的研究，揭示了人力资源实践与领导风格的资源互补替代作用，从而深化和拓展了资源保存理论的应用。

第五，本研究对中国情境下乡愁通过即时通讯对员工工作绩效作用机理阐释以及情绪耗竭情景条件考察，丰富了异乡工作员工绩效的内部心理作用过程，阐明了乡愁对工作绩效影响的作用机理，丰富了乡愁对工作绩效作用机制发生的边界条件研究。

第六，本研究对中国情境下多元包容型人力资源管理实践通过乡愁对工作绩效影响作用机理的探究与依恋风格调节作用的考察，丰富了导向型人力资源实践研究，进一步打开了人力资源实践影响工作绩效的黑箱，明确了乡愁内涵构成及其交互作用在人力资源实践与工作绩效间的影响，明确了依恋风格在多元包容型人力资源管理实践影响工作绩效中的情景条件作用。

（2）现实意义

五化协同时代，作为多元异质资源载体和利用主体的员工，其双元学习行为、乡愁心理状态、即时通讯使用、工作重塑设计、工作繁荣状态以及能力提升、动机激发和机会提供等，是个体创造力、工作绩效、创新行为以及创新绩效的关键。本研究通过对多元包容型人力资源管理实践、个体心理状态及其行为绩效的多时点纵向追踪，研究五化协同情境下多元包容型人力资源管理实践通过双元学习行为、乡愁情绪状态、即时通讯使用、工作重塑设计、工作繁荣状态影响个体创造力、工作绩效、创新行为以及创新绩效的作用机制，同时探究魅力型领导、情绪耗竭、依恋风格以及共享型领导的情景条件作用，从而可进一步指导中国情境下企业管理实践的实际。

①中国情境下多元包容型人力资源管理实践内涵结构的界定为组织因

地制宜设计科学可行的人力资源管理实践，以提升多元异质员工的创新能力、激发其创新动机以及提供创新机会，从而提升企业绩效提供了理论依据、政策指导与决策参考。

②中国情境下多元包容型人力资源管理实践测量工具的设计与验证为后续多元包容型人力资源管理实践作用机理与边界条件的实证研究提供了测量工具，同时为后续研究提供了理论基础、思路框架与方法工具。

③中国情境下多元包容型人力资源管理实践对个体创造力的双元学习黑箱机制揭示与魅力型领导边界条件考察，告诉企业可实施多元包容型人力资源管理实践，营造双元学习氛围，转变领导风格发挥魅力型领导作用，从而有利于个体学习更多知识，从而提高其创造力。

④中国情境下多元包容型人力资源管理实践对员工创新行为的工作重塑机理探究与共享型领导边界条件考察，告诉企业可构建多元包容型人力资源管理实践，营造良好工作重塑环境，提高领导权力共享意识，减少多元文化冲突，发挥多元异质资源优势，从而促进员工创新行为。

⑤中国情境下多元包容型人力资源管理实践通过工作繁荣对员工创新绩效的考察，告诉企业要科学设计多元包容型人力资源管理实践，培育开发多元化员工的工作繁荣状态，匹配领导共享风格转变，形成资源互补协同，从而提升个体创新绩效。

⑥中国情境下乡愁通过即时通讯对工作绩效作用机理的阐释与情绪耗竭情景条件考察，告诉企业要营造良好团队氛围，关注心理状态，允许合理使用即时通讯，及时了解亲朋好友动态与工作相关信息，同时加大感恩教育，从而化乡愁为动力。

⑦中国情境下多元包容型人力资源管理实践通过乡愁对工作绩效影响机理的探究与依恋风格调节作用考察，告诉企业可实施多元包容型人力资源管理实践，尽量选拔低依恋员工，减少多愁善感机会，降低环境适应困难，降低乡愁适应障碍，提升故乡眷恋积极心理，从而提升其工作绩效。

1.2　国内外相关研究综述

1.2.1　DI-HRP 内涵构成的相关研究

(1)多元包容型人力资源管理实践(DI-HRP)内涵界定研究

目前，人力资源实践还没有形成较为统一的内涵界定（Boselie，Dietz

& Boon，2005）①，不同学者基于不同的研究目的和视角，从不同理论角度定义和解释了人力资源实践（Paauwe，2009）②。基于功能视角，Huselid(1995)③认为，人力资源实践是在人力资源管理理论指导下所开展的一系列影响员工态度、行为以及绩效的手段、政策、制度的总称；Schuler 和 Jackson(1995)认为，人力资源实践是工作配置、招聘选拔、培训开发和薪酬福利等具体的人力资源活动。④ 基于整体战略视角，Datta 等（2005）认为，人力资源实践是一系列相互协调和相互补充的管理策略，通过这些管理实践的相互作用，有效提升员工的经验、能力和知识，进而为促进组织绩效，实现组织战略作出贡献；⑤ Mc Mahan（1998）认为，人力资源实践是以提高组织绩效为目的所采取的一系列人力资源管理活动与措施。⑥ 基于构型的整体系统观认为，人力资源实践是一个由不同人力资源管理活动、职能和过程组成的完整系统，各不同构成之间相互联系、相互影响(Jackson，Schuler & Jiang 2014)⑦。从企业战略角度来看，人力资源实践是对企业战略的支持系统，是组织为战略目标实现而制定的一系列人力资源相关政策和活动(Posthuma，Campion & Masimova，2013)⑧。基于 AOM 的实践构成观，人力资源实践是为了提高组织绩效和实现竞争优势所采取的一系列提升能力、激发动机和提供机会的相互独立、相互补充的管理活动(Gardner，Wright & Moynihan，2011)⑨。综上所述，本研究认

---

① Boselie P，Dietz G，Boon C. Commonalities and contradictions in HRM and performance research[J]. Human Resource Management Journal，2005，15(3)：67-94.

② Paauwe J. HRM and performance：Achievements，methodological issues and prospects[J]. Journal of Management Studies，2009，46(1)：129-142.

③ Huselid M A. The impact of human resource management practices on turnover，producitivity，and corporate financial performance[J]. Academy of Management Journal，1995(38)：635-672.

④ Jackson S E，Schuler R S. Understanding human resource management in the context of organizations and their environments[J]. Annual Review of Psychology，1995，46(1)：237-264.

⑤ Datta D K，Guthrie J P，Wright P M. Human resource management and labor productivity：Does industry matter[J]. Academy of Management Journal，2005，48(1)：135-143.

⑥ Mc Mahan G C，Virick M，Wright G C. Alternative theoretical perspectives for strategic human resource management revisited：Progress，Problems，and prospects[J]. Personnel and Human Resources Management，1998，5：32-47.

⑦ Jackson S E，Schuler R S，Jiang K. An aspirational framework for strategic human resource management[J]. Academy of Management Annals，2014，8(1)：31-56.

⑧ Posthuma R A，Campion M C，Masimova M. A high-performance work practices taxonomy：Integrating the literature and directing future research[J]. Journal of Management，2013，39(5)：1184-1220.

⑨ Gardner T M，Wright P M，Moynihan L M. The impact of motivation，empowerment，and skill-enhancing practices on aggregate voluntary turnover：The mediating effect of collective affective commitment[J]. Personnel Psychology，2011，64(2)：315-350.

为，人力资源实践是组织为实现战略目标、提高组织绩效和获取竞争优势，而进行的一系列相互独立、相互依赖和相互补充，且可提升能力、激发动机和提供机会的活动、职能和过程。

"包容"概念最早出现于 20 世纪 80 年代后期，最初应用于教育界，主要指为残疾学生提供服务与帮助，使其与其他正常学生一样公平地享受学校教育资源。多元包容概念首先出现于社会工作领域(Barak，2000)①和社会心理学(Brewer，1991)②领域，近 20 年来，多元包容概念受到多样性研究以及社会心理学、社会工作、管理学、教育学等学科领域的重点关注。③ 随着多样化研究影响的深入，多元包容性研究逐渐进入管理领域。尽管多元包容概念近年来在理论发展和实践应用中备受关注，但在组织行为研究中概念相对较新。④ 由于学者们研究视角的不同，对其内涵界定未达成一致。⑤ 从领导成员交换关系视角，多元包容主张尊重员工、理解员工、注重员工反馈和承担员工责任(Hantula，2009)⑥。从过程视角，Mor Barak 等(1998)认为，多元包容是个体知觉到自己是组织关键流程(如有能力影响决策过程、参与工作团队、接近信息和资源)一部分的程度;⑦ 从结构视角，Pelled 等(1999)认为，多元包容是员工在工作系统中被其他成员接受并看作内部人的程度;⑧ 从关系视角，多元包容性指善于

① Barak M E M. Beyond affirmative action: Toward a model of diversity and organizational inclusion[J]. Administration in Social Work, 2000, 23(3): 47-68.

② Brewer M B. The social self: On being the same and different at the same time[J]. Personality & Social Psychology Bulletin, 1991, 17(5): 475-482.

③ Tan J, Shao Y, Li W. To be different, or to be the same? An exploratory study of isomorphism in the cluster[J]. Journal of Business Venturing, 2013, 28(1): 83-97.

④ Wang T, Thornhill S, Castro J O D. Entrepreneurial orientation, legitimation, and new venture performance: Entrepreneurial orientation and legitimation [J]. Strategic Entrepreneurship Journal, 2017, 8(3): 563-584.

⑤ Zhao E Y, Fisher G, Lounsbury M, et al. Optimal distinctiveness: Broadening the interface between institutional theory and strategic management[J]. Strategic Management Journal, 2016, 38(1): 93-113.

⑥ Hantula D A. Inclusive leadership: The essential leader-follower relationship[J]. Psychological Record, 2009, 59(4): 701-704.

⑦ Mor Barak M E, Cherin D A. A tool to expand organizational understanding of workforce diversity: Exploring a measure of inclusion-exclusion[J]. Administration in Social Work, 1998, 22(1): 47-64.

⑧ Pelled L H, Ledford G E, Mohrman S A. Demographic dissimilarity and workplace inclusion[J]. Administrative Science Quarterly, 1999, 36(7): 1013-1031.

与员工建立良好关系，鼓励员工参与（Carmeli，Atwater & Levi，2010）①；从公平视角，Wasserman 和 Gallegos 等（2008）认为，多元包容性是指平等对待弱势群体，② 无论员工有着何种社会身份，来自哪个社会阶层，他都有资格代表集体在主要社会活动中发言和被欣赏（Ryan，2007）③。与上述视角不同的是，Shore 等（2011）基于最佳区分理论将多元包容概括为"员工在工作中根据组织满足其求同和求异需求的情况，而感知到自己在工作团队中被尊重的程度"④。整体而言，多元包容性指对多元化员工实行公平雇佣政策、融合个体差异、发挥个体优势，允许员工参与决策制定（Nishii，2013）⑤。综上所述，我们将"多元包容"定义为"组织对多元化员工身份的认可和接纳、对其多元化价值的激发和利用以及对其权利的尊重和赋予的程度"。

综上所述，本研究认为，多元包容型人力资源管理实践（DI-HRP）指为实现组织目标、提高组织绩效和获取竞争优势，而采取的一系列尊重员工差异，认可员工价值，包容员工错误，发挥员工差异化潜能，鼓励员工管理参与，制约多元化冲突，弥补多元化不足，并且可提升员工能力、激发其动机和提供机会的人力资源管理活动、职能或过程（Roberson，2006）⑥，包括个性化配置、多元性选拔、包容性发展、参与性评估、针对性薪酬等（赵富强、鲁倩、陈耘，2020；Den，De & Keegan，2007；Beal，Cohen，Burke，et al.，2003；Chrobot-Mason & Thomas，2002；Edmondson，

① Carmeli A, Atwater L, Levi A. How leadership enhances employees' knowledge sharing the intervening roles of relational and organizational identification[J]. The Journal of Technology Transfer, 2011, 36(3): 257-274.
② Wasserman I C, Gallegos P V, Ferdman B M. Dancing with resistance: Leadership challenges in fostering a culture of inclusion[A]//Thomas K M. Diversity resistance in organizations. New York: Taylor & Francis Group/Law-rence Erlbaum, 2008.
③ Ryan J. Inclusive leadership: A review [J]. Journal of Educational Administration & Foundations, 2007, 18(1/2): 1-28.
④ Shore L M, Randel A E, Chung B G, Dean M A, Holcombe Ehrhart K, Singh G. Inclusion and diversity in work groups: a review and model for future research[J]. Journal of Management, 2011, 37(4): 1262-1289.
⑤ Nishii L H. The benefits of climate for inclusion for gender-diverse groups[J]. Academy of Management Journal, 2013, 56(6): 1754-1774.
⑥ Roberson Q M. Disentangling the meanings of diversity and inclusion in organizations[J]. Group & Organization Management, 2006, 31(2): 212-236.

2006)①②③④⑤。多元包容型人力资源管理实践意味着差异化个体被允许广泛参与管理并得到充分肯定（Den, De & Keegan, 2007)⑥；多元化员工可以充分利用组织的信息资源，并充分融入组织，被视为组织内部人（Pelled, Ledford, et al., 2010)⑦，一定程度上可影响组织决策制定（Shore, Randel, Chung, et al., 2011)⑧；多元化个体不仅在机会、决策和权力位置等方面平等，而且还会因为个体差异优势而被认可、肯定与鼓励（Ferdman, Avigdor, Braun, et al., 2010)⑨；个体能够感知到强烈的归属感，同时其独特性得到组织的尊重和鼓励（Lirio, Lee, Williams, et al., 2010)⑩；在中国情境下，还具有体谅他人、包容错误（唐宁玉、张凯丽, 2015)⑪以及包容变化的独特含义（赵富强、鲁倩、陈耘, 2020)⑫。

（2）多元包容型人力资源管理实践(DI-HRP)构成测量研究

既有研究对于人力资源实践的维度划分已经取得较为丰富的研究成果，学者们基于不同研究视角和理论将人力资源实践划分出不同的维度。不同类型人力资源实践以及人力资源系统维度及量表均从两个角度进行划

① 赵富强，鲁倩，陈耘. 多元包容性人力资源实践对个体创造力的影响——双元学习和魅力型领导的作用[J]. 科研管理, 2020, 41(4)：94-102.
② Den Hartog D N, De Hoogh A H, Keegan A E. The interactive effects of belongingness and charisma on helping and compliance[J]. Journal of Applied Psychology, 2007, 92(4)：1131-1139.
③ Beal D J, Cohen R R, Burke M J, et al. Cohesion and performance in groups[J]. Journal of Applied Psychology, 2003, 2(11)：88-91.
④ Chrobot-Mason D, Thomas K M. Minority employees in majority organizations：The intersection of individual and organizational racial identity in the workplace [J]. Human Resource Development Review, 2002, 1(3)：323-344.
⑤ Edmondson A C. Making it safe：The effects of leader inclusiveness and professional status on psychological safety and improvement efforts in health care teams[J]. Journal of Organizational Behavior, 2006, 27(7)：941-966.
⑥ Den Hartog D N, De Hoogh A H, Keegan A E. The interactive effects of belongingness and charisma on helping and compliance[J]. Journal of Applied Psychology, 2007, 92(4)：1131-1139.
⑦ Pelled L H, Ledford G E Jr., et al. Demographic dissimilarity and workplace inclusion[J]. Journal of Management Studies, 2010, 36(7)：1013-1031.
⑧ Shore L M, Randel A E, Chung B G, et al. Inclusion and diversity in work groups：A review and model for future research[J]. Journal of Management, 2011, 37(4)：1262-1289.
⑨ Ferdman B M, Avigdor A, Braun D, et al. Collective experience of inclusion, diversity, and performance in work groups[J]. Ram Rev. adm. mackenzie, 2010, 11(3)：6-26.
⑩ Lirio P, Lee M D, Williams M L, et al. The inclusion challenge with reduced-load professionals：The role of the manager[J]. Human Resource Management, 2010, 47(3)：443-461.
⑪ 唐宁玉，张凯丽. 包容性领导研究述评与展望[J]. 管理学报, 2015, 12(2)：932-938.
⑫ 赵富强，鲁倩，陈耘. 多元包容性人力资源实践对个体创造力的影响——双元学习和魅力型领导的作用[J]. 科研管理, 2020, 41(4)：94-102.

分：一是基于构型观的人力资源实践，从人力资源管理传统维度进行划分；二是基于 AOM 框架模型维度进行划分。

一般来说，战略人力资源管理测量量表分为"控制型"与"承诺型"两种人力资源系统，控制型人力资源管理系统以短期交换为主要模式，通过这种模式可以有效提高员工的工作效率，降低企业成本；承诺型人力资源管理系统强调组织与员工建立长期的交换关系，在工作过程中形成组织的认同，使得员工个人目标与组织目标达成一致。① 其包括 10 项人力资源实践，如权力下放、参与、一般培训、技能、监督、社会活动、正当程序、工资、福利和奖金（Arthur，1994）②。也有学者简化测量量表，其从员工甄选、培训、绩效评价和回报、员工参与等维度测量战略人力资源系统（Datta，Guthrie & Wright，2005）③。基于 AOM 框架模型，Lepak 等（2006）和 Jiang 等（2017）将人力资源实践划分为动机提升型人力资源实践、能力提升型人力资源实践和机会提升型人力资源实践三维度。④⑤

基于双元视角，Gong 等（2011）将人力资源实践划分为以绩效为导向和以维持为导向两维度，绩效导向人力资源主要关注员工的成长与发展，致力于为员工的发展与晋升提供多种渠道和平台，维持导向人力资源以维护组织公平、保护员工权益为主要目标。⑥ 从人力资源市场视角出发，Delery 和 Doty（1996）将人力资源实践分为内部发展型和市场导向型两种类型，前者以员工的职业发展和能力培养为导向，强调以人为本，员工对组织形成较高的认同感及忠诚度；市场导向型人力资源实践重视企业的短

---

① Brewer M B. The social self: On being the same and different at the same time[J]. Personality & Social Psychology Bulletin, 1991, 17(5): 475-482.

② Arthur J B. Effects of human resource systems on manufacturing performance and turnover[J]. The Academy of Management Journal, 1994, 37(3): 670-687.

③ Datta D K, Guthrie J P, Wright P M. Human resource management and labor productivity: Does industry matter[J]. Academy of Management Journal, 2005, 48(3): 374-382.

④ Lepak D P, Liao H, Chung Y. A conceptual review of human resource management systems in strategic human resource management research[J]. Research in Personnel and Human Resources Management, 2006, 25(5): 217-271.

⑤ Jiang K, Hu J, Liu S, et al. Understanding employees' perceptions of human resource practices: Effects of demographic dissimilarity to managers and coworkers[J]. Human Resource Management, 2017, 56(1): 367-279.

⑥ Gong Y, Chow H S, Ahlstrom D. Cultural diversity in China: Dialect, job embeddedness, and turnover[J]. Asia Pacific Journal of Management, 2011, 28(2): 221-238.

期利益，与员工形成短期利益交换关系，双方各取所需。① 此外，Gooderham(1999)将人力资源实践分为计算型人力资源实践和合作型人力资源实践，前者以保障生产和销售为主要目的，以员工的个人贡献为导向建立企业薪酬和绩效管理体系；后者重视员工价值，关注员工需求，重视与员工关系的建立，实现员工与组织双方合作共赢。②

与之相对应，学者们从不同角度侧重于不同人力资源实践及其相应测量量表，如最佳人力资源实践包含传统人力资源实践维度的 16 项实践(Pfeffer, 1994)③。Delaney(1996)在 Pfeffer 研究基础上，认为最佳人力资源实践包含：工作安全、畅通的申诉机制、内部晋升机会、工作定义、科学的评价方法、利益分享及正规的培训体系 7 项内容。④ 高承诺工作系统测量量表，包括招聘选拔、培训发展机会、工作保障、工作设计多样性、竞争力薪酬、组织公平、员工参与管理、信息共享、团队合作、组织长远目标等维度(Xiao & Björkman, 2006)⑤；高绩效人力资源实践，包括人员甄选、员工参与、内部流动、深度培训、职业安全、绩效评估、职位描述和激励奖励维度 (Sun, Aryee & Law, 2007)⑥；高参与人力资源实践，包括个人发展、员工参与、上级支持、工作设计、绩效评价等维度(Piening, Baluch & Salge, 2013)⑦。此外，基于资源基础理论，Lepak 和 Snell(1999)从人力资本视角和战略视角将人力资源实践分为四种类型：

---

① Delery J E, Doty D H. Modes of theorizing in strategic human resource management: tests of universalistic, contingency, and configurations performance perdictions [J]. Academy of Management Journal, 1996, 39(4): 802-835.

② Gooderham P N, Nordhaug O, Ringdal K. Institutional and rational determinants of organizational practices: Human resource management in European firms [J]. Administrative Science Quarterly, 1999, 44(3): 507-531.

③ Pfeffer J. Competitive advantage through people: unleashing the power of the work force [J]. Administrative Science Quarterly, 1994, 40(3): 93-94.

④ Delaney J T, Huselid M A. The impact of human resource management practices on perceptions of organizational performance[J]. Academy of Management Journal, 1996, 39(4): 949-969.

⑤ Xiao Z, Björkman I. High commitment work systems in Chinese organizations: A preliminary measure[J]. Management & Organization Review, 2006, 2(3): 403-422.

⑥ Sun L Y, Aryee S, Law K S. High-Performance human resource practices, citizenship behavior, and organizational performance: A relational perspective[J]. Academy of Management Journal, 2007, 50(3): 558-577.

⑦ Piening E P, Baluch A M, Salge T O. The relationship between employees' perceptions of human resource systems and organizational performance: examining mediating mechanisms and temporal dynamics[J]. Journal of Applied Psychology, 2013, 98(6): 926-947.

承诺导向型、合作导向型、市场导向型和顺从导向型。①

综上所述，本研究将结合构型维度以及 AOM 框架模型，基于多元包容性内涵与管理专家意见，设计中国情境下多元包容型人力资源管理实践量表，包括个性化配置、多元性选拔、包容性发展、参与性评估、针对性薪酬等维度。

(3)多元包容型人力资源管理实践(DI-HRP)影响效果研究

学术界正在开展以包容型领导、包容感知和包容氛围等为主题的研究，而有关多元包容型人力资源管理实践的直接研究相对较少，有关包容实践影响的相关研究主要集中在其结果变量上。在影响员工态度方面，有学者以美国社会工作者②、荷兰组织员工③为研究对象，研究证实组织包容与员工工作满意度正相关。同时，组织包容能有效提高员工的敬业度、工作投入④和组织支持感⑤。此外，工作团队决策包容对员工工作投入有积极影响。⑥ 在影响员工行为方面，方阳春等(2015)基于心理资本视角，探究包容型人才开发模式对教师创新行为的影响。研究表明，多元化人才队伍建设和发挥员工的优势能有效促进员工的创新意识，公平对待员工、发挥员工的优势和员工与组织双赢显著影响教师创新成果。⑦ 在影响组织绩效方面，贾丹和方阳春(2017)研究证实，包容型人才开发模式正向影响组织创新绩效。同时，Boehm 等(2014)研究发现，年龄包容性人力资源实践依次通过年龄多样性氛围、集体社会交换感知的中介影响公司绩效

① Lepak D P, Snell S A. The human resource architecture: Toward a theory of human capital allocation and development[J]. Academy of Management Review, 1999, 24(1): 31-48.
② Acquavita S P, Pittman J, Gibbons M, et al. Personal and organizational diversity factors impact on social workers job satisfaction: Results from a national internet-based survey[J]. Administration in Social Work, 2009, 33(2): 151-166.
③ Jansen W S, Vos M W, Otten S, et al. Colorblind or colorful? How diversity approaches affect cultural majority and minority employees[J]. Journal of Applied Social Psychology, 2016b, 46(2): 81-93.
④ Delaney J T, Huselid M A. The impact of human resource management practices on perceptions of organizational performance[J]. Academy of Management Journal, 1996, 39(4): 949-969.
⑤ Acquavita S P, Pittman J, Gibbons M, et al. Personal and organizational diversity factors impact on social workers job satisfaction: Results from a national internet-based survey[J]. Administration in Social Work, 2009, 33(2): 151-166.
⑥ Jansen W S, Vos M W, Otten S, et al. Colorblind or colorful? How diversity approaches affect cultural majority and minority employees[J]. Journal of Applied Social Psychology, 2016, 46(2): 81-93.
⑦ 方阳春, 贾丹, 方邵旭辉. 包容型人才开发模式对高校教师创新行为的影响研究[J]. 科研管理, 2015, 36(5): 72-79.

和集体离职倾向。①

人力资源实践对个体的影响主要表现在个体态度倾向、行为表现以及绩效结果等方面。诸多研究结果表明，人力资源管理系统与员工积极成果相关，包括工作满意度、人力资本、公民行为、安全感知以及个体绩效等（Jiang，Hu，Liu，et al.，2012；Nyberg，Moliterno，Hale，et al.，2014；Karina，Paauwe & Van，2012）②③④。因而，多元包容型人力资源管理实践对个体影响效果也具有积极影响，主要体现在：个人态度倾向，如工作满意度、留职意向、员工福祉以及组织承诺等（Barak，Lizano，Kim，et al.，2014；Tang，Jiang，Chen，et al.，2015）⑤⑥；个体行为表现，如个体创造力、个体创新行为以及组织公民行为等（Carmeli，Reiterpalmon & Ziv，2010；Bilimoria & Bernstein，2013）⑦⑧；个体绩效结果，如工作绩效、关系绩效以及创新绩效等方面（Shore，Randel，Chung，et al.，2011）⑨。既有研究表明，信息共享和工作参与的多元包容性实践为员工参与组织决策提供了机会（Den，De & Keegan，2007；Beal，Cohen & Burke，2003）⑩⑪，

---

① Boehm S A，Kunze F，Bruch H. Spotlight on age-diversity climate：The impact of age-inclusive HR practices on firm-level outcomes［J］. Personnel Psychology，2014，67(3)：667-704.

② Jiang K，Hu J，Liu S，et al. Understanding employees' perceptions of human resource practices：Effects of demographic dissimilarity to managers and coworkers［J］. Human Resource Management，2017，56(1)：246-259.

③ Nyberg A J，Moliterno T P，Hale D，et al. Resource-based perspectives on unit-level human capital：A review and integration［J］. Journal of Management，2014，40(1)：316-346.

④ Karina V D V，Paauwe J，Van Veldhoven M. Employee well-being and the HRM-organizational performance relationship：A review of quantitative studies ［J］. International Journal of Management Reviews，2012，14(4)：391-407.

⑤ Barak M E M，Lizano E L，Kim A，et al. A meta-analysis of beneficial and detrimental outcomes of organizational diversity and climate of inclusion in human service organizations［C］. Oral Presentation at Society for Social Work Research，2014.

⑥ Tang N，Jiang Y，Chen C，et al. Inclusion and inclusion management in the Chinese context：an exploratory study［J］. International Journal of Human Resource Management，2015，26(6)：856-874.

⑦ Carmeli A，Reiterpalmon R，Ziv E. Inclusive leadership and employee involvement in creative tasks in the workplace：The mediating role of psychological safety［J］. Creativity Research Journal，2010，22(3)：250-260.

⑧ Bilimoria D，Bernstein R S. Diversity perspectives and minority nonprofit board member inclusion［J］. Equality，2013，32(7)：636-653.

⑨ Shore L M，Randel A E，Chung B G，et al. Inclusion and diversity in work groups：A review and model for future research［J］. Journal of Management，2011，37(4)：1262-1289.

⑩ Den Hartog D N，De Hoogh A H，Keegan A E. The interactive effects of belongingness and charisma on helping and compliance［J］. Journal of Applied Psychology，2007，92(4)：1131-1139.

⑪ Beal D J，Cohen R R，Burke M J，Mclendon C L. Cohesion and performance in groups：a meta-analytic clarification of construct relations［J］. Journal of Applied Psychology，2003，88(6)：989-1004.

对全体员工包容培训开发的多元包容性实践有利于增强组织学习和创新
（Edmondson，2006）①。此外，塑造公平机会及重视员工个体差异的组织
政策和实践对包容性文化建设具有积极作用（Den，De & Keegan，2007；
Janssens & Zanoni，2008）②。诸多研究表明，中国情境下多元包容型人力
资源管理实践对组织绩效、团体绩效、员工行为以及绩效结果具有显著影
响（Shore，Randel，Chung，Dean & Singh，2011；Barak，Lizano，Kim，et
al.，2014；Kulkarni，2012；Cho & Barak，2008）③④⑤⑥。

　　综上所述，本研究旨在基于文献研究、质性研究与统计分析，科学确
定中国情境下多元包容型人力资源管理实践内涵结构，明确其概念的独立
性、完备性及必要性，设计并验证相应测量工具，探究其对个体绩效结果
不同方面的影响机理与边界条件。

1.2.2　DI-HRP 结果变量的相关研究

　　随着我国经济发展进入新常态，需要从要素驱动、投资驱动转向创新
驱动。创新是提高企业绩效和维系竞争优势的关键所在，是关系企业生存
与发展的力量之源。创造力（Creativity）与创新（Innovation）概念在心理学
和管理学里都有广泛研究，学者们普遍认同创造力和创新对于组织的价
值。一般而言，创造力和创新是试图发展和介绍新事物或提出新方法的过
程、结果和产品。究其本质，创造力指新颖和有用想法的产生，而创新则
不仅涉及创意的产生，还强调创意的推广与实施。因此，创造力是创新过
程的前期阶段。无论是创造力还是创新，都离不开组织人力资源实践的支

① Edmondson A C. Making it safe：The effects of leader inclusiveness and professional status on psychological safety and improvement efforts in health care teams［J］. Journal of Organizational Behavior，2006，27(7)：941-966.

② Janssens M，Zanoni P. What makes an organization inclusive? Organizational practices favoring the relational inclusion of ethnic minorities in operative jobs［J］. Social Science Electronic Publishing，2008，40(10)：1762-1766.

③ Shore L M，Randel A E，Chung B G，Dean M A，Holcombe Ehrhart K，Singh G. Inclusion and diversity in work groups：a review and model for future research［J］. Journal of Management，2011，37(4)：1262-1289.

④ Barak M E M，Lizano E L，Kim A，et al. A meta-analysis of beneficial and detrimental outcomes of organizational diversity and climate of inclusion in human service organizations［C］. Oral Presentation at Society for Social Work Research，2014.

⑤ Kulkarni M. Contextual factors and help seeking behaviors of people with disabilities［J］. Human Resource Development Review，2012，11(1)：77-96.

⑥ Cho S，Barak M E M. Understanding of diversity and inclusion in a perceived homogeneous culture：A study of organizational commitment and job performance among Korean employees［J］. Administration in Social Work，2008，32(4)：100-126.

持。根据资源保存理论，人力资源实践可提升员工能力、激发动机并提供机会，进而影响其态度、行为与绩效。有效的人力资源实践是激发员工创造力、创新行为和创新绩效的关键与组织持续创新的保障。多元包容型人力资源管理实践让员工感到组织对其能力的欣赏、价值的尊重、贡献的认可、发展的投资以及福祉的关心，因而会促使员工投入更多时间、精力于创新活动中，以新产品、服务和工作流程等回馈组织。因此，在第3章、第4章和第5章，本研究分别以员工创造力、创新行为与创新绩效为结果变量，探讨求同用异、百花齐放和创新致胜的多元包容型人力资源管理实践对创造力与创新的促进作用。

同时，随着经济全球化不断发展和五化协同的不断推进，跨国家和跨地域工作的劳动力流动急剧增长，加上人口结构的不断演化、工作方式的不断变化以及价值观的多元交织，工作场所劳动力日益多元化，不仅表现在性别、年龄、民族、教育以及文化等表层多元化，还体现在个人特质、价值观、社会认知、情感、能力等深层多元化。这些多元化在为组织带来异质性知识碰撞、创新激发、活力焕发、效率提升和思维转变等的同时，也会为组织带来多元文化交织的冲突、歧视和矛盾等诸多挑战。中国情境下，由于这些跨文化离乡工作的劳动力对新环境的不适应，加上对故乡亲朋好友的思念，两者间的交互成为羁绊其发展而又挥之不去的乡愁。根据资源保存理论，员工的资源是有限的，当其把资源用于缓解乡愁时，就会相应减少用于工作领域的资源，从而降低其工作绩效。广义层面上，工作绩效指工作目标和任务实现的相关结果和表现，衡量个体在多大程度上完成其工作目标。狭义层面上，工作绩效不仅包括与工作有关的来自员工自身知识与技能的角色内绩效（任务绩效），还包括为组织发展而产生的人际促进和工作奉献等角色外绩效（周边绩效）。作为正式化、制度化的组织支持——多元包容型人力资源管理实践强调公正公平，主张差异化个体的组织融入和多样化员工的价值发挥，鼓励差异化个体表现自我，有助于纾解异乡员工乡愁，进一步提高工作绩效。因此，在第6章和第7章，本研究以工作绩效为结果变量，探讨乡愁背景下工作绩效的促进机制。以下是多元包容型人力资源管理实践结果变量的相关研究综述。

（1）个体创造力相关研究

个体创造力早期在心理学领域被广泛研究，后被引入经济学领域，近年来个体创造力被管理学者们所青睐，已成为诸多组织行为学者们重点关注的对象（Hennessey & Amabile，2010）[1]。

---

[1]　Hennessey B A, Amabile T M. Creativity[J]. Social Science Electronic Publishing, 2010, 61 (1): 569-598.

①个体创造力的内涵界定。创造力是个体在工作场所中产生的与产品、服务和流程相关的新颖、有用的想法或创意（Amabile，Conti，Coon，et al.，1996；Zhou & George，2001；肖洁，2018）①②③。从创造活动形成的过程看，学者们认为创造力指的是"个体为完成不确定任务而产生的新方法和方案以及解决问题的整个思维过程"（Zhang，2010）④，创造力不仅仅是新想法和新方案的产生，还包括在产生新想法和新方案的过程中所需要的创造力、分析能力和实践能力等运用于解决问题的整个思维过程（Perrysmith，2006）⑤。从创造力表现的个体特质来看，个体创造力指的是个体自身具有的特殊气质，根据个体特质可分为高创造力和低创造力个体（Somech & Drach-Zahavy，2011）⑥。学者研究发现，个体间背景、经历、学历、知识储备等的不同会影响其创造力表现，但个体的某些特质是相似的，比如个体思维较灵活，具备较高的决策能力和强烈的成就动机，善于把握环境变化等（Oldham & Cummings，1996；Sarooghi，Libaers & Burkemper，2015）⑦⑧。从创造性活动的结果来看，学者们认为，创造力是组织个体或群体提出的新颖且有用的想法（Markus & Oldham，2006；Baer，2010）⑨⑩。由于本研究的研究对象是个体创造力，更注重个体创造

① Amabile T M, Conti R, Coon H, et al. Assessing the work environment for creativity[J]. Academy of Management Journal, 1996, 39(5): 1154-1184.

② Zhou J, George J M. When job dissatisfaction leads to creativity: Encouraging the expression of voice[J]. Academy of Management Journal, 2001, 44(4): 682-696.

③ 肖洁. 双元性人力资源实践、工作繁荣与员工创造力：心理安全感的调节作用[D]. 武汉：武汉理工大学，2018.

④ Zhang X. Linking empowering leadership and employee creativity: The influence of psychological empowerment, intrinsic motivation, and creative process engagement [J]. Academy of Management Journal, 2010, 53(1): 107-128.

⑤ Perrysmith J E. Social yet creative: The role of social relationships in facilitating individual creativity[J]. Academy of Management Journal, 2006, 49(1): 85-101.

⑥ Somech A, Drach-Zahavy A. Translating team creativity to innovation implementation: The role of team composition and climate for innovation[J]. Journal of Management, 2011, 39(3): 684-708.

⑦ Oldham G R, Cummings A. Employee creativity: Personal and contextual factors at work[J]. Academy of Management Journal, 1996, 39(3): 607-634.

⑧ Sarooghi H, Libaers D, Burkemper A. Examining the relationship between creativity and innovation: A meta-analysis of organizational, cultural, and environmental factors[J]. Journal of Business Venturing, 2015, 30(5): 714-731.

⑨ Markus B, Oldham G R. The curvilinear relation between experienced creative time pressure and creativity: Moderating effects of openness to experience and support for creativity[J]. Journal of Applied Psychology, 2006, 91(4): 963.

⑩ Baer M. The strength-of-weak-ties perspective on creativity: A comprehensive examination and extension[J]. Journal of Applied Psychology, 2010, 3(95): 592-601.

力结果，本研究采纳结果观个体创造力内涵界定，认为个体创造力是组织内个体自身基于工作特性或要求，为解决工作问题而提出的新颖且有用的想法。

②个体创造力的维度测量。多数学者采用实验法或问卷调查法来测量个体创造力，但实验研究外部有效性差。控制实验环境和设置实验情境是决定实验是否成功的两个关键问题，其有效性决定了创造力测量的有效性。因而，更多学者会倾向于运用问卷调查法来衡量个体创造力。有学者认为，创造力直接影响创新绩效，故而采用客观事实来测量个体创造力会更合适（Sarkar & Chakrabarti，2011）①，但大多数学者认为，创造力是一种个体感知变量，主观评价更能说明个体创造潜力，其中主观评价又分为主管评价和员工自评。文献梳理发现，除 Scott 和 Bruce（1994）将创造力分为 3 维度 6 题项量表，② 学者们一般在单维度视角下测量，影响较大的有 Oldham 等（1996）的 3 题项量表，该量表通常是由主管对下属的创造力进行评价。③ 由于实证研究中，很多研究者通过将主语"我的下属"改为"我"来进行员工自评。基于此，Farmer 等（2003）基于认同理论，开发了中国台湾地区情境下个体创造力量表；④ Zhou（2001）基于结果观，从自评角度开发了 13 题项中国情境下个体创造力量表。⑤ 由于本研究基于中国情境研究个体创造力，因而采用 Zhou（2001）开发的量表来测量中国情境下的个体创造力。⑥

③个体创造力的影响因素。对个体创造力国内外文献进行归纳整理发现，基于个体与情境两视角的个体创造力研究非常丰富。

个体视角下其前因变量主要包括个体特质、个体认知、内外在动机、工作因素等。第一，个体特质。早期研究致力于探求有创造潜力的员工所具备的特定个体特质（Oldham & Cummings，1996）⑦。个体的独立自主性、

① Sarkar P, Chakrabarti A. Assessing design creativity[J]. Design Studies, 2011, 32(4): 348-383.

② Scott S G, Bruce R A. Determinants of innovative behavior: A path model of individual innovation in the workplace[J]. The Academy of Management Journal, 1994, 37(3): 580-607.

③ Oldham G R, Cummings A. Employee creativity: Personal and contextual factors at work[J]. Academy of Management Journal, 1996, 39(3): 607-634.

④ Farmer S M, Tierney P, Kungmcintyre K. Employee creativity in Taiwan: An application of role identity theory[J]. Academy of Management Journal, 2003, 46(5): 618-630.

⑤ Zhou J, George J M. When job dissatisfaction leaders to creativity: Encouraging the expression of voice[J]. Academy of Management Journal, 2001, 44(4): 682-696.

⑥ Zhou J, George J M. When job dissatisfaction leaders to creativity: Encouraging the expression of voice[J]. Academy of Management Journal, 2001, 44(4): 682-696.

⑦ Oldham G R, Cummings A. Employee creativity: Personal and contextual factors at work [J]. Academy of Management Journal, 1996, 39(3): 607-634.

创新感召力和创造力自我效能对创造力有积极影响（Magosh & Chang，2009）①，创造力源于个体潜在的性格特征或临时的心理状态（Kirton，1976）②，智力和人格对创造力有影响（Sternberg，1991）③，员工创造力受到人格特征、元认知技能和知识的重要影响（Feldhusen & Goh，1995）④。第二，认知。创造力认知和创新激励能调节个体消极情绪，个体情绪的转变会影响个体创造力（Bledow，Rosing & Frese，2013）⑤。创造力是个体头脑中产生的别具一格和新颖有用的新想法或观念，是知识的新联系和新组合（Isen，Daubman & Nowicki，1987）⑥。研究表明，创造力过程是一个高风险行为，个体对风险的认知会影响其是否愿意不断试错（George & Zhou，2007）⑦。第三，动机。研究发现，个体内在动机对创造力具有显著影响，决定了个体是否会承担创造性工作（Gong，2009）⑧。此外，有研究探索得出特定情境下内在动机对个体创造力具有正向积极影响（Zhang，Kwan，Zhang，et al.，2014）⑨。

情景因素对个体创造力存在影响（Tierney & Farmer，2003；George & Zhou，2001）⑩⑪。首先，领导风格。既有研究表明，变革型和授权型领导能给予个体更多的自主性和权利，下属因而敢于并能够进行创造力活

① Magoshi E, Chang E. Diversity management and the effects on employees' organizational commitment: Evidence from Japan and Korea[J]. Journal of World Business, 2009, 44(1): 31-40.

② Kirton M. Adaptors and innovators: A description and measure [J]. Journal of Applied Psychology, 1976, 61(5): 622.

③ Sternberg R J, Lubart T I. An investment theory of creativity and its development[J]. Human Development, 1991, 34(1): 1-31.

④ Feldhusen J F, Goh B E. Assessing and accessing creativity: An integrative review of theory, research, and development[J]. Creativity Research Journal, 1995, 8(3): 231-247.

⑤ Bledow R, Rosing K, Frese M. A dynamic perspective on affect and creativity[J]. Academy of Management Journal, 2013, 2(56): 432-450.

⑥ Isen A M, Daubman K A, Nowicki G P. Positive affect facilitates creative problem solving[J]. Journal of Personality & Social Psychology, 1987, 52(6): 1122-1131.

⑦ George J M, Zhou J. Dual tuning in a supportive context: Joint contributions of positive mood, negative mood, and supervisory behaviors to employee creativity[J]. Academy of Management Journal, 2007, 50(3): 605-622.

⑧ Gong Y. Employee learning orientation, transformational leadership, and employee creativity: the mediating role of employee creative self-efficacy [J]. Academy of Management Journal, 2009, 52(4): 765-778.

⑨ Zhang H, Kwan H K, Zhang X, et al. High core self-evaluators maintain creativity: A motivational model of abusive supervision[J]. Journal of Management, 2014, 40(4): 1151-1174.

⑩ Farmer S M, Tierney P, Kungmcintyre K. Employee creativity in Taiwan: An application of role identity theory[J]. Academy of Management Journal, 2003, 46(5): 618-630.

⑪ George J M, Zhou J. When openness to experience and conscientiousness are related to creative behavior: an interactional approach[J]. Journal of Applied Psychology, 2001, 86(3): 513-528.

动，产生更大的创新意愿，激发个体创造力（Zhang，2010；Herrmann & Felfe，2014）①②。其次，工作性质。研究指出，当个体的工作具有复杂性和自主性时，个体会增加对工作的投入和努力，从而产生创造性成果（Song，Liangding，Riki，et al.，2014）③。当组织倾向于制定创造性目标时，个体创造力会激发，促使其进行创造性思考，并将这种思想付诸实践（Gino，Argote，Miron-Spektor，et al.，2010）④。再次，团队氛围。团队氛围的形成主要是榜样的作用，团队中的创造力角色和认知榜样会促进个体的创造力思维和意愿。榜样会激发个体向其学习的欲望，因而会将创造性活动作为自身的努力目标，自主增强创造性能力（Zhou，2003）⑤。又次，团队构成。若团队是由多元化个体组成，个体间知识流动将更加频繁，多元化观点也会促进个体创新思维和想法的产生，也即多元化团队构成对个体间异质性知识、观点与技能的共享意愿与频率具有促进作用，从而激发团队创造力（Shin & Zhou，2007；Dong，Bartol，Zhang，et al.，2017）⑥⑦。最后，组织支持。个体创造力的激发需要组织支持，只有组织在政策、制度以及形式上给予员工支持，员工才能更具安全感，才更加愿意进行创新尝试（Khazanchi & Masterson，2011）⑧。

基于信息化时代对创造力的迫切需要，个体创造力仍是组织管理研究

①　Zhang X. Linking empowering leadership and employee creativity: The influence of psychological empowerment, intrinsic motivation, and creative process engagement [J]. Academy of Management Journal, 2010, 53(1): 107-128.

②　Herrmann D, Felfe J. Effects of leadership style, creativity technique and personal initiative on employee creativity[J]. British Journal of Management, 2014, 25(2): 209-227.

③　Song C, Liangding J, Riki T, et al. Do high-commitment work systems affect creativity? A multilevel combinational approach to employee creativity[J]. Journal of Applied Psychology, 2014, 99(4): 665-680.

④　Gino F, Argote L, Miron-Spektor E, et al. First, get your feet wet: The effects of learning from direct and indirect experience on team creativity[J]. Organizational Behavior & Human Decision Processes, 2010, 111(2): 102-115.

⑤　Zhou J. When the presence of creative coworkers is related to creativity: Role of supervisor close monitoring, developmental feedback, and creative personality [J]. Journal of Applied Psychology, 2003, 88(3): 413-422.

⑥　Shin S J, Zhou J. When is educational specialization heterogeneity related to creativity in research and development teams? Transformational leadership as a moderator[J]. Journal of Applied Psychology, 2007, 92(6): 1709-1721.

⑦　Dong Y, Bartol K M, Zhang Z X, et al. Enhancing employee creativity via individual skill development and team knowledge sharing: Influences of dual-focused transformational leadership[J]. Journal of Organizational Behavior, 2017, 38(3): 146-149.

⑧　Khazanchi S, Masterson S S. Who and what is fair matters: A multi-foci social exchange model of creativity[J]. Journal of Organizational Behavior, 2011, 32(1): 86-106.

密切关注的对象。而且关于个体创造力还存在着未知领域，因而学者们仍对个体创造力的研究保持着高度热情。本研究对个体创造力的概念、影响因素、测量方式等进行了较全面的总结，发现：第一，个体创造力的内涵形成了三个观点，其中结果观是国内外研究的主流趋势，早期国内研究将个体创造力单纯作为创新能力进行研究，常常忽略创新想法和思维等的含义。本研究将基于结果观，扩展个体创造力的内涵，探究其影响机制。第二，通过对个体创造力影响因素的归纳总结，本研究发现个体创造力的影响因素主要体现在个体因素和情境因素两个方面，其中，较少研究从人力资源实践视角进行探索。第三，个体创造力的单维结构已被广泛验证。与实验法和客观评价法相比，学者们更倾向于使用主观评价法测量个体创造力，根据研究对象和层次分为领导评价和员工自评两种方式。总之，可以看出，个体创造力的前因变量主要集中于个体特质以及团队因素的影响，特别是领导风格的影响，很少从组织层面变量进行研究。因而本研究从多元包容型人力资源管理实践的角度研究个体创造力，丰富了个体创造力的文献研究。

（2）员工创新行为相关研究

①内涵界定研究。员工创新行为的内涵，众多学者已从各自不同视角进行了界定，但总的来说，既有研究主要基于行为与过程视角。行为视角是员工的一种行为表现，是新颖的想法付诸实施的行为。如 Janssen 认为，员工创新行为是员工为改善工作绩效，在生产实践中有意识、有目的创造、引入以及应用新想法、新思想的活动。① 同时，Zhou 和 George（2001）②从行为视角对员工创新行为进行界定，并着重从创新思维是如何产生以及如何实现等角度予以概括，他们认为员工创新不仅仅指创新想法本身，还应该涵盖其产生、推广和执行方案。除了基于行为视角对员工创新行为进行界定，大部分学者基于过程视角对其进行界定。如 Amabile（1988）③认为，创新行为是员工在工作过程中产生的新颖想法以及将想法实施的过程。在此基础上，Bassett-Jones 等（2005）认为，创新行为是由多个阶段组成的过程，个体在产生新颖想法后主动寻求支持与帮助，最终将

① Janssen O. Job demands, perceptions of effort-reward fairness and innovative work behavior[J]. Journal of Occupational and Organizational Psychology, 2000, 73 (3): 287-302.

② Zhou J, George J M. When job dissatisfaction leaders to creativity: Encouraging the expression of voice[J]. Academy of Management Journal, 2001, 44(4): 682-696.

③ Amabile T M. A model of creativity and innovation in organizations [J]. Research in Organizational Behavior, 1988, 10(10): 123-167.

新颖想法进行落实，形成创新产品的过程。[1] 国内学者黄致凯将创新行为分为想法产生和执行两个阶段，包括"将出现的有效创新进行合理的引导和在组织里任一层次发挥作用的全部个体行为"[2]。基于此，本研究认为，员工创新行为指员工产生有价值的新想法，并将其引入、应用到生产实践的过程。

②维度测量研究。根据相关文献的梳理发现，对其准确定义尚无定论。综合来看，主要分为一维度、二维度和五维度。Scott 和 Bruce (1994)[3]认为，员工创新行为是由创意产生、推广和实施三个阶段组成的过程，他将其作为单维度来进行研究，并开发了相应 6 题项量表。Janssen (2000)[4]认为，员工创新行为由三个阶段组成，虽然每个阶段目的不同，但这三个阶段是紧密联系的。因此，员工创新行为应为单维度。Kleysen 和 Street(2001)[5]根据以往相关文献，将员工创新分为机会搜索、想法产生、想法研究、想法推广、想法应用五个维度。国内学者黄致凯在 Kleysen 和 Street 的研究基础之上，认为员工创新行为分为创新想法的产生和执行两个维度，创新想法产生主要指员工主动寻找创新产品或更新管理流程的机会，创新想法执行主要指员工将自己的创新想法进行落实的行为。

③前因研究。员工创新行为多以结果变量的形式出现，主要包括个体因素、工作特质、领导风格、组织文化与氛围等。首先，个体因素。个体因素方面主要集中于人格特征和心理状态。在人格特质方面，研究表明，人格特质中的外倾性、宜人性、开放性和尽责性能显著影响员工创新行为。[6] Scott 和 Bruce(1994)研究发现，在解决问题的方式上，不同特质的人采取的方式也不同，系统型特质的人倾向于采用固定的程序和模式去解决问题，其解决问题的方式大多是常规性的，创新行为较少；而直觉型特

[1] Bassett-Jones, N. The paradox of diversity management, creativity and innovation[J]. Creativity & Innovation Management, 2005, 14(2)：169-175.

[2] 黄致凯. 组织创新气候知觉、个人创新行为、自我效能知觉与问题解决型态关系之研究[D]. 台北：中山大学, 2004：40-54.

[3] Scott S G, Bruce R A. Determinants of innovative behavior：A path model of individual innovation in the workplace[J]. Academy of Management Journal, 1994, 37(3)：580-607.

[4] Janssen O. Job demands, perceptions of effort-reward fairness and innovative work behavior[J]. Journal of Occupational and Organizational Psychology, 2000, 73 (3)：287-302.

[5] Kleysen R F, Street C T. Toward a multi-dimensional measure of individual innovative behavior[J]. Journal of Intellectual Capital, 2001, 2(3)：284-296.

[6] 姚艳虹，韩树强. 组织公平与人格特质对员工创新行为的交互影响研究[J]. 管理学报, 2013, 10(5)：700-707.

质的人倾向于采用不同的范式去解决问题,创新行为较多。在心理状态方面,一些学者认为,只有内部动机才能促进员工创新行为,外部动机会减少个体的创新行为。国内学者卢小君和张国梁(2007)①则认为,外部动机不会促进员工创新构想的产生,只会促进员工创新构想的执行,但内部动机则会同时促进员工创新构想的产生和执行,因而是影响个体创新行为的主要因素。其次,工作特征。工作特征因素方面探讨了工作压力、自主性以及工作复杂性对员工创新行为的影响。Bunce 和 West(1995)研究发现,高要求和高压力的工作能够有效诱发员工的创新思维,提高员工为更好适应外部环境或完成工作任务而采取的主动性行为,如员工创新行为。②工作复杂性与员工创新行为显著正相关,复杂性高的工作让员工感受到自身的重要性,提高员工对于工作意义的感知,进而激发其创新行为。③ 再次,领导因素。领导作为重要组织情境因素,对员工的态度、行为和绩效的影响不可忽视。领导的信息反馈方式正向显著影响员工创造性,当领导给予员工建设性反馈信息时,员工的创造性得到提升,而监督或过度干预则对员工创造性形成负面影响。④ 胡丹丹和杨忠(2018)⑤基于资源保存和社会信息加工视角,探究了授权型领导影响员工创新行为的内在作用机制。授权型领导提高了员工自我能力感知,增加了其心理资本,进而激发员工创新。最后,组织因素。Woodman(1993)⑥等的研究表明,组织氛围、组织架构、组织文化、组织资源和组织战略等因素均会给员工自身的创造性带来不同程度的影响。国内学者杨晶照(2012)⑦探讨了组织文化在影响员工创新行为方面的重要作用。实证研究表明,不同的组织文化在影响员工创新行为方面存在差异。同时,阎亮和张治河(2017)基于心理动机视角提出,组织创新氛围通过内在动机、亲社会动机和创新自我效能感

① 卢小君,张国梁. 工作动机对个人创新行为的影响研究[J]. 软科学,2007(6):124-127.

② Bunce D, West M A. Self-perceptions and perceptions of group climate as predictors of individual innovation at work[J]. Applied Psychology, 1995, 44(3):199-215.

③ Jin N C. Group composition and employee creative behaviour in a Korean electronics company: Distinct effects of relational demography and group diversity[J]. Journal of Occupational & Organizational Psychology, 2007, 80(2):213-234.

④ Kerr S, Jermier J M. Substitutes for leadership: Their meaning and measurement [J]. Organizational Behavior & Human Performance, 1978, 22(3):375-403.

⑤ 胡丹丹,杨忠. 组织创新氛围对员工创新行为的影响机制研究——一个概念模型[J]. 江苏社会科学, 2018, 9(6):86-93.

⑥ Woodman R W, Sawyer J E, Griffin R W. Toward a theory of organizational creativity[J]. Academy of Management Review, 1993, 18(2):293-321.

⑦ 杨晶照,杨东涛,孙倩景. 组织文化类型对员工创新行为的作用机理研究[J]. 科研管理, 2012, 33(9):123-129.

三种中介机制影响员工的创新行为。[1]

员工创新行为一直是研究的热点，相关研究也非常丰富。对于其前因研究不仅仅聚焦于员工个人层面，团队和组织层面的前因变量均有所涉及，包括个人特质、领导方式、工作自主性、组织氛围等多个方面。有关组织因素对员工创新行为的影响主要集中于组织文化和组织创新氛围等，但其内在作用机制和边界条件仍不清晰。因此，本研究将员工创新行为作为结果变量，试图打开人力资源实践影响员工创新行为的"黑箱"。

（3）员工创新绩效相关研究

①内涵界定研究。既有创新绩效研究主要关注组织层面创新绩效，而事实上创新最终需要个体来实现，因而员工的创新绩效才是组织创新的决定因素。员工创新绩效是个体落实新颖有用想法的客观结果（Amabile, Conti, Coon, et al., 1996）[2]；其始于问题理解，寻找解决方法，产生新的思想，止于问题解决（Scott & Bruce, 1994）[3]；是员工创新活动的成果表现，可有效衡量其创新投入程度（Coombs, Liu & Ketehen, 2006）[4]；不仅代表企业创新产品或技术，还包含过程因素（Mumford, 2000）[5]。国内研究多基于组织层面，缺乏对个体层面的深入研究。员工创新绩效是其创新活动表现以及工作效率提升程度（徐契舜, 2006）[6]；是创新活动所反馈的绩效表现（衡元元, 2012）[7]；反映员工个体创新行为（侯二秀、陈树文、长青, 2012）[8]；包括创新意愿、行动、建议、成果以及传播五个方面的内涵（韩翼、廖建桥、龙立荣, 2007）[9]。

---

[1] 阎亮，张治河. 组织创新氛围对员工创新行为的混合影响机制[J]. 科研管理, 2017, 38（9）: 97-105.

[2] Amabile T M, Conti R, Coon H, et al. Assessing the work environment for creativity[J]. Academy of Management Journal, 1996, 39(5): 1154-1184.

[3] Scott S G, Bruce R A. Determinants of innovative behavior: A path model of individual innovation in the workplace[J]. Academy of Management Journal, 1994, 37(3): 580-607.

[4] Combs J, Liu Y, Hall A, Ketehen D. How much do high-performance work practices matter? A meta-analysis of their effects on organizational performance[J]. Personnel Psychology, 2006, 59(6): 501-528.

[5] Mumford M D. Managing creative people: Strategies and tactics for innovation[J]. Human Resource Management Review, 2000, 10(3): 313-351.

[6] 徐契舜. 组织内部冲突网络、自我效能与创新绩效之研究[D]. 台北: 台湾中原大学, 2006.

[7] 衡元元. 创造力对员工创新绩效的影响研究[D]. 长沙: 湖南大学, 2012.

[8] 侯二秀，陈树文，长青. 知识员工心理资本对创新绩效的影响: 心理契约的中介[J]. 科学学与科学技术管理, 2012, 33(6): 149-155.

[9] 韩翼，廖建桥，龙立荣. 雇员工作绩效结构模型构建与实证研究[J]. 管理科学学报, 2007, 10(5): 62-77.

综上所述，由于本研究旨在探究如何提高员工创新绩效，因而员工创新绩效是其为保持自身竞争力，而在工作中不断引入新思想、新方法，并将其转化为可行的技术或产品等，最终为组织带来创造性价值的过程。[①]

②维度与测量。基于员工创新绩效内涵界定，不同学者开发了不同测量量表，其大致可分为两类：一是将创新结果作为衡量标准；二是对创新过程加以考量。Scott 等（1994）[②]提出了三维 9 题项创新绩效测量量表，包括想法产生、提升和实现三维度。Janssen 等（2004）[③]设计了包括创新思维产生、促进和实现的三维 9 题项创新绩效量表。国内学者韩翼等（2007）[④]开发了涵盖创新意愿、行动以及结果的三维 8 题项创新绩效测量量表。

③相关研究。员工创新绩效的影响因素大致包括：首先，个体因素。独立自信等个体特质对员工创新绩效有显著正向影响（Barrick & Mount, 1991）[⑤]；心理状态和情绪显著影响创新绩效（Franck & Todd, 2008）[⑥]；智力和性格与员工创新绩效正相关（James, Fred, Sean, et al., 2012）[⑦]；员工的创新自我效能感会积极影响其创新绩效（田红, 2012）[⑧]；员工创新绩效受其知识能力和参与动机的影响（衡元元, 2012）。其次，组织情境因素。组织正式或非正式支持会正向影响个体创新绩效（Madjar, Oldham & Pratt, 2002）[⑨]；组织创新氛围显著正向影响员工创新绩效（Patterson,

① 黄颢宇. 承诺-合作导向的 AHRP 对员工创新绩效的关系研究：心理安全感知与包容型领导的作用[D]. 武汉：武汉理工大学, 2018.

② Scott S G, Bruce R A. Determinants of innovative behavior: a path model of individual innovation in the workplace[J]. Academy of Management Journal, 1994, 37(3): 580-607.

③ Janssen O, Yperen N W V. Employees' goal orientations, the quality of leader-lember exchange, and the outcomes of job performance and job satisfaction [J]. Academy of Management Journal, 2004, 47(3): 368-384.

④ 韩翼, 廖建桥, 龙立荣. 雇员工作绩效结构模型构建与实证研究[J]. 管理科学学报, 2007, 10(5): 62-77.

⑤ Barrick M R, Mount M K. The Big-Five personality dimensions and job performance: A meta-analysis[J]. Personnel Psychology, 1991, 44(1): 1-26.

⑥ Franck Zenasni, Todd I. Lubart. Emotion-related traits moderate the impact of emotional state on creative performance[J]. Journal of Individual Differences, 2008, 39(3): 157-167.

⑦ James B. Avey, Fred Luthans, Sean T. Hannah, et al. Impact of employees' character strengths of wisdom on stress and creative performance[J]. Human Resource Management Journal, 2012, 22(2): 165-181.

⑧ 田红. 真实型领导、创新自我效能感与员工创新绩效的关系研究[D]. 苏州：苏州大学, 2012.

⑨ Madjar N, Oldham G R, Pratt M G. There's no place like home? The contributions of work and non-work creativity support to employees' creative performance[J]. Academy of Management Journal, 2002, 45(4): 757-767.

West，Shackleton，et al.，2005)①；团队因素如团队成员关系和团队氛围
会影响员工的创新绩效(周珂，2008)②；领导风格和其创新意愿显著影响
员工创新绩效(杨珍，2010)③。最后，个体情境交互作用。近来，个体与
情境因素交互对创新绩效的影响已成为员工创新绩效研究热点。研究表
明，个体与情境交互会促进员工创新绩效的提升(Woodman，Sawyer &
Griffin，1993)④；个体与组织情境因素会通过个体潜在心理过程的完全中
介效应影响员工的创新绩效(Choi & Wu，2009)⑤；员工创新绩效确实会
受到个体与组织情境交互效应的影响(何巧云，2011)⑥。

（4）工作绩效研究综述

任务绩效与周边绩效是工作绩效的两个组成维度，其中任务绩效是指
与工作有关的来自于员工自身知识与技能的角色内绩效，⑦另一个维度周
边绩效是指与任务绩效相对的为组织发展而产生的角色外绩效。⑧两者既
相互独立又相互联系，因而在理论和实践中应该将其区别开来。⑨但多数
学者容易将任务绩效与工作绩效混为一谈，极少数情况下会将其进行区
分，因而在众多研究中就会出现前因变量与任务绩效影响的多样化结论。
关于任务绩效，在中西方研究中也存在较大差异，西方学者将任务绩效的
子维度周边绩效细分为人际促进与工作奉献，人际促进主要是针对人际关
系而言，如与同事之间的互动与交流、对同事的共情与换位思考；工作奉

① Patterson M G，West M A，Shackleton V J，et al. Validating the organizational climate measure：Links to managerial practices，productivity and innovation [J]．Journal of Organizational Behavior，2005，26(4)：379-408.
② 周珂．团队成员信任对成员创新绩效的影响研究[D]．杭州：浙江大学，2008.
③ 杨珍．领导者创新精神对创新气氛和创新绩效的影响[D]．太原：山西大学，2010.
④ Woodman R W，Sawyer J E，Griffin R W. Toward a theory of organizational creativity [J]．Academy of Management Review，1993，18：293-321.
⑤ Choi T Y，Wu Z. Taking the leap from dyads to triads：Buyer-supplier relationships in supply networks[J]．Journal of Purchasing & Supply Management，2009，15(4)：263-266.
⑥ 何巧云，严中华，关冬梅．跨层次研究视角下的社会资本与创新绩效——理论框架与实证模型[J]．技术经济与管理研究，2011(6)：36-39.
⑦ Schmidt F L，Hunter J E，Outrbridge A N. Impact of job experience and ability on job knowledge，work sample performance and supervisory ratings of job performance[J]．Journal of Applied Psychology，1986，71(3)：432-439
⑧ Borman W C，Motowidlo S J. Expanding the criteria domain to include the elements of contextual performance [C]//Schmitt，Borman. Personnel Selection in Organizations. An-Francisco，1993，17 (7)：71-98.
⑨ Conway J M. Distinguishing contextual performance from task performance for managerial jobs[J]．Journal of Applied Psychology，1999，84(3)：3-13.

献是员工在工作场所的规范行为，如遵守规则、组织 OCB 等。[1] 本土学者在西方学者研究的基础上扩展出了个体特征维度。[2] 因此，本研究遵从中方学者的观点，将工作绩效划分为人际促进、工作奉献和任务绩效。

综上所述，既有文献梳理发现，人力资源实践与个体创造力关系的研究视角较为单一，仅侧重于个体特质、组织情景、领导方式方面(肖洁，2018)[3]；既有员工创新行为和创新绩效前因探讨已取得丰富研究成果，组织因素方面主要集中于探讨组织文化、组织架构、组织创新氛围等对员工创新行为或绩效的影响，而多元包容型人力资源管理实践对员工创新行为或绩效的相关研究还较为少见。基于此，本研究从组织、个体和情境角度来诠释，综合考虑组织多元包容型人力资源管理实践对个体创造力、工作绩效、创新行为以及创新绩效的影响。

1.2.3 DI-HRP 中介机制的相关研究

个体创造力产生需要知识的积累和整合，组织中知识的多样化有利于个体创造力。因此，个体创造力的形成不仅需要积累利用内部现有知识，还需要探索获取更多外部新知识以保持自身的竞争优势，因而双元学习成为个体创造力的现实选择。多元包容型人力资源管理实践可以为员工提供多样化知识和技能交流的机会，促进员工双元学习，而多样化知识的融合会进一步提升个体创造力。因此，在第 3 章中，本研究以双元学习为中介变量，探讨其在多元包容型人力资源管理实践对个体创造力影响中的连接作用。

根据工作要求-资源模型，工作资源的增加和工作要求减少能显著促进员工创新行为。工作重塑是员工由下而上自主进行的工作再设计，强调员工主动改变其任务、关系和认知边界，可以使员工获取结构性、关系资源并减少阻碍性要求，因而有利于创新行为。多元包容型人力资源管理实践使员工有机会接触到更多信息和资源，提高其工作参与度和控制感，给予员工培训和轮岗机会，从而提供其更多工作重塑机会，激发其工作重塑动机。因此，在第 4 章中，本研究以工作重塑为中介变量，探讨其在多元

① Van Scotter J R, Motowidlo S J. Interpersonal facilitation and job deduction as separate facets of contextual and task performance[J]. Journal of Applied Psychology, 1996, 81(5): 525-531.
② 陈胜军. 周边绩效模型研究——基于高科技企业中层管理人员的实证研究[J]. 软科学, 2014(9): 110-114.
③ 肖洁. 双元性人力资源实践、工作繁荣与员工创造力：心理安全感的调节作用[D]. 武汉：武汉理工大学，2018.

包容型人力资源管理实践与员工创新行为中的中介作用。

员工有效工作行为源于其积极工作状态，而工作繁荣是员工体验到"活力"和"学习"的积极状态。多元包容型人力资源管理实践通过尊重、信任、欣赏、认可以及关心多元化员工，为其提供参与决策的机会和职业发展的培训以及资源支持，从而促进员工的工作繁荣，而工作繁荣可提高员工对组织的忠诚度、满意度以及成就感，可有效促进员工创新绩效。因此，在第 5 章中，本研究以工作繁荣为中介变量，探讨其在多元包容型人力资源管理实践与员工创新绩效中的桥梁作用。

即时通讯使异乡人更容易构建人际关系，还可以缓解思乡之愁，进一步提升心理安全感，避免绩效的降低。在即时通讯交往中，人们不受时空限制，可随时随地与家人沟通，极大缓解员工乡愁情绪，建立员工的心理安全感，从而缓解其情绪耗竭和绩效降低。因此，在第 6 章中，本研究以即时通讯为中介变量，探讨其在乡愁与工作绩效间的中介作用。乡愁指个体由于和家乡或者依恋对象（如父母）的实际或预期的分离而导致的痛苦和功能性障碍。多元包容型人力资源管理实践关注个体在工作过程中的归属感和幸福感，因而可通过塑造良好的相互合作、公平氛围来促进员工之间的关系和谐，提高组织凝聚力和员工归属感，缓解乡愁对工作绩效的消极影响。因此，在第 7 章中，本研究以乡愁为中介变量，探讨其在多元包容型人力资源管理实践与工作绩效间的中介作用。以下是多元包容型人力资源管理实践中介机制的相关研究综述。

（1）双元学习相关研究

①概念界定研究。在教育研究领域，学习指课堂知识吸收过程，但随着学习研究的发展，其内涵不断扩展，学者们认为只要是汲取、吸收、获得知识的过程都可以称之为学习。随着学习理论的发展，学习的内涵研究越来越丰富。此外，组织中有许多缺一不可而又相互矛盾的事物，任何一方缺席都达不到最优效果，学者们称之为"双元"。基于此，March（1991）率先提出双元学习的概念，认为探索性学习和利用性学习是两种相互矛盾的学习方式，因而同时从事这两种学习称为双元学习。① 双元学习概念被提出之后，其相关研究大量涌现，但内涵却截然不同，其原因可能是因为不同学者研究的对象不同，不同层面的研究对双元学习的解释不可避免地会出现差异。从组织层面来看，探索性学习是拓宽技术能力以指

---

① March J G. Exploration and exploitation in organizational learning[J]. Organization Science, 1991, 2(1): 71-87.

导组织研究计划，以服务于新客户；利用性学习是深入强化技术能力，以服务现有客户（Argyres，2015）[1]。从个体层面来看，探索性学习是指在已有知识之外，寻求更多的和潜在的全新准则，同时打破惯性思维，寻找可能存在的新的产品、服务、市场、技术与知识创新；利用性学习是指在已有知识范围内寻找解决方案、调整且产生新想法，并为现有客户提供现有产品和服务，需要现有知识和经验积累（Mom，Bosch & Volberda，2007）[2]。根据既有研究，学习可分为五个层次：个体、团队、组织内、组织间和行业（Li，Vanhaverbeke & Schoenmakers，2008）[3]。然而，既有研究重在研究组织层面的学习，较少关注其他层面的学习。实际上，学习贯穿于组织任何层面，而个体学习尤其重要，因而本研究将基于个体层面的双元学习进行探究。大多数研究学者都认为探索性学习是对新知识、技术、竞争力、关系等的进一步探索；而利用性学习是为了深化已有知识。

因此，本研究认为，个体层面的双元学习指同时参与探索性学习和利用性学习，探索性学习是通过对新知识技术等新事物的获取、整合利用过程；利用性学习则是对现有知识技能和经验等的进一步深化过程。

②维度测量研究。目前来看，双元学习研究还不是特别多，但基本上已达成一致。大多数研究者认为，双元学习分为探索性学习和利用性学习两维度。然而，由于研究侧重点和研究背景不同，学者们使用的量表也不尽相同。一般组织层面双元学习量表包含 10 题项，其中利用性学习和探索性学习各包含 5 个题项（Atuahene-Gima & Murray，2007）[4]。后来有学者认为，利用性学习和探索性学习具有联合效应，提出双元学习平衡测量法（Cao，Gedajlovic & Zhang，2009）[5]，即将利用性学习和探索性学习进行中心化处理，用其乘积操作化为双元学习平衡效应。随着双元学习的进一步发展，不仅需要组织层面的双元学习测量，还需要团队层面和个体层

① Argyres N. Capabilities, technological diversification and divisionalization [J]. Strategic Management Journal, 2015, 17(5): 395-410.

② Mom T J M, Bosch F A J V, Volberda H W. Investigating managers' exploration and exploitation activities: The influence of top-down, bottom-up, and horizontal knowledge inflows[J]. Journal of Management Studies, 2007, 44(6): 910-931.

③ Li Y, Vanhaverbeke W, Schoenmakers W. Exploration and exploitation in innovation: Reframing the interpretation[J]. Creativity & Innovation Management, 2008, 17(2): 107-126.

④ Atuahene-Gima K, Murray J Y. Exploratory and exploitative learning in new product development: A social capital perspective on new technology ventures in China[J]. Journal of International Marketing, 2007, 15(2): 1-29.

⑤ Cao Q, Gedajlovic E, Zhang H. Unpacking organizational ambidexterity: dimensions, contingencies, and synergistic effects[J]. Organization Science, 2009, 20(4): 781-796.

面的双元学习测量，因而 Zhou（2001）开发了在各层面均可使用的双元学习量表，① 共包含 10 题项，其中探索性学习和利用性学习各包含 5 题项，现大多数学者均采用该量表进行测量。而在中国情境下，比较被认可的是朱朝晖（2008）开发的 8 题项组织层面双元学习量表，② 其中探索性学习和挖掘性学习各 4 题项；以及王端旭（2013）开发的团队层面的 10 题项量表，两维度各 5 题项。③ 本研究是在中国情境下探索个体层面的双元学习，因而拟在王端旭（2013）开发的 10 题项量表基础上进行改进。

③因果变量研究。在双元学习的前因变量方面，首先，招聘选拔的多元异质员工会主动与其他员工交流以获取更多的知识、技能与经验等资源，进而提高个体双元学习能力（Shamir, Zakay, Breinin, et al.,1998）④，获取资源和创造资源盈余，以抵御未来可能面临的资源损失（刘雅琦、曹霞、王凯，2015）⑤；其次，培训开发等可提升个体人力资本进而提高个体双元学习能力（Diaz-Fernandez, Pasamar-Reyes & Valle-Cabrera,2017）⑥；再次，个体绩效改进、职业发展、职位晋升等的组织支持以及同时个体薪酬福利关注，有利于个体与组织建立良好关系，进而激发个体双元学习的动机和意愿（Hui & Chen, 2016）⑦；最后，鼓励个体参与组织管理和决策（Pelled, Ledford, et al., 2010）⑧，有利于组织的知识共享，从而为个体双元学习提供机会（李辉、陈同扬，2016）⑨。在双元学习的结果变量方面：首先，对绩效结果的影响。通过对双元学习既有文献分析，

① Zhou K Z, Wu F. Technological capability, strategic flexibility, and product innovation[J]. Strategic Management Journal, 2010, 31(5): 547-561.

② 朱朝晖. 探索性学习、挖掘性学习和创新绩效[J]. 科学学研究, 2008(26): 860-867.

③ 王端旭, 薛会娟. 交互记忆系统对团队创造力的影响及其作用机制——以利用性学习和探索性学习为中介[J]. 科研管理, 2013(34): 106-114.

④ Shamir B, Zakay E, Breinin E, et al. Correlates of charismatic leader behavior in military units: Subordinates' attitudes, unit characteristics, and superiors' appraisals of leader performance[J]. Academy of Management Journal, 1998, 41(4): 387-409.

⑤ 刘雅琦, 曹霞, 王凯. 人力资源多元化管理研究述评与展望[J]. 中国人力资源开发, 2015(19): 31-38.

⑥ Diaz-Fernandez M, Pasamar-Reyes S, Valle-Cabrera R. Human capital and human resource management to achieve ambidextrous learning: A structural perspective[J]. Business Research Quarterly, 2017, 20(1): 63-77.

⑦ Hui L I, Chen T Y. On human resources practices and enterprise innovation from the perspective of ambidextrous learning[J]. Technology & Innovation Management, 2016, 3.

⑧ Pelled L H, Ledford G E, Jr, et al. Demographic dissimilarity and workplace inclusion[J]. Journal of Management Studies, 2010, 36(7): 1013-1031.

⑨ 李辉, 陈同扬. 双元性学习视角的人力资源实践与企业创新[J]. 技术与创新管理, 2016(37): 233-241.

双元学习对组织绩效的提升具有促进作用（He & Wong，2004）①，对绩效具有显著影响（Lichtenthaler，2009；Lee，et al.，2012）②③，探索性和利用性学习的协同更有可能对绩效产生积极影响（Atuahene-Gima & Murray，2007）④。然而也有学者发现，过度的探索或利用可能会对绩效产生负面影响（Jansen，Bosch & Volberda，2006；Wang & Li，2008；Gupta，Smith & Shalley，2006）⑤⑥⑦；还有学者探讨了其他因素对双元学习与绩效之间关系的调节作用（朱朝晖，2008）⑧。其次，对创新作用的影响。组织成员间的知识传递、分享和聚合能促进创造力形成。个体间通过探索性学习，相互交流想法和观点并相互借鉴，进而促进个体创造力（Wu，Ku & Pan，2017）⑨。但有研究指出，过多的探索性学习会造成个体知识冗余，也可能会引起知识的重复学习而降低效率，从而阻碍团队创新想法的形成（Jun，Zhang & Yang，2015）⑩。总体而言，学者们普遍认为，利用性学习对创造力具有积极影响，探索性学习也具有积极影响，但同时过度的探索也具有消极影响。一方面，个体在已有知识之外获取新知识和信息，造成知识交叉，进而刺激创新。另一方面，当团队注重知识交流时，利用性学习会促进个体知识多元化，多元化而不是重叠的知识能促进创造力

① He Z L, Wong P K. Exploration vs. exploitation：An empirical test of the ambidexterity hypothesis[J]. Organization Science, 2004, 15(4)：481-494.

② Lichtenthaler U. Absorptive capacity, environmental turbulence, and the complementarity of organizational learning processes[J]. Academy of Management Journal, 2009, 52(4)：822-846.

③ Lee C Y, Huang Y C. Knowledge stock, ambidextrous learning, and firm performance[J]. Management Decision, 2012, 50(50)：1096-1116.

④ Atuahene-Gima K, Murray J Y. Exploratory and exploitative learning in new product development：A social capital perspective on new technology ventures in China[J]. Journal of International Marketing, 2007, 15(2)：1-29.

⑤ Jansen J J P, Bosch F A J V, Volberda H W. Exploratory innovation, exploitative innovation, and performance：Effects of organizational antecedents and environmental moderators[J]. Erim Report, 2006, 52(11)：1661-1674.

⑥ Wang H, Li J. Untangling the effects of over-exploration and over-exploitation on organizational performance：The moderating role of environmental dynamism [J]. Journal of Management Official Journal of the Southern Management Association, 2008, 34(5)：925-951.

⑦ Gupta A K, Smith K G, Shalley C E. The interplay between exploration and exploitation[J]. Academy of Management Journal, 2006, 49(4)：693-706.

⑧ 朱朝晖. 探索性学习、挖掘性学习和创新绩效[J]. 科学学研究, 2008(26)：860-867.

⑨ Wu J, Ku X, Pan D. An empirical study on how empowering leadership affects the team creativity[C]. 2017 IEEE International Conference on Software Quality, Reliability and Security Companion, 2017：464-471.

⑩ Jun M A, Zhang H, Yang T. A cross-level analysis of achievement goal orientation and performance control on team member's creativity[J]. Acta Psychologica Sinica, 2015, 47(1)：79-91.

（Hajro，Gibson & Pudelko，2017）①。基于创新研究，对现有知识的利用能够促进个体的渐进式创新，不同学习方式下的利用性学习可能会导致不同程度的创新（Gupta，Argote，Miron-Spektor，et al.，2006）②。

在回顾关于双元学习的文献后，发现尽管学术界尚未就双元学习的定义达成共识，然而，他们都认可双元学习能够产生新知识，改善企业行为，并为企业创造竞争优势，以提升企业绩效的作用。在双元学习被划分为探索性学习和利用性学习之后，有关两种学习方式的研究仍存在较大争议。因此，有必要进一步深入探索。此外，以往研究均重点关注组织层的双元学习对企业绩效的影响，较少有研究探索个体层面的双元学习的作用，甚至缺乏对个体层的双元学习潜在机制的研究。尽管研究者们普遍认为双元学习能够促进个体创造力，但是基于资源的角度仍未得到充分研究。实际上，双元学习过程会消耗个体自身资源，但同时，利用性学习和探索性学习有利于个体对现有知识的储存和对新知识的获取，帮助个体自身内部资源的整合，进而提高工作绩效。本研究基于资源保存理论，探索了双元学习对多元包容型人力资源管理实践对个体创造力影响的中介作用，为双元学习文献作出贡献。

（2）工作重塑相关研究

①内涵界定研究。Kuik 等（1987）③认为，员工在工作过程中会对其工作内容或方式进行积极主动地再设计，使得其工作岗位与其自身兴趣和特长更加匹配，进而提高员工工作积极性。随后特异性工作④、任务修正⑤、个别协议⑥等相似概念相继被提出，但主要从组织层面出发，并考虑员工视角。Wrzesniewski 和 Dutton（2001）从员工内在动机驱动视角首次

①　Hajro A，Gibson C，Pudelko M. Knowledge exchange processes in multicultural teams：Linking organizational diversity climates to teams' effectiveness[J]. Academy of Management Journal，2017，60(1)：136-152.

②　Gino F，Argote L，Miron-Spektor E，et al. First，get your feet wet：The effects of learning from direct and indirect experience on team creativity[J]. Organizational Behavior & Human Decision Processes，2010，111(2)：102-115.

③　Wouts M H G，Duisterhout J S，Kuik D J，et al. The chance of spontaneous conception for the infertile couple referred to an academic clinic for reproductive endocrinology and fertility in the Netherlands[J]. European Journal of Obstetrics & Gynecology & Reproductive Biology，1987，26(3)：243-250.

④　田启涛，关浩光. 工作设计革命：工作重塑的研究进展及展望[J]. 中国人力资源开发，2017(3)：6-17.

⑤　Leana C，Appelbaum E，Shevchuk I. Work process and quality of care in early childhood education：The role of job crafting[J]. Academy of Management Journal，2009，52(6)：1169-1192.

⑥　郑昉. 高校教师工作形塑的实证研究[D]. 郑州：河南大学，2009.

提出工作重塑概念，将其定义为"员工在工作中基于自身兴趣、能力和特长，为了使工作岗位与其更加匹配而采取的一系列主动改变工作内容和关系边界的行为。在这一过程中，员工是工作设计的参与者，通过对其工作认知、任务和关系边界的改变，员工的优势以及特长在工作中能得到充分发挥，进而感知到更多的工作意义"①。此外，基于工作要求-工作资源视角，Tims 和 Bakker(2010)将工作重塑定义为"员工为了在工作中感受到更多工作意义，提高其工作满意度，积极主动地改善其工作资源和工作要求的主动性行为"②。国内学者田启涛和关浩光(2017)③整合 Dutton(2001)④及 Tims 和 Bakker(2010)的观点，将工作重塑定义为"员工在自身特长、兴趣以及需要的驱使下，基于自己的个人特质，在工作过程中对工作任务、认知和关系边界进行调整的行为，使得其工作资源与工作要求达到平衡状态，促进人、工作和环境的匹配"。Leana 等(2009)提出合作工作重塑概念，即团队成员在工作中对于工作的内容、流程及方式以合作的形式对其进行再设计的过程，通过合作工作重塑，加强了成员之间的交流与合作，促进组织认同及绩效提高。⑤由于本研究旨在从个体层次研究工作重塑，因而参考 Tims 和 Bakker(2010)⑥对工作重塑的内涵界定，认为工作重塑是员工主动对其工作内容、关系和认知做出改变的行为，使其工作资源与工作要求达到平衡的状态。

②维度测量研究。不同的学者基于不同的视角和理论将工作重塑划分为不同的维度。从工作重塑内容角度，Dutton(2001)等将工作重塑分为任务重塑、关系重塑和认知重塑，任务重塑是指这三种重塑中最重要的形式，指员工自主对其工作任务的类型、范围和数量进行的相应调整与改变；关系重塑指的是员工通过对完成工作过程中所涉及的对象进行优化，

① Laurence G A. Workaholism and expansion and contraction-oriented job crafting: The moderating effects of individual and contextual factors [M]. Unpublished doctoral dissertation, Syracuse University, 2010.

② Tims M, Bakker A B, Derks D. Development and validation of the job crafting scale [J]. Journal of Vocational Behavior, 2012, 80(1): 173-186.

③ 田启涛，关浩光. 工作设计革命：工作重塑的研究进展及展望[J]. 中国人力资源开发，2017 (3): 6-17.

④ Dutton W J E. Crafting a job: Revisioning employees as active crafters of their work[J]. The Academy of Management Review, 2001, 26(2): 179-201.

⑤ Leana C, Appelbaum E, Shevchuk I. Work process and quality of care in early childhood education: The role of job crafting[J]. Academy of Management Journal, 2009, 52(6): 1169-1192.

⑥ Tims M, Bakker A B, Derks D. Development and validation of the job crafting scale [J]. Journal of Vocational Behavior, 2012, 80(1): 173-186.

调整与工作伙伴的互动与交流方式等；认知重塑则是指员工改变对工作中任务和关系的感知方式。这种划分方法为后期工作重塑研究奠定了基础。① 在此基础上，国内学者郑昉（2009）②针对 15 所高校的 900 名教师的研究发现，工作重塑分为环境重塑、认知重塑和任务重塑三个维度，其将与领导的交流归类为环境重塑，而与同事和学生的交流视为任务重塑。Laurence（2010）将工作重塑划分为扩充型工作重塑和收缩型工作重塑两个维度，其中扩充型工作重塑指员工在工作中根据自己实际情况增加其工作任务、扩充其工作关系等，而收缩型工作重塑主要包括减少工作内容或简化工作中的关系。③此外，Tims 等（2012）从工作要求-资源模型视角，将工作重塑划分为增加结构性工作资源、增加社会性工作资源、增加挑战性工作要求；减少妨碍性工作要求，四个维度。④ Leana 等（2009）基于团队协作的视角将工作重塑划分为个人工作重塑和合作工作重塑两维度。⑤

　　③前因变量研究。研究结果表明，工作重塑受诸多因素影响。文献梳理发现，前因变量研究主要集中于个体因素（如个人动机取向、自我效能感、主动性人格特质和职级等）和工作特征因素（如工作任务独立性、复杂性和自主性等）两方面。个体因素方面主要探讨人格特质、动机取向、自我效能感和职级对工作重塑的影响。首先，人格特质。Bateman 和 Crant（1993）研究发现，主动性人格特质的员工对外部环境较为关注，更容易发现工作流程中需要进行改变或者再设计的部分，倾向于采取积极行动，及时突破工作困境，完成工作重塑。⑥ 主动性人格特质的员工擅长调动身边工作资源以及调整工作要求，改善工作环境和工作界限，善于抓住工作重塑的时机，进而积极主动改进工作内容和方式，直到最终实现工作资源

① Dutton W J E. Crafting a job: Revisioning employees as active crafters of their work[J]. The Academy of Management Review, 2001, 26(2): 179-201.

② 郑昉. 高校教师工作形塑的实证研究[D]. 郑州：河南大学, 2009.

③ Laurence G A. Workaholism and expansion and contraction-oriented job crafting: The moderating effects of individual and contextual factors[M]. Unpublished doctoral dissertation, Syracuse University, 2010.

④ Tims M, Bakker A B, Derks D. Development and validation of the job crafting scale[J]. Journal of Vocational Behavior, 2012, 80(1): 173-186.

⑤ Leana C, Appelbaum E, Shevchuk I. Work process and quality of care in early childhood education: The role of job crafting[J]. Academy of Management Journal, 2009, 52(6): 1169-1192.

⑥ Bateman T S, Crant M J. The proactive component of organizational behavior: A measure and correlates summary[J]. Journal of Organizational Behavior, 1993, 14(2): 103-119.

与工作要求的平衡。① 其次，个人动机取向。Duton(2001)将工作重塑的动机分为三类，包括：对工作的控制，员工希望能拥有更多的控制权与自主性，这是一种本能需求；塑造积极的自我形象，在与他人互动交流的过程中得到他人的认可和尊重；与他人互动以满足自身需求，员工通过在工作中与他人产生交流与互动，从而重塑个体认知。② 再次，自我效能感。员工对工作环境作出改变的信心能够很大程度上预测员工的工作重塑行为。当员工自我效能感较高时，其更有可能在工作中积极地进行工作重塑。③ 如 Salanova 与 Bakker(2010)研究发现，当员工具有高水平的自我效能感时，员工倾向于设置挑战性工作要求。④ 最后，职级状况。Berg 等(2010)的研究表明，职级相对较低的员工能够感知到更多的机会进行工作重塑，职级较高的员工虽然具备更多的自主权，但在工作中工作重塑反而受到诸多限制。⑤

　　工作特征因素方面涉及工作复杂性、独立性和自主性。首先，工作独立性。工作独立性对工作重塑具有预测作用，⑥ 如果员工可以独立完成自己的工作，员工的工作时间安排和绩效表现不受其他同事的影响，他会更加自如地调整工作内容和工作方式。如果他的工作方式和工作内容受其他同事的影响较大，那么员工在根据自己的意愿调整工作时就会受到诸多牵制。⑦ 其次，工作复杂性。Ghitulescu 等(2006)的研究表明，复杂的任务往往需要员工采用灵活方式来完成。因此当员工面临复杂任务时，会倾向于通过工作重塑来改变完成工作任务的方式。⑧ 再次，任务依赖性。工作

① Tims M, Bakker A B, Derks D. Development and validation of the job crafting scale[J]. Journal of Vocational Behavior, 2012, 80(1): 173-186.

② Dutton W J E. Crafting a job: Revisioning employees as active crafters of their work[J]. The Academy of Management Review, 2001, 26(2): 179-201.

③ Vough H C, Parker S K. Work design research: Still going strong[J]//J. Barling, C. L. Cooper. Handbook of organizational behavior: Micro approaches. Sage Publications. 2008, 14(4): 298-315.

④ Salanova M, Schaufeli W B, Xanthopoulou D, Bakker A B. Gain spirals of resources and work engagement[M]//A. B. Bakker, M. P. Leiter. Work engagement: A handbook of essential theory and research. New York: Psychology Press, 2010.

⑤ Berg J M, Grant A M, Johnson V. When callings are calling: Crafting work and leisure in pursuit of unanswered occupational callings[J]. Organization Science, 2010, 21(5): 973-994.

⑥ Tims M, Bakker A B. Job crafting: Towards a new model of individual job redesign[J]. SA Journal of Industrial Psychology, 2010, 36(2): 1-9.

⑦ Tims M, Bakker A B. Job crafting: Towards a new model of individual job redesign[J]. Sajip South African Journal of Industrial Psychology, 2009, 36(2): 1-9.

⑧ Ghitulescu B E. Shaping tasks and relationships at work: Examing the antecedents and consequences of employee job crafting[D]. University of Pittsburgh, 2006: 30-47.

任务的相互依赖性①和挑战性②也是工作重塑的重要影响因素。具体来说，任务挑战性正向影响员工工作重塑，挑战性工作要求激发员工的工作热情，进而表现出较多的主动性行为。关于合作重塑的实证研究表明，任务的相互依赖与合作工作重塑显著负相关。最后，工作自主性。当员工的自主性增强时，他们才有机会将自己的思想与想法贯彻到工作中去。在工作中按照自己的意愿和经验对工作进行调整。相反，如果员工感到自己对于工作缺乏控制权，那么他们会感知到更少的机会去重塑工作，几乎不会去改变他们的工作。

　　④结果变量研究。既有研究发现，工作重塑不仅与员工的态度、行为和绩效显著相关，同时还能跨层次影响组织层面结果变量，但既有研究主要集中于个体层面结果变量。首先，在影响员工态度方面，Ghitulescu 等（2006）研究表明，工作重塑通过激发员工的积极情绪进而提高员工的工作满意度。③ 同时，工作重塑给予了员工在工作中展现自我形象和实现自我价值的机会，提高认同和意义感。④ 如 Tims、Bakker 与 Derks（2013）研究表明，工作重塑员工可以获得更多工作资源，继而增加工作投入度以及降低工作倦怠感。⑤ Berg 等（2010）发现，工作重塑可使员工感知到心理满足，这种满足主要用主观幸福感和心理幸福感来衡量。⑥ 其次，在影响员工行为方面，耿庆岭和韦雪艳（2016）发现，工作重塑可以显著正向预测教师组织公民行为。教师通过工作重塑使得其对自己的工作拥有了更多的自主权，可以灵活调整工作内容和工作方式，使其与自己的能力和兴趣相契合，因而容易产生积极情绪，获得更多的成就感以及自我效能感，因而更愿意帮助同事，表现出更多的组织公民行为。⑦ 再次，在影响员工绩效

---

① Leana C, Appelbaum E, Shevchuk I. Work process and quality of care in early childhood education: The role of job crafting[J]. Academy of Management Journal, 2009, 52(6): 1169-1192.

② Berg J M, Grant A M, Johnson V. When callings are calling: Crafting work and leisure in pursuit of unanswered occupational callings[J]. Organization Science, 2010, 21(5): 973-994.

③ Ghitulescu B E. Shaping tasks and relationships at work: Examing the antecedents and consequences of employee job crafting[D]. University of Pittsburgh, 2006: 30-47.

④ Dutton W J E. Crafting a job: Revisioning employees as active crafters of their work[J]. The Academy of Management Review, 2001, 26(2): 179-201.

⑤ Tims M, Bakker A B, Derks D. The impact of job crafting on job demands, job resources, and well-being[J]. Journal of Occupational Health Psychology, 2013, 18(2): 230-40.

⑥ Berg J M, Grant A M, Johnson V. When callings are calling: Crafting work and leisure in pursuit of unanswered occupational callings[J]. Organization Science, 2010, 21(5): 973-994.

⑦ 耿庆岭, 韦雪艳. 教师工作重塑与组织公民行为关系: 工作投入的中介作用[J]. 中国临床心理学杂志, 2016, 24(2): 356-358.

方面，Bakker 等(2012)①研究表明，工作重塑正向影响员工的工作投入与角色内绩效，员工通过工作重塑提升了员工对于自身工作价值感知，进而愿意投入工作提升绩效。与此同时，工作重塑还能通过影响员工的积极情感和对工作意义的感知两个方面促进员工创新绩效。积极情感与创造性绩效正相关，员工对于工作意义的感知显著提升员工的工作动机，当员工感知到更大的工作意义时，其内在动机得到激发，工作激情和活力得到激发，从而提高员工的创新绩效。② 最后，Tims 和 Bakker(2010)的研究表明，通过工作重塑员工的知识结构、专业技能和兴趣偏好与工作岗位更加匹配，不仅能充分调动员工的主观能动性，还能有助于员工工作绩效的提高。③

综上所述，组织开始意识到员工主动性的积极作用，强调员工参与工作设计的过程，传统工作设计未能充分释放员工的主动性，随着工作任务复杂性增加，传统工作设计难以满足员工诉求，员工能力难以得到有效发挥，为使工作岗位与员工特长、能力和兴趣更加匹配，组织希望员工根据自身情况对工作进行主动再设计。员工工作重塑主观上会改变会增强其工作动机，客观上会争取到更多工作资源，而组织环境影响其工作重塑，尤其人力资源实践可影响员工工作重塑的机会、动机和能力。因此，本研究基于工作重塑中介视角，探讨多元包容型人力资源管理实践影响员工创新行为的内在作用机制。

(3)工作繁荣相关研究

①内涵构成研究。在内涵界定方面，工作繁荣(Thriving at Work)是一种心理状态，这种状态是员工全力以赴的工作状态与学习意愿(Spreitzer, Sutcliffe & Dutton, 2005)④，因而是一种不断发展变化的心理状态，体验到工作繁荣的个体会进行自我激励，从而改进当前的工作行为(Ryff, 1989)⑤。本研究重在关注员工的积极工作状态，因而沿用 Spreitizer 等

① Bakker A B, Tims M, Derks D. Proactive personality and job performance: The role of job crafting and work engagement[J]. Human Relations, 2012, 65(10): 1359-1378.
② 辛迅, 苗仁涛. 工作重塑对员工创造性绩效的影响——一个有调节的双中介模型[J]. 经济管理, 2018, 40(5): 108-122.
③ Tims M, Bakker A B. Job crafting: Towards a new model of individual job redesign[J]. SA Journal of Industrial Psychology, 2010, 36(2): 1-9.
④ Spreitzer G, Sutcliffe K, Dutton J. A socially embedded model of thriving at work[J]. Organization Science, 2005, 16(6): 537-549.
⑤ Ryff C D. Happiness is everything, or is it? Explorations on the meaning of psychology well-being[J]. Journal of Personality and Social Psychology, 1989, 57(6): 1069-1081.

(2005)的内涵界定，即工作繁荣是员工在工作中感受到的精力充沛、积极热情的情绪体验与愿意学习提升以获得成长的心理状态，包括活力和学习两个维度(Spreitzer, 2005)[1]。两者互相关联，相辅相成，缺一不可，但活力维度重在强调个体情感体验，而学习维度则重在认知状态(肖洁，2018)[2]。

②前因变量研究。首先，工作情境特征。个体工作繁荣受组织情境影响，包括自由裁量权、信息共享等对其有显著正向促进作用(Spretizer，2013)[3]，不文明行为阻碍员工工作繁荣。[4] 此外，组织联通性(Connectivity)影响工作繁荣(Spreitzer, Porath & Gibson, 2012; Porath, Spreitzer & Gibson, 2012)[5][6]。其次，工作资源。工作资源和主动性行为正向影响工作繁荣(Niessen & Sonnentag, 2012)[7]，但仍然没有充分阐明工作资源对工作繁荣的影响机制。最后，其他因素。上级支持、心理资本以及心理安全感也对工作繁荣有影响(韩翼、魏文文，2013；安静、万文海，2014)[8]。

③结果变量研究。既有研究的结果变量主要集中在情感态度、员工行为和绩效指标方面。在情感态度方面，工作繁荣与工作主动性(Ashby, Gregory, Isen & Alice, 1999)[9]、主观幸福感(Shirom, Cooper & Robertson,

① Spreitzer G, Sutcliffe K, Dutton J. A socially embedded model of thriving at work [J]. Organization Science, 2005, 16(6): 537-549.

② 肖洁. 双元性人力资源实践、工作繁荣与员工创造力：心理安全感的调节作用[D]. 武汉理工大学, 2018.

③ Spreitzer G M, Porath C. Self-determination as nutriment for thriving: Building an integrative model of human growth at work[M]//Gagne L. Oxford handbook of work engagement, motivation and self-determination theory. New York, NY: Oxford University Press, 2013.

④ 韩翼，魏文文. 员工工作繁荣研究述评与展望[J]. 外国经济与管理, 2013, 35(8): 46-53, 62.

⑤ Spreitzer G, Porath C L, Gibson C B. Toward human sustainability: How to enable more thriving at work[J]. Organizational Dynamics, 2012, 41(2): 155-162.

⑥ Porath C, Spreitzer G M, Gibson C. Thriving at work: Toward its measurement, construct validation, and theoretical refinement[J]. Journal of Organizational Behavior, 2012, 33(2): 250-275.

⑦ Niessen C, Sonnentag S, et al. Thriving at work: A diary study[J]. Journal of Organizational Behavior, 2012, 33(4): 468-487.

⑧ 安静，万文海. 诚信领导对员工工作繁荣作用的实证研究——心理安全感的中介作用[J]. 科技与经济, 2014, 27(5): 75-79.

⑨ Ashby F G, Isen A M. A neuropsychological theory of positive affect and its influence on cognition[J]. Psychological Review, 1999, 106(3).

1989)①、工作倦怠(Porath, Spreitzer, Gibson & Granet, 2012)②等相关；在行为方面，工作繁荣影响组织公民行为(Spreitzer, Porath & Gibson, 2012)③和创新工作行为(Carmeli, Reiterpalmon & Ziv, 2010)④；在绩效结果方面，工作繁荣影响工作绩效(Cooper-Thomas & Paterson, 2014；马莹, 2015)⑤⑥和创新绩效(吴江秋、黄培伦、严丹, 2015)⑦。

综上所述，既有工作繁荣前因研究多从组织情境或工作资源角度进行，本研究综合以上两视角，基于资源保存理论，探究共享型领导作为组织情境，多元包容型人力资源管理实践作为工作资源支持对工作繁荣及员工创新绩效的影响。

(4)即时通讯相关研究

①内涵界定研究。"寄书西飞鸿，赠尔慰离析"(李白《淮南卧病书怀寄蜀中赵徵君蕤》)，乡愁在古代通过鸿雁传书来缓解。现如今，即时通讯逐步深入人们生活之中，帮助人们建立人际关系的同时，为获取实时信息、休闲娱乐提供了方便(Jokisaari & Nurmi, 2005)⑧，成为娱乐休闲、人际沟通、实时协作的主流平台(Jokisaari & Nurmi, 2005)⑨。这种移动互联时代，及时沟通交流，建立社交关系，即时消遣娱乐，工作实时协作，以提高工作、社交和娱乐效率的在线沟通方式，称为即时通讯。

①　Shirom A. Burnout in Work Organizations[M]//C. L. Cooper, I. Robertson. International Review of Industrial-Organizational Psychology, New York：Wiley, 1989.

②　Porath C, Spreitzer G, Gibson C, Granett F G. Thriving at work：Towards its measurement, construct validation, and theoretical refinement[J]. Journal of Organizational Behavior, 2012, 33(2)：250-275.

③　Spreitzer G, Porath C L, Gibson C B. Toward human sustainability：How to enable more thriving at work[J]. Organizational Dynamics, 2012, 41(2)：155-162.

④　Carmeli A, Reiterpalmon R, Ziv E. Inclusive leadership and employee involvement in creative tasks in the workplace：The mediating role of psychological safety[J]. Creativity Research Journal, 2010, 22(3)：250-260.

⑤　Cooper-Thomas H D, Paterson N L, et al. The relative importance of proactive behaviors and outcomes for predicting newcomer learning, well-being, and work engagement[J]. Journal of Vocational Behaviour, 2014, 5(12)：156-169.

⑥　马莹. 组织支持感、工作繁荣与工作绩效的关系研究[D]. 郑州：郑州大学, 2015.

⑦　吴江秋，黄培伦，严丹. 工作繁荣的产生及其对创新绩效的影响——来自广东省高科技企业的实证研究[J]. 软科学, 2015(7)：110-113.

⑧　Jokisaari M, Nurmi J E. Company matters：Goal-related social capital in the transition to working life[J]. Journal of Vocational Behavior, 2005, 67(3)：413-428.

⑨　Jokisaari M, Nurmi J E. Company matters：Goal-related social capital in the transition to working life[J]. Journal of Vocational Behavior, 2005, 67(3)：413-428.

②构成测量研究。即时通讯的构成测量已有研究探索，由于本研究旨在关注其使用，在此方面既有研究广泛采用 Fender（2010）[①]的 10 题项量表，主要包括即时通讯的即时关注、随时可得、工具完备、通信畅通、联络感情、消遣娱乐、满足生活、问题解决、提升工作、关注时事等。

③因果变量研究。即时通讯更易于缓解乡愁、提升心理安全感，进而避免绩效降低（Lu，Du，Xu & Zhang，2017）[②]，获取工作相关信息同时，能显著提升工作绩效。在即时通讯交往中，人们不受时空限制，可随时随地与家人沟通，极大缓解员工乡愁情绪，建立员工的心理安全感，从而缓解其所造成的情绪耗竭和绩效降低（Lu，Du，Xu & Zhang，2007）。因而乡愁既可以影响即时通讯的使用，其又受到即时通讯的影响，既是其前因变量又是其结果变量，因而本研究旨在把即时通讯作为乡愁对工作绩效的中介变量进行研究。

综上所述，本研究旨在揭示移动互联时代即时通讯工具在乡愁对工作绩效影响中的作用机理，以探究即时通讯能否化解乡愁对工作绩效的负面影响。

（5）乡愁的相关研究

①内涵界定研究。乡愁即个体由于和家乡或者依恋对象（如父母）的实际或预期的分离而导致的痛苦和功能性障碍（Thurber & Walto，2007）[③]。无论是生活在当地的外乡人，还是旅居海外的异乡人，都对自己的家乡有一份难以割舍的情怀，当人们离开熟悉的环境，适应新环境的困难和孤独寂寞，通常会想念家乡（Hendrickson，Rosen & Aune，2011）[④]。在不熟悉的环境中，异乡工作者需要忍受远离故土、与亲人分别、受当地人排挤等情感折磨（Firth，Chen，Kirkman & Kim，2014；

① Fender C M. Electronic tethering perpetual wireless connectivity to the organization［M］. Philadelphia，PA：Drexel University 2010.

② Lu C Q，Du D Y，Xu X M，Zhang R F. Revisiting the relationship between job demands and job performance：The effects of job security and traditionality［J］. Journal of Occupational and Organizational Psychology，2007，90(1)：28-50.

③ Thurber C A，Walton E A. Preventing and treating homesickness［J］. Child & Adolescent Psychiatric Clinics of North America，2007，119(1)：192-201.

④ Hendrickson B，Rosen D，Aune R K. An analysis of friendship networks，social connectedness，homesickness，and satisfaction levels of international students［J］. International Journal of Intercultural Relations，2011，35(3)：281-295.

Gruman, Saks & Zweig, 2006)①②, 其会由于缺少安全感而备感孤独和思念家乡——乡愁(Stroebe, Schut & Nauta, 2015)③, 更容易感到孤独和出现情绪压力, 加上与家乡亲朋好友保持友谊的困难性, 会消耗其相当大的生理和心理资源(Shaffer, Kraimer, Chen & Bolino, 2012)④, 因而情绪消极和生理不适(Bruck & Allen, 2003)⑤, 产生工作倦怠、情绪耗竭、积极性差、效率低下及绩效下降等问题(Eurelings-Bontekoe, Vingerhoets & Fontijn, 1994; Halbesleben, Neveu, Paustian-Underdahl & Westman, 2014)⑥⑦。

②维度测量研究。既有研究有对足球运动员(Khatija, Bahdur & Ricard, 2017)⑧、士兵(Julie, Niziurski & Dorthe, 2018)⑨以及学生(Faride & Saeid, 2017; Thurber & Walton, 2012; Scopelliti, Massimiliano, Tiberio & Lorenza, 2010)⑩⑪⑫等的乡愁有所研究, 但乡愁构成的研究还不

① Firth B M, Chen G, Kirkman B L, Kim K. Newcomers abroad: Expatriate adaptation during early phases of international assignments[J]. Academy of Management Journal, 2014, 57(1): 280-300.

② Gruman J A, Saks A M, Zweig D I. Organizational socialization tactics and newcomer proactive behaviors: An integrative study[J]. Journal of Vocational Behavior, 2006, 69(1): 90-104.

③ Stroebe M, van Vliet T, Hewstone M, Willis H. Homesickness among students in two cultures: Antecedents and consequences[J]. British Journal of Psychology, 2002, 93: 147-168.

④ Shaffer M A, Kraimer M L, Chen Y P, Bolino M C. Choices, challenges, and career consequences of global work experiences a review and future agenda[J]. Journal of Management, 2012, 38(4): 1282-1327.

⑤ Bruck C S, Allen T D. The relationship between Big Five personality traits, negative affectivity, type A behavior, and work-family conflict[J]. Journal of Vocational Behavior, 2003, 63(3): 457-472.

⑥ Eurelings-Bontekoe E H, Tolsma A, Verschuur M J, Vingerhoets A J J M. Construction of a homesickness questionnaire using a female population with two types of self-reported homesickness: Preliminary results[J]. Personality and Individual Differences, 1996, 20(4): 415-421.

⑦ Halbesleben J R B, Neveu J P, Paustian-Underdahl S C, et al. Getting to the "COR" understanding the role of resources in conservation of resources theory [J]. Journal of Management, 2014, 40(5): 1334-1364.

⑧ Khatija, Bahdur, Ricard Pruna. The impact of homesickness on elite footballers[J]. Journal of Novel Physiotherapies, 2017, 98(2): 189-197.

⑨ Julie A, Niziurski, Dorthe Berntsen. A prospective study of homesickness in soldiers during military deployment[J]. Personality & Individual Differences, 2018, 120(9): 81-86.

⑩ Faride Alimoradi, Saeid Sadeghi, et al. Investigating the relationship of self-esteem and spirituality to homesickness among dormitory students of Razi University in Kermanshah [J]. Journal of Research on Religion and Health, 2017(1): 43-45.

⑪ Thurber C A, Walton E A. Homesickness and adjustment in university students[J]. Journal of American College Health, 2012, 60(5): 415.

⑫ Scopelliti, Massimiliano, Tiberio, Lorenza. Homesickness in university students: The role of multiple place attachment[J]. Environment and Behavior, 2010, 42(3): 335-350.

多见。目前较为广泛接受的是 Stroebe 等(2002)①等的乡愁五维度量表，分别是思念家人、思念朋友、思念家乡、孤独寂寞和适应困难五个维度。

③前因变量研究。首先，依恋分离。由于和家乡或者依恋对象(如父母)的实际或预期分离的乡愁会导致痛苦和功能性障碍(Thurber, Walto, 2007)②，且更有可能体验到负面情绪，更容易忧愁善感身患疾病(Van Tilburg, 2006)③。其次，跨文化流动。跨文化的劳动力流动使得乡愁成为异乡工作员工的普遍情绪现象(Derks, Bakker & Lu, 2017)④。再次，社会支持。社会支持是来自于他人的一般性或特定的支持性行为(Demaray, Michelle, Malecki & Christine, 2002)⑤，可以提高社会适应的能力，有效缓解乡愁(Roberson, 2006)⑥。最后，组织支持。管理实践的机会均等、分配公平、发展共享、承认差异、认可差异(Roberson, 2006)，可根据不同员工的需求、特点、处境予以不同的生理和心理上的支持，关注员工在工作中的归属感和幸福感(邱国斌, 2013)⑦，因而让员工感到心理满足、舒适愉悦，体验到公司温馨的感觉，从而提高其环境适应性；组织政策、组织文化以及组织氛围的公平性、互帮互助、团结友爱以及舒适度等，会让异乡工作的员工感到家的温暖与归属感，从而促进员工之间的关系和谐(哈文, 2009)⑧，在一定程度上给予员工更多的情感与行为等方面的支持。基于社会支持理论，个体社会支持越多，越容易应对来自环境的各种挑战(李强, 1999)⑨，从而减少其乡愁。

④结果变量研究。首先，消极情绪。员工在经历乡愁时，容易展现出

① Stroebe M, van Vliet T, Hewstone M, Willis H. Homesickness among students in two cultures: Antecedents and consequences[J]. British Journal of Psychology, 2002, 93(6): 147-168.

② Thurber C A, Walton E A. Preventing and treating homesickness [J]. Child & Adolescent Psychiatric Clinics of North America, 2007, 119(1): 192-201.

③ Van Scotter J R, Motowidlo S J. Interpersonal facilitation and job deduction as separate facets of contextual and task performance[J]. Journal of Applied Psychology, 1996, 81(5): 525-531.

④ Du D Y, Derks D, Bakker A B, Lu C Q. Does homesickness undermine the potential of job resources? A perspective from the work-home resources model[J]. Journal of Organizational Behavior, 2017, 38(1): 1-17.

⑤ Demaray, Michelle Kilpatrick, Malecki, Christine Kerres. Critical levels of perceived social support associated with student adjustment[J]. School Psychology Quarterly, 2002, 17(3): 213-241.

⑥ Roberson Q M. Disentangling the meanings of diversity and inclusion in organizations [J]. Group & Organizational Management, 2006, 31(2): 212-236.

⑦ 邱国斌. 基于包容性人力资源管理内涵及特征下的新型物元模型效能评价方法分析[J]. 商, 2013(21): 87-87.

⑧ 哈文. 包容性管理提升团队竞争力[J]. 视听界, 2009(1): 39-41.

⑨ 李强. 社会支持与个体心理健康[J]. 天津社会科学, 1998(1): 66-69.

个体消极面，缺乏投入工作的热情与心理资源（Poppleton，Briner &
Kiefer，2008）①，更可能体验到负面情绪，甚至造成身体疾病（Van
Tilburg，2006）②。其次，资源利用。乡愁作为衡量异乡人的心理幸福感
的重要标尺，与心理与生理的不满相联系，进而导致资源利用能力的降低
（Greenberg，Stiglin，Finkelstein & Berndt，1993）③。再次，任务绩效。乡
愁使员工资源能力下降，会阻碍员工从社会支持中获益，从而影响他们的
任务绩效（Derks，Bakker & Lu，2017）④，而且还会使个体将社会支持用
于工作以外的目的，以排解其由乡愁带来的压力（Norris & Kaniasty，
1996）⑤。最后，周边绩效。员工在经历乡愁时会不断消耗个体的时间、
精力以及情感等稀缺资源，将有限资源用于工作的关键方面（赵富强、罗
奎、张光磊、陈耘，2016）⑥。

综上所述，乡愁既可以作为前因变量影响工作绩效，又可以作为结果
变量受管理实践等情景因素影响，由于本研究旨在关注乡愁对员工工作绩
效的影响，又重视乡愁的纾解与转化，因而本研究既把其作为前因变量探
究其通过即时通讯对工作绩效的影响机理，同时又把其作为中介变量探究
其在多元包容型人力资源管理实践对工作绩效中的中介作用机理。

1.2.4　DI-HRP 边界条件的相关研究

研究表明，正式的组织支持——人力资源实践与非正式组织支持——
领导风格的匹配能够进一步促进员工积极态度、行为和绩效。因此，创新
导向型领导力（如魅力型领导，共享型领导）能够促进多元包容型人力资
源管理实践向创造力和创新结果转化。因此，在第 3 章、第 4 章和第 5

① Poppleton S，Briner R B，Kiefer T. The roles of context and everyday experience in
understanding work-non-work relationships：A qualitative diary study of white-and blue-collar
workers[J]. Journal of Occupational and Organizational Psychology，2008，81(3)：481-502.

② Van Tilburg M A L，Vingerhoets A J J M，Van Heck G L. Homesickness：A review of the
literature[J]. Psychological Medicine，1996，26(5)：899-912.

③ Greenberg P E，Stiglin L E，Finkelstein S N，Berndt E R. Depression：A neglected major
illness[J]. Journal of Clinical Psychiatry，1993，54(12)：419-424.

④ Du D Y，Derks D，Bakker A B，Lu C Q. Does homesickness undermine the potential of job
resources? A perspective from the work-home resources model[J]. Journal of Organizational
Behavior，2017，38(1)：1-17.

⑤ Norris F H，Kaniasty K. Received and perceived social support in times of stress：A test of the
social support deterioration deterrence model[J]. Journal of Personality and Social Psychology，
1996，71(3)：498-511.

⑥ 赵富强，罗奎，张光磊，陈耘. 基于资源保存理论的工作家庭冲突对工作绩效的影响研
究[J]. 中国人力资源开发，2016，21(8)：25-33.

章，本研究分别以魅力型领导，共享型领导为边界条件，探讨其对求同用异、尊重差异、认可价值、关注诉求的多元包容型人力资源管理实践与员工创造力、员工创新行为与创新绩效之间直接关系以及间接关系的调节作用。

心理应激理论指出，心理状态不同的个体，其行为方式也存在着很大差异性，情绪耗竭是个体工作所需资源不足而导致情感资源枯竭的状态。情绪耗竭越高其对资源的需求程度越高，个体乡愁缓解对即时通讯的使用越频繁，因而对工作绩效的间接作用越强。因此，在第6章中，本研究以情绪耗竭为边界条件，探讨其对乡愁与即时通讯之间直接关系以及与工作绩效之间间接关系的调节作用。

依恋风格是个体和亲属联系及依赖依恋网络维持关系的特有方式，包括依恋焦虑和依恋回避，组合为安全型（低焦虑低回避）、焦虑型（高焦虑低回避）、回避型和恐惧型等依恋类型。研究发现，个体的依恋风格与情绪调节有关。依恋风格不同的个体对乡愁感知不同，因而多元包容型人力资源管理实践对乡愁以及个体绩效的影响也会有所差异。因此，在第7章中，本研究以依恋风格为边界条件，探讨其对多元包容型人力资源管理实践与乡愁之间直接关系以及与工作绩效之间间接关系的调节作用。

根据文献研究，DI-HRP边界条件的主要相关研究如下：

（1）魅力型领导相关研究

①内涵界定研究。魅力型领导作为一种领导风格，其理论基础是领导特质理论。学者们基于自身研究需要和理论视角对魅力型领导的内涵进行了不同界定。从关系角度来看，领导魅力只有通过下属才能体现，下属受到领导魅力的影响，会给予领导充分的信任，对魅力型领导的价值观无比推崇，进而对领导传递的组织目标产生使命感（House，1976）[1]。从归因角度来看，魅力型领导的魅力产生于领导者自身及其追随者的人格特质（Bass，2005）[2]。从行为方式来看，魅力型领导会激发其追随者共享价值观，并通过愿景激励促进追随者对魅力型领导的情感承诺来提高自身感召力（Conger & Kanungo，1987）[3]。从人格特质来看，魅力型领导通过自身的魅力对追随者产生影响，使追随者发自内心地愿意被魅力型领导所带领

[1] House R J. A 1976 theory of charismatic leadership[J]. Bibliographies, 1976, 6: 38.

[2] Bassett-Jones N. The paradox of diversity management, creativity and innovation[J]. Creativity & Innovation Management, 2005, 14(2): 169-175.

[3] Conger J A, Kanungo R N. Toward a behavioral theory of charismatic leadership in organizational settings[J]. Academy of Management Review, 1987, 12(4): 637-647.

（Bryman，1993）[1]。从社会认同来看，魅力型领导是通过对下属的内在价值、个人认同、社会认同和集体自我效能的提升来影响下属行为（Shamir，Zakay & Breinin，1998）[2]。目前魅力型领导比较被认同的内涵界定是"魅力型领导对环境和下属需求较敏感，能获取下属的完全信任，认可其价值观和信仰，甘愿受其领导"。由于本研究重在探究魅力型领导的外生边界条件作用，因而沿用该魅力型领导内涵。

②维度测量研究。文献梳理发现，魅力型领导维度划分最具代表性的有 House（1976）[3]模型、Bass（1985）[4]模型以及 C-K[5] 模型。基于领导下属关系，魅力型领导被划分为树立良好角色榜样、个人能力强、为下属设立奋斗目标以及对下属寄予厚望等四维度。该模型认为魅力型领导注重自身形象的树立，进而为追随者带来很好的角色榜样，通过对下属奋斗目标的设立，对下属的表现寄予厚望以此激励追随者，以对下属能力的充分信任来提升下属自我认知。基于归因角度，Bass（1985）模型将魅力型领导划分为激发下属智力、理想化表达、鼓舞下属和个性化关怀等四维度。该模型认为魅力型领导应该通过对下属的智力进行激发，对下属的未来进行愿景描述，以此激发下属的工作士气和热情，这对魅力型领导的表现力、表达力以及下属的个人上进行有很高的要求。基于行为方式角度，C-K 模型将魅力型领导分为战略愿景激励、下属需求敏感性、环境敏感性以及非常规行为和个人冒险五个维度。

魅力型领导量表经过几十年发展，由早期 Bass（1985）的 MLQ 量表发展为 Conger 和 Kanungo(1987) 的 C-K 量表。早期领导行为理论研究认同 MLQ 量表测量魅力型领导，但随着变革型领导和魅力型领导的发展，其内涵差异越来越大，学者们认为 MLQ 量表更适合用来测量变革型领导。在此基础上，C-K 量表被不断完善和运用，后期研究更倾向于采用 C-K 量表来测量魅力型领导。C-K 量表主要包括战略愿景激励、环境敏感性、下

① Bryman A. Charismatic leadership in business organizations: Some neglected issues [J]. Leadership Quarterly, 1993, 4(3-4): 289-304.

② Shamir B, Zakay E, Breinin E, et al. Correlates of charismatic leader behavior in military units: Subordinates' attitudes, unit characteristics, and superiors' appraisals of leader performance[J]. Academy of Management Journal, 1998, 41(4): 387-409.

③ House R J. A 1976 theory of charismatic leadership[J]. Bibliographies, 1976, 6: 38.

④ Longshore J M, Bass B M. Leadership and performance beyond expectations[J]. Academy of Management Review, 1985, 12(4): 5244-5247.

⑤ Conger J A, Kanungo R N. Toward a behavioral theory of charismatic leadership in organizational settings[J]. Academy of Management Review, 1987, 12(4): 637-647.

属需求敏感性、非常规行为和个人冒险五个维度。随着研究深入和 C-K 量表的不断检验，大量实证研究表明 C-K 量表具有很好的信效度，因而广大学者们都广泛使用该量表测量魅力型领导。因此，本研究也采用 C-K 量表来测量中国情境下的魅力型领导。

③相关变量研究。魅力型领导通过自身模范作用和价值观对追随者的价值观、态度、行为、绩效等产生较深远的影响 (Vlachos, Panagopoulos & Rapp, 2013)①。文献归纳发现，以往研究主要关注魅力型领导对个体态度、情感、行为以及组织绩效等方面产生的影响。首先，工作态度。魅力型领导能够为员工指引方向，当追随者对发展方向比较迷茫时，魅力型领导会为其描述清晰的未来，通过阐明战略愿景来激励下属 (Miceski, Nikoloski & Stojovska, 2014)②；魅力型领导的远见卓识能帮助追随者抓住稍纵即逝的机遇，提高他们对未来的信心，从而提升下属奋斗的动力 (Connelly, Gaddis & Heltonfauth, 2013)③；并且魅力型领导的道德性行为可为追随者提供行为模范，帮助追随者确立明确而又具有激励性的目标，激发个体对组织的认同感，提高个体的忠诚度 (Gebert, Heinitz & Buengeler, 2016；Wang, 2012)④⑤。其次，个体情感。领导魅力能促使追随者对其产生高度信任感，因而来自魅力型领导的支持和鼓励更能提升个体的情感认同 (彭定武, 2007)⑥。此外，魅力型领导擅长向追随者传递积极乐观的情感，个体的积极情绪促使他们心甘情愿地听从魅力型领导的号召 (Erez, Misangyi & Johnson, 2008)⑦。且魅力型领导的愿景激励能带来员工对美好生活的向往，促进个体对自身的快乐管理（董临萍，吴

① Vlachos P A, Panagopoulos N G, Rapp A A. Feeling good by doing good: Employee CSR-induced attributions, job satisfaction, and the role of charismatic leadership[J]. Journal of Business Ethics, 2013, 118(3): 577-588.

② Miceski T, Nikoloski K, Stojovska N. Charismatic leadership as major source of competitive advantage for small and medium enterprises[J]. Faculty of Economy-Prilep, 2014: 545-550.

③ Connelly S, Gaddis B, Heltonfauth W. A closer look at the role of emotions in transformational and charismatic leadership[J]. Transformational and Charismatic Leadership, 2013, 10(5): 299-327.

④ Gebert D, Heinitz K, Buengeler C. Leaders' charismatic leadership and followers' commitment: the moderating dynamics of value erosion at the societal level[J]. Leadership Quarterly, 2016, 27(1): 98-108.

⑤ Wang J. Developing a charismatic leadership model for Chinese organizations: the mediating role of loyalty to supervisors[J]. International Journal of Human Resource Management, 2012, 23 (19): 4069-4084.

⑥ 彭定武. 领导魅力对企业效能的影响[J]. 经济导刊, 2007(8): 68-69.

⑦ Erez A, Misangyi V F, Johnson D E, et al. Stirring the hearts of followers: charismatic leadership as the transferal of affect[J]. Journal of Applied Psychology, 2008, 93(3): 602-616.

冰，黄维德，2010)①。再次，个体行为。研究发现，魅力型领导给予个体的充分信任，使其更愿意为组织绩效的提升而进行额外投入（Banks，et al.，2017)②。研究表明，魅力型领导对个体工作投入有积极影响，并进一步对个体组织公民行为产生正向影响作用，对个体离职行为产生负向影响（Babcockroberson & Strickland，2010)③。当领导被认为是有魅力的时候，个体将更愿意以更大的热情来投入工作，以此来支持领导的愿景（Howell & Shamir，2005)④。最后，团队合作与创新。魅力型领导通过吸引其他团队成员的注意力，协调跟随者的亲社会倾向，抑制成员对合作风险的敏感性，增强合作奖励的激励性，从而增加合作成功的可能性来使团队受益（Grabo & Vugt，2016)⑤。当魅力型领导从事对组织有利的创新行为时，这些行为会促进个体的魅力感知和组织承诺感知，使个体更愿意为组织冒险，进而促进组织的创新绩效（Nohe，Michaelis & Menges，2013)⑥。

综上所述，学者们大多将魅力型领导作为前因变量进行研究，从个体、团队、组织等层面探究其有效性。既有研究表明，魅力型领导对个体工作态度、行为、绩效等均具有正向积极影响。但是，魅力型领导是否对个体创造力也具有积极影响，又是如何对个体创造力产生影响的有待深入研究。文献梳理发现，以往研究专注于魅力型领导对个体创造力的直接效应，较少探索魅力型领导作为情境变量对个体创造力产生影响，而且，很少有学者探究其与人力资源实践的交互影响，这正为本研究提供了研究契机。

（2）共享型领导相关研究

①内涵界定研究。共享型领导源于学者们 20 世纪 80 年代提出的共同

① 董临萍，吴冰，黄维德. 中国企业魅力型领导风格、员工工作态度与群体绩效的实证研究[J]. 管理学报，2010(7)：1484-1489.

② Banks G C, et al. A meta-analytic review and future research agenda of charismatic leadership[J]. The Leadership Quarterly, 2017, 28(4)：508-529.

③ Babcockroberson M E, Strickland O J. The relationship between charismatic leadership, work engagement, and organizational citizenship behaviors[J]. Journal of Psychology, 2010, 144(3)：313.

④ Howell J M, Shamir B. The role of followers in the charismatic leadership process: Relationships and their consequences[J]. Academy of Management Review, 2005, 30(1)：96-112.

⑤ Grabo A, Vugt M V. Charismatic leadership and the evolution of cooperation[J]. Evolution & Human Behavior, 2016, 37(5)：399-406.

⑥ Nohe C, Michaelis B, Menges J I, et al. Charisma and organizational change: A multilevel study of perceived charisma, commitment to change, and team performance[J]. Leadership Quarterly, 2013, 24(2)：378-389.

管理学研究。不同学者基于不同视角对其内涵进行了界定，但至今尚未形成定论。大部分学者主要基于过程观来定义共享型领导。Ensley 等（2006）①从管理过程视角，认为共享型领导是指在工作过程中，团队成员之间相互交流和协作，以确定各自的工作内容，以团队目标为导向，在完成任务过程中相互激励使得目标顺利完成的一种领导风格；刘博逸（2009）结合群体观、能力观、角色观、情境观和方向观五个视角，将共享型领导定义为"群体成员之间交互影响的动态过程，领导角色的担当者取决于团队成员的特长以及具体任务特点，根据任务情境动态变更团队领导，以出色地完成团队或组织的目标"②；Pearce 和 Conger（2003）根据领导职责分布特点，认为共享型领导是团队成员根据具体的任务情境以及员工的特长动态变更领导职责，实现团队成员相互影响，彼此引导以完成团队共同目标的过程。③ 基于社会网络视角，Carson 等（2007）根据团队中正式领导和非正式领导的数量之和来界定，如果正式领导和非正式领导数量之和为 1，表示不存在共享型领导，如果数量之和大于 1，则表示团队中存在共享型领导。④

综上所述，本研究采用过程观，认为共享型领导是群体成员之间相互影响的过程，根据具体任务情境以及员工专业特长，动态更换领导角色，以帮助组织更好地实现目标的过程。

②维度构成研究。不同学者基于不同视角划分共享型领导维度。既有共享型领导维度构成研究主要包括两因素、三因素、四因素和五因素等。Mayo 等（2003）⑤基于社会网络分析理论将共享型领导划分为共享领导密度和团队领导分布两维度；基于影响过程，Carson 等（2007）⑥构建了包括员工建言、社会支持和共同目标的共享型领导三维结构模型；基于中国情

① Ensley M D, Hmieleski K M, Pearce C L. The importance of vertical and shared leadership within new venture top management teams: Implications for the performance of startups[J]. The Leadership Quarterly, 2006, 17: 217-231.

② 刘博逸. 共享领导的概念内涵、内容结构、绩效水平与实施策略[J]. 理论探讨, 2012（1）: 162-166.

③ Pearce C L, Conger J A. Shared Leadership: Reframing the Hows and Whys of Leadership[M]. Sage Publications, 2003.

④ Carson J B, Marrone J A. Shared leadership in teams: an investigation of antecedent conditions and performance[J]. Academy of Management Journal, 2007, 50(5): 1217-1234.

⑤ Mayo M, Meindel J R, Pastor J C. Shared leadership in work teams: a social network approach[M]//C. L. Pearce, J. A. Conger. Shared leadership: reframing the hows and whys of leadership. Thousand Oaks, CA: Sage, 2003: 193-214.

⑥ Carson J B, Marrone J A. Shared leadership in teams: an investigation of antecedent conditions and performance[J]. Academy of Management Journal, 2007, 50(5): 1217-1234.

境，刘博逸（2009）①将共享型领导分为相互协作（Mutual Cooperation）、绩效期望（Performance Expectation）、权责共享（Power and Responsibility Sharing）以及团队学习（Team Learning）四维度；基于功能观，Wood 等（2005）②将共享型领导划分为员工间分权化互动（Decentralized Interaction Among Personnel）、相互技能开发（Mutual Skill Development）、共同完成任务（Joint Completion of Tasks）和情感支持（Emotional Support）四维度。基于个体层多因素领导模型，Avolio 等（2003）③将其扩展到团队层面形成共享型领导的五维结构，包括被动例外管理、个性化关怀、智力激发、主动例外管理和鼓舞领导。

③影响效果研究。共享型领导不仅直接影响团队层面的结果变量，同时也会影响个人及组织水平的结果变量。首先，个体层面结果变量。一方面，共享型领导影响员工态度。共享型领导不仅可以有效提升员工的工作满意度，④ 同时还能激发团队成员的发展意愿和工作动机，⑤ 增强成员的情感承诺。⑥ 与此同时，Carson（2007）等认为，共享型领导通过权力共享加强员工的使命感以及提升团队成员的自我管理能力和在团队中的影响力等方式，激发员工知识分享的内在动机来促进员工知识分享。另一方面，共享型领导影响员工行为。共享型领导通过团队成员之间共担领导角色的方式最大限度地减轻了团队成员由于权力缺乏造成的负面影响。强调对员工进行正强化而非负强化，从而激发员工的创新行为。⑦ 此外，共享型领导显著正向影响员工建言行为。在高水平共享型领导下，领导与成员处于

① 刘博逸. 共享领导的概念内涵、内容结构、绩效水平与实施策略[J]. 理论探讨，2012（1）：162-166.

② Wood M S. Determinants of shared leadership in management teams[J]. International Journal of Leadership Studies, 2005, 1(1): 64-85.

③ Avolio B J, Sivasubramaniam N, Murry W D, Jung D, Garger J W. Assessing shared leadership: Development and preliminary validation of a Team Multifactor Leadership Questionnaire[M]//Pearce C L, Conger J A. Shared Leadership: reframing the hows and whys of leadership. Thousand Oaks, CA: Sage, 2003: 143-172.

④ Bergman J Z, Rentsch J R, Small E E, Davenport S W, et al. The shared leadership process in decision-making teams[J]. The Journal of Social Psychology, 2012, 152(1): 17-42.

⑤ Konu A, Viitanen E. Shared Leadership in Finnish Social and Health Care[J]. Leadership in Health Services, 2008, 21 (1): 28-40. Hoch J E. Shared leadership, diversity, and information sharing in teams[J]. Journal of Managerial Psychology, 2014, 29 (5): 6.

⑥ 张红丽，冷雪玉，程豹. 共享领导对团队成员创新绩效的影响：自我效能感的中介作用[J]. 领导科学，2015(4z)：43-45.

⑦ 赵宏超，于砚文，王玉珏. 共享型领导如何影响新生代员工建言？——积极互惠与责任知觉的作用[J]. 中国人力资源开发，2018，35(3)：29-40.

平等的环境中，员工参与团队的决策过程，树立了员工的主人翁意识，员工倾向于将自己视为组织的一分子。因此，在工作中更愿意与其他成员分享自己的想法与建议，表现出更多的建言行为。① 其次，影响团队层面结果变量，主要集中于对团队绩效的影响。共享型领导对团队效能有显著正向影响，② 能有效预测团队有效性，与团队绩效呈正相关关系，③ 不仅能有效提升团队学习效率，④ 还能积极预测员工创新行为及团队周边绩效。⑤ Pearce 和 Sims（2002）⑥研究表明，相比垂直型领导，共享型领导在提高团队绩效方面更有效。Hoch（2013）⑦检验了共享型领导与团队创造力之间的关系，研究发现共享型领导有助于培养员工的合作精神；有效地增加团队成员的内在动机和乐观体验。共享型领导通过授权让团队成员感知到更多工作意义，激发员工积极情绪，进而提高团队的创造力。最后，影响组织层面结果变量。共享型领导对组织的影响主要在绩效方面。共享型领导不仅能有效提高个体和团队绩效，还能进一步影响组织绩效。Wang（2014）研究表明，共享型领导对企业绩效的解释力度明显高于垂直型领导。

综上所述，共享型领导作为重要的组织情境因素，在影响员工的态度、行为和绩效方面具有重要作用，以往研究主要将共享型领导作为前因变量，探究其对员工工作满意度、创新行为、建言行为、知识分享等的影响，很少有研究探讨共享型领导作为调节变量，考察其对员工态度、行为和绩效的影响，而领导作为组织的代理人，组织人力资源实践的实施效果

---

① Wang D, Waldman D A, Zhang Z. A meta-analysis of shared leadership and team effectiveness [J]. Journal of Applied Psychology, 2014, 99(2): 181-198.

② Nicolaides V C, Laport K A, Chen T R, et al. The shared leadership of teams: A meta-analysis of proximal, distal, and moderating relationships[J]. Leadership Quarterly, 2014, 5(5): 923-942.

③ Amabile T M. Entrepreneurial creativity through motivational synergy[J]. The Journal of Creative Behavior, 1997, 31(1): 18-26.

④ Kerr S, Jermier J M. Substitutes for leadership: Their meaning and measurement [J]. Organizational Behavior & Human Performance, 1978, 22(3): 375-403.

⑤ 赵国祥，赵鹏娟. 知识型员工共享领导内容结构[J]. 心理科学, 2012(5): 127-131.

⑥ Pearce C L, Sims H P, Jr. Vertical versus shared leadership as predictors of the effectiveness of change management teams: An examination of aversive, directive, transactional, transformational, and empowering leader behaviors[J]. Group Dynamics: Theory, Research, and Practice, 2002, 6(2): 172-197.

⑦ Hoch J E. Shared leadership and innovation: The role of vertical leadership and employee integrity[J]. Journal of Business and Psychology, 2013, 28(2): 159-174.

在很大程度上取决于领导是否支持。因此，本研究将共享型领导作为重要的情境因素，考察其在人力资源实践与员工创新行为以及创新绩效关系中的调节作用。

（3）情绪耗竭相关研究

①内涵界定研究。情绪耗竭是个体情绪和生理资源不断被消耗的状态（Maslach，Schaufeli & Leiter，2001）①，是个体应对精力无法满足工作需要时产生的身体疲劳和精神耗竭（Shirom，Cooper & Robertson，1989）②，会产生疲惫、抑郁、焦虑等生理和身体现象（Demerout，Taris & Bakker，2007）③。王林姐（2017）④认为，情绪耗竭是个体表现出来的生理、认知和情绪上的衰竭，在工作中动力不足、积极性减弱。由于本研究重在考察不同情绪耗竭状态下，个体乡愁作用机制的边界条件，因而倾向 Maslach 等（2001）⑤的内涵界定。

②维度测量研究。情感耗竭是职业倦怠产生的重要原因，也是职业倦怠的核心组成部分，其维度测量主要采用 Maslach（2001）等的情绪耗竭 9 题项量表，例题如"我的工作让我感到情绪衰竭"，主要用于描述员工内心的沮丧、挫折感和精力耗竭等。

③前因变量研究。情绪前因变量研究主要包括个体因素、组织因素、工作环境等。首先，个体因素。主要包括年龄、性别、教育程度、婚姻、工作-家庭冲突涉及人口统计学变量（王海艳，2013；李永占，2016）⑥⑦。其次，组织因素。工作中影响个体情绪疲惫的重要因素，如辱虐领导、领

①　Maslach C，Schaufeli W B，Leiter M P. Job burnout[J]. Annual Review of Psychology，2001，52(1)：397-422.

②　Shirom A. Burnout in Work Organizations[M]. C. L. Cooper, I. Robertson. International Review of Industrial-Organizational Psychology. New York：Wiley，1989.

③　Demerouti E，Taris T W，Bakker A B. Need for recovery，home-work interference and performance：Is lack of concentration the link[J]. Journal of Vocational Behavior，2007，71(2)：204-220.

④　王林姐. 公立医院医护人员的角色压力对离职倾向影响研究——情绪耗竭与组织支持感的作用[D]. 武汉：中南财经政法大学，2017.

⑤　Maslach C，Schaufeli W B，Leiter M P. Job burnout[J]. Annual Review of Psychology，2001，52(1)：397-422.

⑥　王海艳. 工作家庭冲突、组织支持感和工作倦怠的关系研究[D]. 杭州：浙江工业大学，2013.

⑦　李永占. 工作家庭冲突视角下幼儿教师情感耗竭的心理机制：情绪智力的作用[J]. 心理与行为研究，2016，2(4)：492-500.

导信任等(曹元坤等, 2015; 潘城文, 2016)[1][2]。最后, 工作环境。包括工作压力、工作边界强度、顾客欺凌、职场排斥等(孟莹, 2016)[3], 情绪耗竭往往是在高需求的工作内容之后, 资源消耗越多, 个体越容易出现情绪耗竭 (LePine, LePine & Jackson, 2004)[4]。当个体应对精力无法满足工作需求时就会产生情绪耗竭(Shirom A, 1989)[5]。

④结果变量研究。情绪耗竭作为一种负面情绪状态, 影响员工的心理健康、离职倾向、反生产行为和工作业绩(董琪明, 2014)[6]。情绪耗竭会产生工作偏差、组织偏离; 以最直接的方式影响个人绩效, 减少对工作的投入(Maslach, Christina, Schaufeli, Wilmar & Leiter, 2001)[7]。

综上所述, 情绪耗竭既影响员工的工作态度、行为与绩效, 又受工作特征、管理实践、组织氛围以及情景条件的影响, 因而既有研究既把其作为前因变量, 又把其作为结果变量, 还把其作为中介变量进行研究, 而本研究重在探究不同情绪耗竭状态下, 个体使用即时通讯化解乡愁的方式会有所不同, 因而将其作为外生调节变量进行研究。

(4)依恋风格相关研究

①内涵界定研究。Bowlby(1958)[8]依据母婴关系理论, 把依恋行为定义为婴儿与母亲分离产生的不适应行为反应, 随着研究的深入, 发现依恋关系不仅存在于婴儿时期, 贯穿于个体的终生; 而且 Jawahar 等(2007)[9]

---

① 曹元坤, 李志成, 占小军. 辱虐管理对下属情绪耗竭影响的追踪研究: 情绪劳动和同事支持的作用[J]. 中大管理研究, 2015, 4(2): 402-4180.

② 潘城文. 辱虐领导对知识共享的影响——探讨情绪耗竭和雇佣身份的作用[J]. 企业改革与管理, 2016, 4(15): 59-62.

③ 孟莹. 心理脱离在工作压力源与情绪耗竭关系间的作用路径研究[D]. 长春: 吉林大学, 2016.

④ LePine J A, LePine M A, Jackson C L. Challenge and hindrance stress: Relationships with exhaustion, motivation to learn, and learning performance[J]. Journal of Applied Psychology, 2004, 89(5): 883-891.

⑤ Shirom A. Burnout in Work Organizations[M]//C. L. Cooper, I. Robertson. International Review of Industrial-Organizational Psychology. New York: Wiley, 1989.

⑥ 董琪明. 员工工作压力、情绪耗竭及离职倾向关系研究——以大连市 IT 产业员工为例[D]. 大连: 东北财经大学, 2014.

⑦ Maslach C, Schaufeli W B, Leiter M P. Job burnout[J]. Annual Review of Psychology, 2001, 52(1): 397-422.

⑧ Bowlby, John. Separation of mother and child[J]. Lancet, 1958, 271(7029): 1070-1071.

⑨ Jawahar I M, Stone T H, Kisamore J I. Role conflict and burnout: The direct and moderating effects of political skill and perceived organizational support on burnout dimensions [J]. International Journal of Stress Management, 2007, 14(2): 142-159.

的研究发现，依恋的个体在生命的各个阶段都会产生依恋的情感联结，后期的依恋情感会受到个体经历的影响。Julie 等（2018）[1]发现，成人的亲密关系和母婴依恋关系有着诸多的共同特征，成人的依恋感情是母婴依恋的一种时间的延续。Berman 和 Sperling（1991）[2]的研究指出，依恋情感在个体建立人际社交网络中，倾向于找到能够提供安全感的稳定能力。

　　②维度测量研究。依恋风格是个体和亲属联系及依赖"依恋网络"收到关系的特有方式（Kenneth，Levy，William，Ellison & Lori，2011）[3]，Mayer（2009）[4]指出三种依恋类型：安全型、焦虑型和回避型；Griffin 和 Bartholomew（1994）[5]将其继续分为恐惧-回避型和缺失-回避型。因此，依恋风格包括依恋焦虑和依恋回避，根据两者的不同组合分为安全型（低焦虑低回避）、焦虑型（高焦虑低回避）、回避型（低焦虑高回避）和恐惧型（高焦虑高回避）等依恋类型（Brennan，Clark & Shaver，1998；Fraley & Shaver，2000；Griffin & Bartholomew，1994；Wearden，Lamberton，Crook & Walsh，2005；Welch & Houser，2010）[6][7][8][9][10]。依恋风格的成人依恋量表（AAS），包括亲近、依赖与焦虑三维18题项。

[1]　Julie A，Niziurski，Dorthe Berntsen. A prospective study of homesickness in soldiers during military deployment[J]. Personality & Individual Differences，2018，120：81-86.

[2]　Sperling M B，Berman W H，Fagen G. Classification of adult attachment：An integrative taxonomy from attachment and psychoanalytic theories[J]. Journal of Personality Assessment，1992，59(2)：239-247.

[3]　Kenneth N L，William D E，Lori N S，Samantha L B. Attachment Style[J]. Journal of Clinical Psychology，2011，67 (2)：193-203.

[4]　Mayer D M，Kuenzi M，Greenbaum R，Bardes M，Salvador R. How low does ethical leadership flow？Test of a trickle-down model[J]. Organizational Behavior & Human Decision Processes，2009，8 (12)：108：1-13.

[5]　Griffin D，Bartholomew K. Models of the self and other：Fundamental dimensions underlying measures of adult attachment[J]. Journal of Personality and Social Psychology，1994，67 (3)：430-445.

[6]　Brennan K A，Clark C L，Shaver P R. Self-report measurement of adult attachment：An integrative overview ［J］//J. A. Simpson，W. S. Rholes，J. A. Simpson，W. S. Rholes. Attachment theory and close relationship. New York：Guilford Press，1998，8 (7)：46-76.

[7]　Fraley R C，Shaver P R. Adult romantic attachment：Theoretical developments，emerging controversies，and unanswered questions[J]. Review of General Psychology，2002，4 (2)：132-154.

[8]　Griffin D，Bartholomew K. Models of the self and other：Fundamental dimensions underlying measures of adult attachment[J]. Journal of Personality and Social Psychology，1994，67 (3)：430-445.

[9]　Wearden A J，Lamberton N，Crook N，Walsh V. Adult attachment，alexithymia，and symptom reporting：An extension to the four-category model of attachment[J]. Journal of Psychosomatic Research，2005，58(3)：279-288.

[10]　Welch R D，Houser，M. E. Extending the four-category model of adult attachment：An interpersonal model of friendship attachment[J]. Journal of Social and personal Relationships，2010，27(3)：351-366.

③相关变量研究。不同依恋风格的个体在信息加工过程中存在差异，不仅表现在感知觉信息加工早期阶段，还表现在对情绪信息的管理和调节中(郭薇、陈旭、张芳芳，2013)[1]。在信息加工的方式上采用的是自动加工(Cathy Creswell，Peter Cooper，Andreas Giannakakis，Elizabeth Schofield，Matt Woolgar & Lynne Murray，2011)[2]和上调节(up-regulate)的情感信息加工方式(Mikulincer，Shaver，Sapir-Lavid & Avihou-Kanza，1998)[3]，对消极刺激有着高唤醒和低控制倾向(Lepak & Snell，1999)[4]。而回避型依恋的个体会忽视消极刺激(Pfeffer，1994)[5]。回避型依恋个体会对消极刺激给予负性偏向的注意(Delaney & Huselid，1996)[6]，在信息加工方式上回避依恋个体采用的是下调节(down-regulate)信息加工方式(Acquavita，Pittman & Gibbons，2014)[7]。然而，Nembhard(2006)[8]的研究结果部分支持依恋焦虑的"自动加工过程"，依恋回避的"抑制"目前在研究中仍存在较大的争议(Mikulincer & Shaver，2003)[9]。

综上所述，依恋风格不同的个体，其面对困难时的心理和感受是不同的，所以依恋风格会调节多元包容型人力资源管理实践通过乡愁对工作绩效的影响关系。

---

① 郭薇，陈旭，张芳芳. 恋爱受挫对自我——他人工作模型的影响[J]. 心理科学，2013，3(8)：681-687.

② Cathy Creswell，Peter Cooper，Andreas Giannakakis，Elizabeth Schofield，Matt Woolgar，Lynne Murray. Emotion processing in infancy：Specificity in risk for social anxiety and associations with two-year outcomes[J]. Journal of Experimental Psychopathology，2011，2(4)：189-193.

③ Mikulincer M，Florian V. The relationship between adult attachment styles and emotional and cognitive reactions to stressful events[J]//Simpson J A，Rholes W S. Attachment theory and close relationships. New York：Guilford Press，1998，3(12)：143-165.

④ Lepak D P，Snell S A. The human resource architecture：Toward a theory of human capital allocation and development[J]. Academy of Management Review，1999，24(1)：31-48.

⑤ Pfeffer J. Competitive advantage through people：unleashing the power of the work force[J]. Administrative Science Quarterly，1994，40(3)：93-94.

⑥ Delaney J T，Huselid M A. The impact of human resource management practices on perceptions of organizational performance[J]. Academy of Management Journal，1996，39(4)：949-969.

⑦ Acquavita S P，Pittman J，Gibbons M，et al. Personal and organizational diversity factors impact on social workers job satisfaction：Results from a national internet-based survey[J]. Administration in Social Work，2009，33(2)：151-166.

⑧ Nembhard I M，Edmondson A C. Making it safe：The effects of leader inclusiveness and professional status on psychological safety and improvement efforts in health care teams[J]. Journal of Organizational Behavior，2006，27(7)：941-966.

⑨ Mikulincer M，Shaver P R. The attachment behavioral system in adulthood：Activation psychodynamics and Interpersonal processes[J]. Advances in Experimental Social Psychology，2003，35(3)：53-152.

1.2.5 研究述评

通过文献回顾可以发现：①诚然不同 HRP 内涵结构及其对绩效结果的影响已有诸多研究，多元包容管理实践相关研究也有探索，但在中国五化协同情境下，多元包容型人力资源管理实践内涵构成、测量工具、影响机理以及边界条件如何，既有研究缺乏深入探索。西方是理性契约型社会，强调对多元化员工的平等对待、尊重认可以及异质发挥，重在求同存异；而中国是人情关系社会，在此基础上还应该关注包容他人、宽容错误和容纳变化，重在求同化异与用异。因而西方多样性与包容性管理实践的照搬和移植难以发挥效用，因而应在考察中国情境的基础上进行本土化改造。②由于五化协同时代的双元个体工作绩效、创造力、创新行为以及创新绩效与西方社会情境有所不同，中国情境更为关注社会关系，因而作为企业管理投入与态度倾向、行为表现以及绩效结果中介的个体状态就显得愈加重要。③HRP 对主体状态、态度倾向与行为表现的作用受个体特质、工作特征以及领导风格等的影响，并最终影响创造力、工作绩效、创新行为及创新绩效，但中西方文化与社会情境不同，西方人力资源实践构成难以真实反映中国情境，因而需要进一步梳理、归纳和提炼。鉴于此，本研究旨在基于中国五化协同情境下，提出并界定创新所需的多元包容型人力资源管理实践内涵，明确其概念独立性、完备性与必要性，确定其维度构成与测量工具，探究其通过双元学习、乡愁、工作重塑以及工作繁荣对个体创造力、工作绩效、创新行为与创新绩效的影响机理，考察魅力型领导、依恋风格以及共享型领导等变量的情景条件作用。

1.3 研究内容与方法

1.3.1 研究目标

本研究旨在基于资源保存理论，科学界定中国情境下的多元包容型人力资源管理实践，揭示多元包容型人力资源管理实践对个体创造力的影响机理及边界条件，明确情绪耗竭在其间的情景条件作用；分析多元包容型人力资源管理实践通过工作重塑对员工创新行为的作用机制，考察共享型领导在其间的调节作用；阐明多元包容型人力资源管理实践通过工作繁荣对员工创新绩效的影响机理，同时考察共享型领导在其间的调节作用；阐释多元包容型人力资源管理实践通过异乡工作员工乡愁对其工作绩效的影响机制，检验依恋风格在其间的边界条件作用。综上所述，本研究旨在整合构建多元包容型人力资源管理实践内涵结构、作用机制与边界条件理论框架，系统揭示多元包容型人力资源管理实践通过不同主体状态、态度倾向以及行为表现对其个体创造力、创新行为、创新绩效以及工作绩效的作用机理，同时考察不同领导风格、心理状态以及个体特质等在其间的边界条件作用，从而为个体创造力、创新行为、创新绩效以及工作绩效的提升提供理论依据与决策参考。

1.3.2　研究内容

第1章阐述研究背景、目的与意义，梳理国内外相关研究，对相关研究进行评述，找到本研究的理论立足点，从而确定本研究的思路框架与技术路线。

第2章主要通过扎根访谈、质性研究、因子分析、关联效标以及增量效度等定性与定量研究相结合，对多元包容型人力资源管理实践的内涵结构进行科学界定，得到包括匹配性工作配置、多样性招聘选拔、包容性培训发展、针对性绩效评估以及公平性薪酬管理五维20题项的中国情境多元包容型人力资源管理实践量表，实证检验其信度、内容效度、结构效度、效标效度与增量效度，明确多元包容型人力资源管理实践构念的独立性、完备性与必要性。

第3章主要基于资源保存与社会交换理论，提出多元包容型人力资源管理实践对个体创造力影响的现实背景与理论基础，通过文献研究提出多元包容型人力资源管理实践对个体创造力影响的相关假设，构建其对个体创造力被调节的中介作用模型，采取实证研究，揭示内部影响机理与边界条件作用。实证研究发现：①多元包容型人力资源管理实践促进个体创造力；②双元学习在多元包容型人力资源管理实践与个体创造力之间起中介作用；③魅力型领导调节多元包容型人力资源管理实践对双元学习与个体创造力的直接作用，同时也调节多元包容型人力资源管理实践通过双元学习对个体创造力的间接作用。

第4章主要根据经济全球化与中国五化协同现实背景下，劳动力跨文化流动带来的工作场所劳动力多元化，既给组织带来创新基础与机遇，同时也带来诸多管理挑战，这种求同用异的组织需求需要多元包容型人力资源管理实践提升其能力、激发其动机和提供其机会，基于此本章分析了多元包容型人力资源管理实践对员工创新行为影响机理与边界条件研究的背景，通过文献研究进一步探究多元包容型人力资源管理实践对员工创新行为影响的工作重塑中介作用机理以及共享型领导的调节作用，实证研究得出如下结论：①多元包容型人力资源管理实践显著正向影响员工创新行为；②工作重塑在多元包容型人力资源管理实践与员工创新行为关系中起中介作用；③共享型领导调节多元包容型人力资源管理实践对工作重塑和员工创新行为的影响。

第 5 章主要揭示了多元包容型人力资源管理实践通过工作繁荣对员工创新绩效的影响机理，考察了共享型领导在其间的调节作用。实证分析发现：①多元包容型人力资源管理实践正向影响员工创新绩效；②工作繁荣在多元包容型人力资源管理实践对员工创新绩效的影响间起中介作用；③共享型领导正向调节多元包容型人力资源管理实践对工作繁荣和创新绩效的直接影响以及其通过工作繁荣对员工创新绩效的间接作用。

第 6 章主要基于资源保存理论，通过移动互联背景下即时通讯的中介作用，揭示乡愁对工作绩效的影响机理，并考察不同情绪耗竭状态在其间的边界条件。实证研究得出如下结论：①中国情境下乡愁与工作绩效显著正相关；②即时通讯中介乡愁对工作绩效的影响；③乡愁对即时通讯和工作绩效的影响被情绪耗竭所调节；④乡愁通过即时通讯对工作绩效的间接作用被情绪耗竭所调节。从而为企业通过合理利用即时通讯化乡愁包袱为工作动力的管理实践提供理论依据和决策参考。

第 7 章主要从资源保存理论视角，打开多元包容型人力资源管理实践通过员工乡愁影响其工作绩效的黑箱，并考察依恋风格作为调节变量在其间的边界条件。追踪研究发现：①多元包容型人力资源管理实践正向影响工作绩效；②多元包容型人力资源管理实践正向影响乡愁以及乡愁正向影响工作绩效；③乡愁部分中介多元包容型人力资源管理实践对工作绩效的影响；④依恋风格在多元包容型人力资源管理实践对乡愁与工作绩效的影响中具有调节作用；⑤进一步研究发现，依恋风格与适应障碍双重调节多元包容型人力资源管理实践通过故乡眷恋对工作绩效的间接作用。

第 8 章主要总结研究结论，厘清研究创新贡献，根据研究发现为企业具体管理实践提出建议和决策指导，最后指出主要研究局限和未来研究方向。

1.3.3　研究方法

①文献研究。通过文献查阅、收集与整理的基本流程，对已有研究进行较为系统的归纳，以期找到研究立足点，从而进行框架的构建，对已有理论进行梳理，找到研究依据，为研究开展奠定文献与理论基础。

②扎根访谈。由于本研究是在中国情境下开展起来的，因而需要深入研究的具体环境中，采取扎根方法将已有研究与中国情境相结合，对数据进行一手采集，通过编码等方式，将访谈资料进行数据化处理，形成不同条目，通过归纳演绎，经过饱和度检验，形成初始量表。进一步的因子分析，筛选不合规的题项，形成正式问卷。

③问卷调查。根据研究设计、构建研究框架、提取主要变量及控制变量，结合研究内容与中国情境发放问卷，问卷保证调研对象的普适性与代表性，渠道选择确保合理性与合法性，收集数据后对问卷数据进行无效剔除、缺失填补等方式，确保问卷数据的真实有效性。

④实地调研。研究主题为中国情境下的多元包容型人力资源管理实践研究，故需要对中国情境下的相关问题进行识别、实地调研、原因分析、总结归纳，形成书面报告。实地调研的方式主要是通过与目标企业、相关部门、核心对象进行面对面交流、记录、问询等工作。对调研材料进行整理完善，形成对研究有支撑作用的书面材料。

⑤统计分析。本研究主要采取 SPSS、AMOS 以及 SPSS 的 PROCESS 插件进行数据的统计与分析，主要工作是进行问卷的形成、因子分析、回归分析以及中介与调节效应检验等，从而为研究提供数据支撑。

⑥专家座谈。专家在相关研究领域内往往具有权威作用，因而专家访谈可充分了解研究思路是否符合规范、研究内容是否充足扎实、研究目的是否具有前瞻性等，从而为研究的完善与严谨提供宝贵意见。

⑦小组讨论。头脑风暴法是创新观点迸发的有效方式，研究开展过程中，通过头脑风暴法可以对研究的文献进行梳理、对结论进行质证、对方法进行优化、对模型进行修正等，从而使研究更具科学性、合理性与创新性。

研究的技术路线图如 1-1 所示。

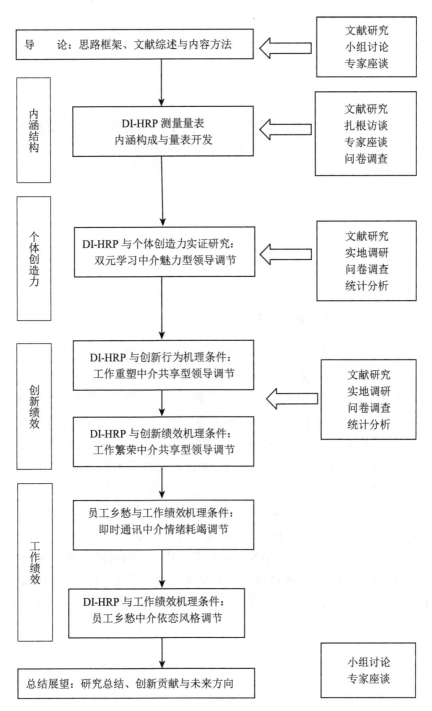

图 1-1 技术路线图

第2章 多元包容型人力资源管理实践：结构与测量

2.1 问题提出

2.1.1 DI-HRP 现实背景需要

随着经济全球化和国内五化协同的发展，女性员工、新生代员工、农民工、老年员工、少数民族、归国人员、外籍人口、海外务工人员、外派员工以及残疾员工等不同人口统计特征和文化背景的多元化员工越来越多（辛鸣，2013）[①]。对于劳动力多元化现象，早期学者提出采用平等对待等多样化管理措施来减少组织内的冲突和歧视（Pelled, Ledford & Mohrman, 1999）[②]，但这种管理方式并不能充分发挥多元化员工的个体优势，因而学者们提出包容性是解决多元化问题更为有效的管理方式（Miller, 1998）[③]。包容性管理允许员工的广泛参与和自我体现，强调发挥多元化员工的价值，一方面可以平等对待多元化员工，实现和平共处；另一方面又可鼓励多元化员工的自我展现，发挥多元化个体的自我优势（Roberson, 2006）[④]。而人力资源实践是组织提升个体能力、激发个体动机和提供个体机会来实现组织目标和提升竞争优势的规则框架（赵富强、张光磊、陈

---

① 辛鸣. 包容性发展思想研究[J]. 中外企业家, 2013, 30(2): 51-53.

② Pelled L H, Ledford G E. Jr., Mohrman S A. Demographic dissimilarity and workplace inclusion[J]. Journal of Management Studies, 1999, 36(7): 1013-1031.

③ Miller F A. Strategic culture change: The door to achieving high performance and inclusion[J]. Public Personnel Management, 1998, 27(2): 151-160.

④ Roberson Q M. Disentangling the Meanings of Diversity and Inclusion in Organizations[J]. Group & Organizational Management, 2006, 31(2): 212-236.

耘，2015）①，多元包容型人力资源管理实践是组织提升个体多元包容能力、激发个体多元包容动机和提供个体多元包容机会，从而实现组织目标和提升竞争优势的人力资源实践（陈耘、陈凯佳、赵富强、张秋红、胡伟，2019）②，因而其既可以减少多元化带来的组织冲突和矛盾——求同存异，又可以鼓励个体充分展现自我——百家争鸣，同时也可以发挥多元化个体的自身优势——百花齐放，还可以实现多元化员工的协同融合——相得益彰，从而提升员工感知到的组织认可和尊重，增强个体的自我效能感和组织支持感，进而有利于个体和组织的绩效提升（Shore，Randel，Chung，Dean，Holcombe Ehrhart & Singh，2011）③。

2.1.2　DI-HRP 既有研究局限

既有人力资源实践的相关研究主要分为两类（赵富强、陈耘、杨淑媛，2018）④：第一类是基于整体系统观的人力资源实践，认为每一要素都是系统的有机组成部分，强调人力资源活动的整体性，如承诺型和控制型 HR 系统（Arthur，1994）⑤、利诱和投资型 HR 系统（Shaw，Gupta & Delery，2005）⑥、维持-绩效导向 HR 系统（Gong，Law，Chang & Xin，2009）⑦等。第二类是基于独立累加观的人力资源实践，认为每种系统包含的实践不同，每一种实践在不同的系统里有不同的含义，如高绩效人力资源实践（Datta，Guthrie & Wright，2005）⑧、高承诺人力资源实践

① 赵富强，张光磊，陈耘. 支持性人力资源实践与组织绩效的研究[J]. 科学学研究，2015，7(9)：1405-1413.
② 陈耘，陈凯佳，赵富强，张秋红，胡伟. 中国情境下乡愁的影响效果与影响因素[J]. 中国人力资源开发，2019，36(4)：45-60.
③ Shore L M，Randel A E，Chung B G，Dean M A，Holcombe Ehrhart K，Singh G. Inclusion and diversity in work groups：a review and model for future research[J]. Journal of Management，2011，37(4)：1262-1289.
④ 赵富强，陈耘，杨淑媛. 工作家庭平衡型人力资源实践研究——中国情境下的结构与测量[J]. 经济管理，2018，40(2)：120-139.
⑤ Arthur J B. Effects of human resource systems on manufacturing performance and turnover[J]. Academy of Management Journal，1994，37(3)：670-687.
⑥ Shaw J D，Gupta N，Delery J E. Alternative conceptualizations of the relationship between voluntary turnover and organizational performance[J]. Academy of Management Journal，2005，48(1)：50-68.
⑦ Gong Y，Kim T Y，Lee D R，et al. A multilevel model of team goal orientation，information exchange，and creativity[J]. Academy of Management Journal，2013，56(3)：827-851.
⑧ Datta D K，Guthrie J P，Wright P M. Human resource management and labor productivity：Does industry matter[J]. Academy of Management Journal，2005，48(3)：374.

(Mcclean & Collins，2011)[1]、高参与人力资源实践(Guthrie，2001)[2]等，这些人力资源管理实践尽管包含类似实践，但这些实践协同产生的功能有所不同。前者强调人力资源实践的整体性，后者强调人力资源实践的目的性，尽管两者都对组织绩效具有显著促进作用(Raineri，2017；Zhong)[3]，但这些人力资源实践均针对组织一般员工的承诺、绩效与参与问题，而缺乏针对多元异质个体的聚同化异，关注其求同用异问题的研究就更为少见。而中国情境下，一方面，随着经济全球化和国内五化协同的发展，国外的企业要进来，国内企业要走出去，同时国内大量劳动力孔雀东南飞，"80后""90后""00后"等先后参加工作，工作场所劳动力构成日趋多元化，这些跨国家、区域、文化及代际等的管理冲突不断涌现，成为组织亟待解决的管理难题(赵富强、张秋红、陈耘、胡伟、陈凯佳，2019)[4]；另一方面，随着移动互联的发展，VUCA 日趋加剧，企业只能不断创新以求生存发展，而创新需要多元异质知识。这些聚同化异和求同用异成为学界和业界亟待解决的问题。而中国情境下究竟什么人力资源实践能够解决这一问题，该人力资源实践究竟构成如何，如何对该人力资源实践及其效果进行测量，既有研究缺乏深入探索。

2.1.3　DI-HRP 结构测量提出

基于此，本研究拟在以下方面作出贡献：①通过文献查阅、专家讨论以及头脑风暴等，探究中国情景下多元包容型人力资源管理实践的内涵构型；②通过扎根质性研究与问卷调查，结合探索性与验证性因子分析，开发中国情境下多元包容型人力资源管理实践测量工具；③通过问卷调查和统计分析，选取创新导向人力资源实践为参照，检验多元包容型人力资源管理实践对员工创造力的增量效度。

① Mcclean E, Collins C J. High-commitment HR practices, employee effort, and firm performance：Investigating the effects of HR practices across employee groups within professional services firms[J]. Human Resource Management，2011，50(3)：341-363.

② Guthrie J P. High-involvement work practices, turnover, and productivity：Evidence from New Zealand[J]. Academy of Management Journal，2001，44(1)：180-190.

③ Raineri A. Linking human resources practices with performance：the simultaneous mediation of collective affective commitment and human capital[J]. International Journal of Human Resource Management，2017，28(22)：3149-3178.

④ 赵富强，张秋红，陈耘，胡伟，陈凯佳. 基于即时通讯与情绪耗竭的中国情境下乡愁对工作绩效的影响研究[J]. 管理学报，2019，16(10)：1457-1465.

2.2　DI-HRP 的内涵界定

2.2.1　人力资源实践内涵

目前人力资源实践的界定学界尚未达成一致(Boselie, Dietz & Boon, 2005)①, 但不同学者从不同角度对人力资源实践进行了广泛探讨(Paauwe, 2009)②。整体系统观认为, 人力资源实践是一个完整的系统, 由多项人力资源管理活动、职能和过程组成, 各部分之间相互联系、相互影响(Lado & Wilson, 1994)③。独立累加观认为, 人力资源实践是对雇员管理的活动观、目标观以及评价观(赵富强、陈耘、杨淑媛, 2018)④。从企业战略的角度来看, 人力资源实践对战略具有支持作用, 是确保人力资源服务于组织战略目标的一系列政策和活动(Huselid, Jackson & Schuler, 1997)⑤。基于能力-动机-机会(Ability-Motivation-Opportunity, AMO)模型角度, 人力资源实践是为了提高组织绩效所采取的一系列提升能力、动机和机会的相互独立又相互补充的管理活动(Finlay, 2002)⑥。基于以上分析, 本研究认为, 人力资源实践是组织为提高组织绩效、实现战略目标以及获取竞争优势而采取的提升个体能力、激发个体动机和提供个体机会的规则框架, 包括一系列相互独立、相互联系和相互补充的活动、职能和过程(赵富强、黄颢宇、陈耘、张秋红, 2018)⑦。

---

① Boselie P, Dietz G, Boon C. Commonalities and contradictions in HRM and performance research[J]. Human Resource Management Journal, 2005, 15(3): 67-94.

② Paauwe J. HRM and performance: Achievements, methodological issues and prospects [J]. Journal of Management Studies, 2009, 46(1): 129-142.

③ Lado A A, Wilson M C. Human resource systems and sustained competitive advantage: A competency-based perspective[J]. Academy of Management Review, 1994, 19(4): 699-727.

④ 赵富强, 陈耘, 杨淑媛. 工作家庭平衡型人力资源实践研究——中国情境下的结构与测量[J]. 经济管理, 2018, 40(2): 120-139.

⑤ Huselid M A, Jackson S E, Schuler R S. Technical and strategic human resource management effectiveness as determinants of firm performance[J]. Academy of Management Journal, 1997, 40(1): 171-188.

⑥ Finlay W. Manufacturing advantage: Why high-performance work systems pay off[J]. Review of Radical Political Economics, 2002, 18(1): 91-93.

⑦ 赵富强, 黄颢宇, 陈耘, 张秋红. 工作-家庭平衡型人力资源管理实践对工作绩效的影响: 工作-家庭关系的中介作用与心理资本的调节作用[J]. 中国人力资源开发, 2018, 35(11): 124-140.

2.2.2　多元包容内涵界定

包容性概念最早出现在社会工作（Barak，2000）①和社会心理学（Brewer，1991）②研究领域，随着多样性研究的持续深入，包容性开始进入管理领域（Roberson，2006）③。从不同角度来看，包容性的内涵有所不同。从领导成员交换关系角度来看，包容性主张尊重员工、理解员工、注重员工反馈和承担员工责任（Hantula，2009）④；从员工关系视角来看，包容性指善于与员工建立良好关系，鼓励员工参与（Carmeli，Reiterpalmon & Ziv，2010）⑤；从对待公平视角来看，包容性是指平等对待弱势群体（Ryan，2007）⑥。但总体来讲，包容性指对多元化员工实行公平雇佣政策、融合差异、发挥个体优势以及允许员工参与决策制定等（Nishii，2013）⑦。

因此，多元包容型人力资源管理实践应是组织用来化解多元化冲突、弥补多元化不足、促进多元化融合、发挥多元化潜能以及实现多元化协同等而采取的一系列相互独立、相互联系和相互补充的活动、职能和过程（Roberson，2006）⑧。

2.2.3　DI-HRP 概念内涵

在多元包容型人力资源管理实践下，差异化个体被允许广泛参与管理并得到充分肯定（Miller，1998）⑨；多元化员工能够很大程度上利用组织

---

① Barak M E M. Beyond affirmative action: Toward a model of diversity and organizational inclusion[J]. Administration in Social Work, 2000, 23(3): 47-68.

② Brewer M B. The social self: On being the same and different at the same time[J]. Personality & Social Psychology Bulletin, 1991, 17(5): 475-482.

③ Roberson Q M. Disentangling the meanings of diversity and inclusion in organizations[J]. Group & Organization Management, 2006, 31(2): 212-236.

④ Hantula D A. Inclusive leadership: The essential leader-follower relationship[J]. Psychological Record, 2009, 59(4): 701-704.

⑤ Carmeli A, Reiterpalmon R, Ziv E. Inclusive leadership and employee involvement in creative tasks in the workplace: The mediating role of psychological safety[J]. Creativity Research Journal, 2010, 22(3): 250-260.

⑥ Ryan J. Inclusive leadership: A review[J]. Journal of Educational Administration & Foundations, 2007, 18(1/2).

⑦ Nishii L H. The benefits of climate for inclusion for gender-diverse groups[J]. Academy of Management Journal, 2012, 56(6): 1754-1774.

⑧ Roberson Q M. Disentangling the meanings of diversity and inclusion in organizations[J]. Group & Organization Management, 2006, 31(2): 212-236.

⑨ Miller F A. Strategic culture change: The door to achieving high performance and inclusion[J]. Public Personnel Management, 1998, 27(2): 151-160.

的信息资源，充分融入组织内部，成为组织内部人（Pelled，Ledford & Mohrman，1999）①，并在一定程度上影响组织决策制定（Phd & Msw，1998）②；多元化个体不仅仅在机会、决策和权力位置等方面具有平等性，同时也因其差异性而被积极鼓励（Holvino，Ferdman & Merrill，2004）③；多元化个体能够感知到强烈的归属感，同时其独特性得到组织的尊重和鼓励（Ferdman，Avigdor & Braun，2010；Lirio，Lee & Williams，2010）④⑤；在中国情境下，多元包容型人力资源管理实践还有包容错误和体谅他人的独特含义（唐宁玉、张凯丽，2015）⑥。研究表明，信息共享和工作参与计划的多元包容性实践为员工参与组织决策提供了机会（Den Hartog，De Hoogh & Keegan，2007；Beal，Cohen，Burke & Mclendon，2003）⑦⑧，对全体员工的包容培训和学习的多元包容性实践有利于增强组织学习和创新（Edmondson，2006）⑨。此外，塑造公平机会及珍视个人差异的组织政策和实践对包容性文化的建设具有积极作用（Janssens & Zanoni，2008；Den，Hoogh & Keegan，2007）⑩⑪。大量的研究表明，多元包容性对团体绩效、

① Pelled L H, Ledford G E Jr., Mohrman S A. Demographic dissimilarity and workplace inclusion[J]. Journal of Management Studies, 1999, 36(7): 1013-1031.

② Phd M E M, Msw D A C. A tool to expand organizational understanding of workforce diversity[J]. Administration in Social Work, 1998, 22(1): 47-64.

③ Holvino E, Ferdman B M, Merrill-Sands D. Creating and sustaining diversity and inclusion in organizations: Strategies and approaches[M]. M. S. Stockdale, F. J. Crosby. The psychology and management of workplace diversity. Malden, MA: Blackwell, 2004: 245-276.

④ Ferdman B M, Avigdor A, Braun D, et al. Collective experience of inclusion, diversity, and performance in work groups[J]. Ram Rev. adm. mackenzie, 2010, 11(3): 6-26.

⑤ Lirio P, Lee M D, Williams M L, et al. The inclusion challenge with reduced-load professionals: The role of the manager[J]. Human Resource Management, 2010, 47(3): 443-461.

⑥ 唐宁玉，张凯丽. 包容性领导研究述评与展望[J]. 管理学报, 2015(12): 932-938.

⑦ Den Hartog D N, De Hoogh A H, Keegan A E. The interactive effects of belongingness and charisma on helping and compliance[J]. Journal of Applied Psychology, 2007, 92(4): 1131-1139.

⑧ Beal D J, Cohen R R, Burke M J, Mclendon C L. Cohesion and performance in groups: a meta-analytic clarification of construct relations[J]. Journal of Applied Psychology, 2003, 88(6): 989-1004.

⑨ Edmondson A C. Making it safe: The effects of leader inclusiveness and professional status on psychological safety and improvement efforts in health care teams[J]. Journal of Organizational Behavior, 2006, 27(7): 941-966.

⑩ Janssens M, Zanoni P. What makes an organization inclusive? Organizational practices favoring the relational inclusion of ethnic minorities in operative jobs[J]. Social Science Electronic Publishing, 2008, 40(10): 1762-1766.

⑪ Den Hartog D N, De Hoogh A H, Keegan A E. The interactive effects of belongingness and charisma on helping and compliance[J]. Journal of Applied Psychology, 2007, 92(4): 1131-1139.

员工行为和绩效具有显著影响（Bilimoria & Bernstein，2013；Kulkarni，2012）①②。

综上所述，本研究认为，多元包容型人力资源管理实践是指组织为实现战略目标、提高组织绩效和获取竞争优势，而采取的尊重员工差异、认可员工价值、包容员工错误、发挥员工潜能、鼓励员工参与以及促进员工协同等一系列相互独立、联系和补充的人力资源管理活动，以提升员工多元包容能力、激发员工多元包容动机和提供员工多元包容机会，包括个性化配置、多元性选拔、包容性发展、参与性评估、针对性薪酬等维度（Den Hartog，De Hoogh & Keegan，2007；Edmondson，2006；Chrobot-Mason & Thomas，2002）③④⑤。

2.3　DI-HRP 预试问卷的编制

2.3.1　问卷编制原则

①明确目的。本研究的问卷编制，需要明确其目的与意义，除了体现研究价值，还应具有可操作性，因此，多元包容型人力资源管理实践的问卷需要体现出企业的多元包容且能够被科学测量与复制。

②题项适当。研究背景是中国情境下的多元包容型人力资源管理实践，因此，量表题项的设置需要满足恰当统一，符合中国人的习惯，对题项内容不能只停留在所反映的基本含义上，需要对整个量表进行综合反映，如不能反映相应的维度，则可能存在负面影响。

③测量可行。为避免被试者产生倦怠心理，量表编制应简便易行，因

---

① Bilimoria D，Bernstein R S. Diversity perspectives and minority nonprofit board member inclusion[J]. Equality，2013，32(7)：636-653.

② Kulkarni M. Contextual factors and help seeking behaviors of people with disabilities[J]. Human Resource Development Review，2012，11(1)：77-96.

③ Den Hartog D N，De Hoogh A H，Keegan A E. The interactive effects of belongingness and charisma on helping and compliance[J]. Journal of Applied Psychology，2007，92(4)：1131-1139.

④ Edmondson A C. Making it safe：The effects of leader inclusiveness and professional status on psychological safety and improvement efforts in health care teams[J]. Journal of Organizational Behavior，2006，27(7)：941-966.

⑤ Chrobot-Mason D，Thomas K M. Minority employees in majority organizations：The intersection of individual and organizational racial identity in the workplace [J]. Human Resource Development Review，2002，1(3)：323-344.

此，量表需要满足题目精简、易于理解、无歧义且客观等基本要求。

2.3.2 量表编制流程

本研究参考 Churchill(1979)①和赵富强等(2018)②的量表开发方法，采用扎根理论方法和技术，进行深度访谈以了解包容性人力资源实践的内涵，并根据访谈内容进行数据编码，采用科学方法，初步确定中国情境下包容性人力资源实践的内容和维度。具体流程如下：

①概念界定。通过在 Wiley、Emerald、百度学术、谷歌学术、知网、万方、维普等国内外数据库收集国内外相关研究文献，归纳总结多元包容型人力资源管理实践的内涵。

②理论分析。基于 AOM 的实践构成观，多元包容型人力资源管理实践是为了提高组织绩效和实现竞争优势所采取的一系列提升能力、激发动机和提供机会的相互独立、相互补充的管理活动。

③案例研究。基于自身的人才储备计划，华为公司储备了一大批数学天才、物理天才甚至是哲学精英，多元包容的企业文化帮助华为公司在技术与文化建设等方面取得长足发展。

④初始题项获取。本研究通过文献研究法、扎根访谈法获取现有和重新提取量表初始题项。

⑤问卷的预调查。收集小样本数据，进行探索性因子分析，对题项进行提炼，分析多元包容型人力资源管理实践的维度。

⑥信效度检验。通过二次大样本数据收集，进行验证性因子分析，对题项进行优化，并检验其信效度，构成中国情境下的多元包容型人力资源管理实践的测量量表。

⑦量表生成。加入人口统计学测量变量，采用李克特 5 点法进行评估，形成最终的正式问卷。

2.3.3 文献回顾题项获取

①信息搜索法。本研究通过搜集国家相关政策、企业相关理念以及社会相关现象等信息，了解中国情境下多元包容性的内涵，并融入多元包容型人力资源管理实践的测量题项中。研究发现，多元包容性内涵包括协同

---

① Churchill G A. A paradigm for developing better measures of marketing constructs[J]. Journal of Marketing Research, 1979, 16(1): 64-73.

② 赵富强，陈耘，杨淑媛. 工作家庭平衡型人力资源实践研究——中国情境下的结构与测量[J]. 经济管理, 2018, 40(2): 120-139.

发展、无意识偏见、文化包容、知识技术多元等内涵。

②文献研究法。通过 Wiley、Emerald、百度学术、谷歌学术、知网、万方、维普等国内外数据库，收集国内外相关研究的文献，整理文献中关于多元包容性的问卷题项，英文题项采用双向背翻法以确保题项能够准确运用于本土测量。

③扎根质性访谈法。通过对典型企业(如外企、跨国企业以及驻外企业)的典型部门(如人力资源部、研发部以及工程部等)的典型员工(如新生代员工、归国员工、外派员工等)进行深入访谈，了解企业实践中的多元包容性，对多元包容型人力资源管理实践的题项进行完善和补充。

④专家讨论法。与专家讨论，结合企业调研，根据中国文化情景，修改题项语句，形成最终的文献回顾初始题项。

具体来说，多元包容性主张尊重员工、理解员工、注重员工反馈和承担员工责任（Hantula，2009）①，强调不同背景员工参与和授权（Roberson，2006）②，鼓励员工参与（Carmeli，2010）③。多元包容管理也意味着对多元化员工实行公平雇佣政策、融合差异，发挥个体优势，允许员工参与决策制定（Nishii，2013）④；差异化个体被允许广泛参与管理（Den，De Hoogh & Keegan，2007）⑤；多元化员工在一定程度上能影响组织决策制定（Shore，Randel，Chung & Dean，2011）⑥；多样化个体能够平等地获取机会、权力位置和决策（Ferdman，Avigdor & Braun，2010）⑦；个体能够感知到其独特性得到了组织的尊重和鼓励（Lirio，Lee &

① Hantula D A. Inclusive leadership: The essential leader-follower relationship[J]. Psychological Record, 2009, 59(4): 701-704.

② Roberson Q M. Disentangling the meanings of diversity and inclusion in organizations[J]. Group & Organization Management, 2006, 31(2): 212-236.

③ Carmeli A, Reiterpalmon R, Ziv E. Inclusive leadership and employee involvement in creative tasks in the workplace: The mediating role of psychological safety[J]. Creativity Research Journal, 2010, 22(3): 250-260.

④ Nishii L H. The benefits of climate for inclusion for gender-diverse groups[J]. Academy of Management Journal, 2013, 56(6): 1754-1774.

⑤ Den Hartog D N, De Hoogh A H, Keegan A E. The interactive effects of belongingness and charisma on helping and compliance[J]. Journal of Applied Psychology, 2007, 92(4): 1131-1139.

⑥ Shore L M, Randel A E, Chung B G, Dean M A, Holcombe Ehrhart K, Singh G. Inclusion and diversity in work groups: a review and model for future research[J]. Journal of Management, 2011, 37(4): 1262-1289.

⑦ Ferdman B M, Avigdor A, Braun D, et al. Collective experience of inclusion, diversity, and performance in work groups[J]. Ram Rev. adm. mackenzie, 2010, 11(3): 6-26.

Williams，2010)①；在中国情境下，还具有包容错误的独特含义（唐宁玉、张凯丽，2015)②等。

基于此，结合各种类型的人力资源实践量表，本研究总结归纳出符合中国情境下的多元包容性内涵的测量语句，如"工作配置要充分考虑个体特性"，"组织可以采取轮岗或弹性工作制，对员工进行一定程度的授权和反馈"，"招聘过程中不因学历背景、性别、地域等因素对求职者持有偏见"，"招聘选拔注重员工特性和岗位的匹配"，"组织培训应该考虑不同背景个体的各方需求"，"针对员工特性，进行差异化培训"，"绩效管理要充分聆听多元化员工的看法和意见"，"绩效结果需要及时反馈给个体，并且不断修正"，"薪酬制度要公正、公平"，"根据多元化员工特点，采用多种薪酬福利制度"，"建立各种沟通平台，拓宽员工参与组织管理与决策渠道"等（Arthur，1994；Datta，Guthrie & Wright，2005；Xiao & Björkman，2006；Jiang，Hu & Liu，2017；赵富强、杨淑媛、陈耘，2017；Li，2018)③④⑤⑥⑦⑧。文献回顾获取的初始题项将与后期的扎根访谈数据进行反复对比研究，最终形成初始量表题项。

2.3.4　扎根访谈数据编码

（1）扎根访谈内涵

扎根访谈法是源于社会学领域的质性研究方法，是一种从经验事实中抽象出新概念，自下而上建立理论的方法，通常而言，在研究之前没有建立理论假设，研究者直接从访谈而来的原始资料中归纳出新概念。

---

① Lirio P，Lee M D，Williams M L，et al. The inclusion challenge with reduced-load professionals：The role of the manager[J]. Human Resource Management，2010，47(3)：443-461.

② 唐宁玉，张凯丽. 包容性领导研究述评与展望[J]. 管理学报，2015，12，932-938.

③ Arthur J B. Effects of human resource systems on manufacturing performance and turnover[J]. The Academy of Management Journal，1994，37(3)：670-687.

④ Datta D K，Guthrie J P，Wright P M. Human resource management and labor productivity：Does industry matter[J]. Academy of Management Journal，2005，48(3)：374-387.

⑤ Xiao Z，Björkman I. High commitment work systems in Chinese organizations：A preliminary measure[J]. Management & Organization Review，2006，2(3)：403-422.

⑥ Jiang K，Hu J，Liu S，et al. Understanding employees' perceptions of human resource practices：Effects of demographic dissimilarity to managers and coworkers[J]. Human Resource Management，2017，56(1)：481-498.

⑦ 赵富强，杨淑媛，陈耘，等. 工作-家庭平衡型人力资源管理实践对员工绩效的影响：工作繁荣与真实型领导的作用[J]. 中国人力资源开发，2017(9)：81-96.

⑧ Li Y W M V J. From employee-experienced high-involvement work system to innovation：An emergence-based human resource management framework[J]. Academy of Management Journal，2018，5(61)：2000-2019.

本研究是对多元包容型人力资源管理实践的初次探索，因而，本研究将采用扎根访谈法来建立中国情境下多元包容型人力资源管理实践的测量量表，具体来说，就是通过对慎重筛选出来的调查对象进行深入访谈，对访谈的结果进行归纳总结，以此来初步确定测量题项，以达到开发量表的目的。

从管理学研究领域的扎根理论的运用情境来看，主要有两种，一种是按照时间顺序回顾事件发生的过程，探讨因果关系，称为"纵向理论构建"；另一种是基于现象挖掘理论概念并明晰化，特别是文献甚少介绍的概念或新概念，根据扎根的实际情况进行新的诠释，称为"横向理论构建"（王璐、高鹏，2010）[1]。本研究是基于"横向理论构建"的基本思想进行的扎根。在管理学领域，运用扎根理论将问题阐述清楚后一般会进行量化研究，以便对得出的结论进行验证和深入分析。结合相关文献和本研究问题，本研究总结了扎根理论研究的操作流程，包括以下步骤：第一，文献回顾，确定研究问题；第二，扎根访谈，获取原始数据；第三，对数据进行编码，形成范畴；第四，理论饱和检验，判断数据是否达到饱和；第五，构建理论，得出结论；第六，量化研究，对结论进行验证（Suddaby，2006；Pandit，1996）[2][3]。

（2）扎根访谈过程

为了使所得题项能够真实反映中国企业的多元包容性实践，我们选取代表性行业，如高新技术企业、中外合资企业、互联网企业等，访谈对象包括各级管理者和普通员工等处于不同层次的员工，而且访谈对象来自不同的部门，如人力资源部、销售部、市场部、研发部等。特别地，为了保持文化的差异，我们还访谈了不同民族等的员工。总体来说，我们选取了代表性行业、企业及员工，访谈对象具有多元特征，访谈的方式主要是一对一进行访谈，最终访谈对象包括23名管理者和51名员工。

在访谈前，我们与调查对象进行了沟通，确定了访谈时间、地点、时长等信息，并详细准备了访谈提纲编写、访谈流程安排、访谈工具整理等准备工作，确保访谈能够顺利进行；在访谈过程中，我们坚持纸质和电子

[1]　王璐，高鹏. 扎根理论及其在管理学研究中的应用问题探讨[J]. 外国经济与管理，2010（32）：10-18.

[2]　Suddaby R. From the editors：What grounded theory is not[J]. Academy of Management Journal，2006，49(4)：633-642.

[3]　Pandit N R. The creation of theory：A recent application of the grounded theory method[J]. The Qualitative Report，1996，2(4)：1-15.

记录同时进行，以避免访谈重点信息的遗漏；访谈结束后，将访谈记录进行整理、总结、归纳等，并对无法理解和有歧义的资料进行了回访，以确保信息的准确无误。

（3）开放式编码

在确认了访谈数据无误后，本研究将对访谈数据进行编码。编码前，我们根据两个标准删除了不符合本研究范畴的访谈资料：第一，访谈人员的回答均比较简短，只有一两句话；第二，访谈人员的回答虽然很多，但大多数内容与研究问题毫不相关。

开放式编码是对访谈人员的回答资料进行逐字逐句的分析，选择性摘取本研究需要的语句，将每个语句分为可概括的几个原始语句，然后将原始语句概念化为我们的研究语言。最后将研究语言进行整合。开放式编码是扎根访谈法数据编码的第一步，是主轴编码和选择性编码的基础，只有在此阶段细心操作，才能更大程度地保持本研究概念的理论饱和性，以方便进一步研究。开放式编码样本如表 2-1 所示。

表 2-1　开放式编码概念化示例

对象	访谈资料	原始语句	概念化
总经理	我们公司属于中外合资企业，因而企业员工结构和背景比较复杂。企业的跨文化性要求我们在吸引人才方面要注重员工背景、文化、价值观等方面的多元化，特别是不同岗位需求与员工特征的匹配，这也对招聘方式的灵活性提出了更高的要求。在发展人才方面，由于企业涉及业务领域多样，因而对员工能力的要求也会不同，所以要进行不同的能力提升培训。考虑到员工主体多样化，要尊重员工需求，除了保证对多元化主体绩效薪酬考核的公平公正外，也要针对不同员工采取灵活激励方式	A1：注重员工背景、文化、价值观等方面的多元化 A2：不同岗位需求与员工特征的匹配 A3：招聘方式的灵活性提出了更高的要求 A4：对员工能力的要求也会不同，所以要进行不同的能力提升培训 A5：考虑到员工主体多样化，培训要尊重员工需求 A6：对多元化主体绩效薪酬考核的公平公正 A7：针对不同员工采取灵活激励方式	AA1：不歧视招聘者 AA2：岗位分配与自身特长匹配 AA3：招聘方式灵活 AA4：多元化培训 AA5：按需求制定培训方案 AA6：内外部公平 AA7：薪酬激励方式灵活

续表

对象	访谈资料	原始语句	概念化
人力资源总监	我们公司的外派员工、新生代员工的比例较高，因而管理方式也会有所不同。在招募新员工的时候，不会产生性别、宗教等的歧视，也不会因性格、专业背景等因素影响员工录用，主张招聘流程透明公平。进而会根据员工特长制定不同的培训方案，提升员工能力，也会设置多种职业发展渠道激发员工潜力。对员工的绩效考核指标制定也会征求相关主管和员工的意见，结合岗位特征，采用多种考核方式	A8：招募新员工的时候，不会产生性别、宗教等的歧视 A9：不会因性格、专业背景等因素影响员工录用 A10：主张招聘流程透明公平 A11：根据员工特长制定不同的培训方案 A12：设置多种职业发展渠道激发员工潜力 A13：绩效考核指标会征求相关主管和员工的意见 A14：员工的绩效考核会结合岗位特征，采用多种考核方式	AA8：不歧视招聘者 AA9：录用晋升公平 AA10：招聘过程公平 AA11：个性化培训 AA12：多种发展渠道 AA13：绩效评估指标制定民主
人力资源总监	特别注重考核后的反馈。员工也会参与自身的薪酬方案制定，只有在管理中给予员工一定程度的授权和自主性，才能给予他们发挥才能的机会	A15：特别注重考核后反馈 A16：员工会参与自身的薪酬方案制定 A17：给予员工一定程度的授权和自主性	AA14：绩效评估流程和方式多元 AA15：注重绩效反馈 AA16：员工参与 AA17：自主授权
员工代表	公司会考虑我的特长与岗位特征的匹配进行岗位安排，也会采用工作轮换的方式进行工作配置，进而根据考核结果设计我的职业规划。在征求我的意见之后对我的职业发展规划进行改进。我也会参与绩效薪酬指标的制定，绩效指标的考核与我的工作息息相关，根据我的需求制定的薪酬激励方式更有利于对我的激励，我有几种不同的薪酬激励形式可以选择。总之，我感受到了企业对我的公平，同时也感受到组织对我的特殊性的包容	A18：公司会考虑我的特长与岗位特征的匹配 A19：采用工作轮换的方式进行工作配置 A20：在征求我的意见之后对我的职业发展规划进行改进 A21：我会参与绩效薪酬指标的制定 A22：绩效指标的考核与我的工作息息相关 A23：根据我的需求制定薪酬激励方式 A24：我有几种不同的薪酬激励形式可以选择	AA18：岗位分配与自身特长匹配 AA19：工作轮换 AA20：职业发展沟通 AA21：绩效评估指标制定民主 AA22：评估内容合理 AA23：按需选择薪酬激励形式 AA24：薪酬激励方式灵活

注：开放式编码涉及内容较多，在此只选取部分代表，已作证明。

本研究一共得到 582 个初始概念。剔除掉重复率低于 4 的原始语句，并将概念重复和接近的语句进行融合，得到 93 个概念。最后，根据专家的讨论，将概念归纳为 24 个范畴，分别是岗位分配与自身特长匹配、工作轮换、弹性工作制、员工授权、申诉与反馈、不歧视招聘者、录用晋升公平、招聘方式灵活、招聘过程公平、反馈优化招聘方案、按需求制定培训方案、个性化培训、多元化培训、多种发展渠道、职业发展沟通反馈、绩效考核指标制定民主、绩效考核内容合理、绩效考核流程和方式多元、注重绩效反馈、薪酬激励方式灵活、内部公平、外部公平、按需选择薪酬发放形式、薪酬方案制定参与主体多元。

（4）主轴编码分析

主轴编码主要是将开放式编码归纳出的范畴根据其内在联系进行归类，划分为更具概括性的主范畴。经过对 24 个范畴进一步的归纳和整合，得到更具逻辑性的 5 个主范畴，具体结果见表 2-2。

表 2-2　主轴编码形成的主范畴示例

编号	范畴	对　　应
1	个性化配置	岗位分配与自身特长匹配
		工作轮换
		弹性工作制
		员工授权
		申诉与反馈
2	多元性选拔	不歧视招聘者
		录用晋升公平
		招聘方式灵活
		招聘过程公平
		反馈优化招聘方案
3	包容性发展	按需求制订培训方案
		个性化培训
		多元化培训
		多种发展渠道
		职业发展沟通反馈

续表

编号	范畴	对应
4	参与性评估	考核指标制定民主
		考核内容合理
		考核流程和方式多元
		注重绩效反馈
5	针对性薪酬	薪酬激励方式灵活
		内部公平
		外部公平
		按需选择发放形式
		参与主体多元

（5）选择性编码分析

选择性编码就是将主轴编码归纳的范畴用一个核心范畴进行概括性提炼。经过讨论和提炼，本研究认为这一核心范畴可以形容为面对多元化的员工，企业认为平等对待的管理实践不能充分发挥多元化员工的潜能，多元化带来的组织矛盾和冲突仍然存在。因此，企业需要实施工作轮换或弹性工作制等灵活性配置，或者在招聘的过程中注重员工的多样化背景，包容员工的多元化特点，针对多元化员工特点进行个性化培训，发展多种培训渠道，制定民主、合理、多元的绩效评估机制，通过多种薪酬制度激励多元化员工，以促进多元化员工充分展现自我，发挥自身优势，提高个体及组织绩效。基于此，本研究确定多元包容型人力资源管理实践为核心范畴，这一核心范畴由个性化配置、多元性选拔、包容性发展、参与性评估、针对性薪酬等实践组成。

（6）理论饱和度检验

理论饱和度就是用另一组资料进行同样的操作，检查是否有其他范畴结果出现，具体操作是将另一组访谈数据再次进行开放式编码。本研究二次编码发现虽然原始语句发生了改变，但是概念化原始语句后，其内涵仍然属于第一组的范畴内，经过进一步的归纳整合，虽然得到的范畴命名不同，但其内涵一致，因此，我们认为没有其他范畴的出现。基于此，本研究认为最终的范畴在理论上是饱和的。

2.3.5 初始量表编制

为了进一步提高中国情境下的多元包容型人力资源管理实践量表的可靠性，本研究对扎根质性研究的结果进行了进一步的讨论，邀请了多名实践专家和研究学者对题项的表达和分类进行了反复推敲和提炼，最终形成了本研究的初始量表，结果见表2-3。

表2-3 中国情境下多元包容型人力资源管理实践初始量表题项

维度	序号	题 项
个性化配置	1	公司工作分配会考虑岗位要求、自身诉求与特长
	2	公司经常采取工作轮换的方式不断提升员工素质
	3	公司采用弹性工作制和其他较为灵活的办公方式
	4	公司工作安排允许对员工有一定工作授权与自治
	5	公司工作安排注重与员工的沟通交流与问题反馈
多元性选拔	6	公司招聘选拔不因性别、民族、宗教、籍贯及方言等而歧视
	7	公司招聘选拔不会因性格不同与专业背景而影响录用与晋升
	8	公司招聘选拔会根据具体岗位需求而采用灵活招聘选拔方式
	9	公司招聘选拔制度科学严谨、过程规范透明，结果公平公正
	10	公司招聘选拔会根据员工反馈不断优化和完善招聘选拔方案
包容性发展	11	公司培训方案会考虑岗位要求、员工需求与职业发展
	12	公司会根据员工不同需求制定差异化个性化培训方案
	13	公司会提供多元化(如性别、民族、文化、宗教、籍贯、方言、性格、专业以及残疾等)方面的包容尊重与换位思考的培训
	14	公司为不同员工设置多种职业发展渠道
	15	公司会定期对员工职业发展进行沟通反馈，并改进发展规划
参与性评估	16	公司绩效评估指标的确定都会征求部门主管与员工意见
	17	公司绩效评估指标内容均与员工岗位工作内容息息相关
	18	公司会根据员工具体岗位特征选择合适评估流程与方式
	19	公司绩效评估注重结果反馈、问题诊断及优化建议征求

续表

维度	序号	题　　项
针对性薪酬	20	公司会根据岗位要求采用灵活的薪酬激励方式
	21	与其他公司同类岗位相比，我的薪酬公平合理
	22	与公司其他同级岗位相比，我的薪酬公平合理
	23	我可以根据自己的需求选择薪酬种类与发放形式
	24	公司会让(性别、民族、专业等)不同多元化利益主体参与薪酬方案制定

2.4　DI-HRP 结构探索

2.4.1　初始量表描述性统计

本次调查主要采用线下调查的方式，发放问卷共 316 份，得到有效问卷为 239 份，有效率为 87.5%。多元包容型人力资源管理实践初始量表采用 Likert 五点评价法，1 表示"非常不符合"，5 表示"非常符合"，1 到 5 依次递增。被试的描述性统计具体结果如表 2-4 所示。

表 2-4　初始量表测试描述性统计

基本信息	分类	百分比
性别	男	61.9
	女	38.1
年龄	18~25 岁	23.4
	26~35 岁	33.5
	36~55 岁	42.7
	56 岁以上	0.4
婚否	是	64.4
	否	35.6

续表

基本信息	分类	百分比
学历	大专及以下	12.6
	本科	55.2
	硕士	29.7
	博士及以上	2.5

2.4.2　初始量表信度分析

内部一致性信度是检验量表内部题目间的一致性程度。一般而言，需要对初始量表题项进行内部一致性检验，以确定量表从数据上来讲是可信的。基于此，本研究采用 SPSS 22.0 来检验初始量表的内部一致性。若初始量表题项的总 Cronbach's α 值大于 0.9，则说明初始量表的内部一致性是很好的，该题项的测量是可靠的。另外，若 CITC（某一题项和总体量表的相关性）大于 0.5，且删除该项后 Cronbach's α 值降低，这说明该题项应该被保留。经过检验，初始量表的总 Cronbach's α 值为 0.947，大于 0.9，说明初始量表的内部一致性较好。如表 2-5 所示，第 3 题和第 10 题的 CITC 值小于 0.5，且删除该题项后 Cronbach's α 值增加。因此，为了使初始量表具有很好的信度，我们在之后的测量中删除了第 3 题和第 10 题，保留了其他信度较好的题项。

2.4.3　初始量表探索性因子分析

为了检验我们开发的量表确实是可以分成五个维度的，我们将进行探索性因子分析。在此之前，需要进行 KMO 和 Bartlett 检验，以证明该数据是可以进行探索性因子分析的。若 KMO 系数大于 0.7 且 Bartlett 值是显著的，则说明数据是适合进行探索性因子分析的，且该分析结果可靠（吴明隆，2010）[①]。结果显示，KMO 值为 0.938，远高于判别标准，且 Bartlett 检验的显著性小于 0.001。因此，用该数据进行探索性因子分析是可靠的。

---

① 吴明隆. 问卷统计分析实务[M]. 重庆：重庆大学出版社，2010.

表 2-5　初始量表的内部一致性检验结果

题项序号	CITC	删除该项后的 α 值	题项序号	CITC	删除该项后的 α 值
1	0.618	0.946	13	0.638	0.945
2	0.530	0.947	14	0.704	0.944
3	0.440	0.948	15	0.739	0.944
4	0.660	0.945	16	0.598	0.946
5	0.757	0.944	17	0.633	0.945
6	0.501	0.947	18	0.648	0.945
7	0.615	0.946	19	0.700	0.945
8	0.697	0.945	20	0.715	0.944
9	0.733	0.944	21	0.729	0.944
10	0.471	0.947	22	0.658	0.945
11	0.720	0.944	23	0.587	0.946
12	0.685	0.945	24	0.658	0.945

本研究采用主成分法提取特征值大于 1 的公共因子，得到 5 个公共因子。最后若题项的因子载荷小于 0.5 或不能很好地加载在同一公共因子上，则应该删除该题项。由结果可知，第 15 题同时加载在第一和第二个公共因子上，不能很好地说明所属概念，因而删除第 15 题；第 20 题加载在第一个公共因子上，但因子载荷小于 0.5，故而也将其删除，最后得到 20 题的五因子结构。根据各题项的内在含义，我们将五个因子分别命名为个性化配置、包容性发展、针对性薪酬、多元性选拔、参与性评估，具体见表 2-6。

表 2-6　初始量表的因子分析及因子载荷表

题项序号	因　子				
	个性化配置	包容性发展	针对性薪酬	多元性选拔	参与性评估
1	0.690				
2	0.670				

续表

题项序号	因　子				
	个性化配置	包容性发展	针对性薪酬	多元性选拔	参与性评估
4	0.767				
5	0.642				
6				0.798	
7				0.726	
8				0.711	
9				0.601	
11		0.552			
12		0.757			
13		0.768			
14		0.575			
16					0.710
17					0.773
18					0.592
19					0.676
21			0.788		
22			0.784		
23			0.686		
24			0.536		

综上所述，本研究认为将中国情境下的多元包容型人力资源管理实践量表分为五个维度是科学合理的。对各因子做相关性分析，发现各因子间相关性显著，因而，我们认为该量表可能存在二阶因子。

2.5　DI-HRP 结构验证

2.5.1　正式量表验证性因子分析

通过预调查小样本进行了探索性因子分析后，删除了第 3、10、15、

20 题项，得到了中国情境下多元包容型人力资源管理实践的正式量表，共 20 题项。为了进一步验证该量表的可靠性，我们再一次收集了大样本数据，进行验证性因子分析。本次调查主要采用线上调查方式，线上调查能够保证量表的普适性。本次调查发放 659 份问卷，回收了 580 份问卷，回收率为 88.0%，其中剔除 143 份无效问卷，剩余有效问卷 437 份，有效率为 75.3%。描述性统计如表 2-7 所示。

表 2-7   正式量表测试描述性统计

基本信息	分类	百分比
性别	男	60
	女	40
年龄	18~25 岁	18.8
	26~35 岁	35.5
	36~55 岁	45.1
	56 岁以上	0.7
异地工作	是	68.4
	否	31.6
学历	大专及以下	17.2
	本科	57.0
	硕士	23.3
	博士及以上	2.5

验证性因子分析是用来检验题项的内容是否真的可以反映测量目标，本研究用 AMOS 22.0 来进行验证性因子分析。正式量表包含 20 题项，其验证性因子分析的模型路径图如图 2-1 所示，主要拟合指标有 χ^2/df、NFI、CFI、IFI、TLI、RMSEA 等。若 χ^2/df 值小于 5（越小越好），NFI、CFI、IFI、TLI 值大于 0.8（越大越好），RMSEA 值小于 0.1（越小越好），则说明该模型的拟合度较好（Bentler，Bonett，1980）[1]。

为了确认五因子结构比其他因子结构的拟合更好，我们检验了四因子、三因子、二因子、一因子结构的模型拟合度，其中四因子模型是将个

---

[1]   Bentler P M，Bonett D G. Significance tests and goodness of fit in the analysis of covariance structures[J]. Psychological Bulletin，1980，88(3)：588-606.

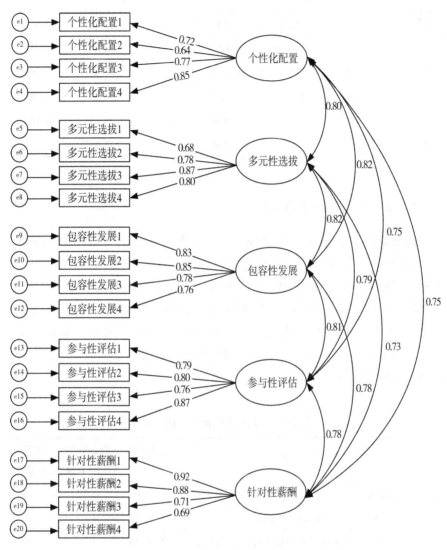

图 2-1　正式量表验证性因子分析模型及路径系数

性化配置和针对性薪酬合为一个因子，其余维度单独作为一个因子；三因子模型是将个性化配置和针对性薪酬、多元性选拔和包容性发展分别合为一个因子，参与性评估单独作为一个因子；二因子是将个性化配置、多元性选拔、包容性发展、参与性评估作为一个因子，针对性薪酬单独作为一个因子；一因子模型是将所有维度作为一个因子，结果见表 2-8。由表 2-8可知，该量表的五因子模型拟合效果最好。

表 2-8　正式量表验证性因子分析

模型	χ^2/df	NFI	CFI	IFI	TLI	RMSEA
五因子	3.170	0.919	0.943	0.943	0.932	0.071
四因子	4.428	0.884	0.908	0.908	0.893	0.089
三因子	5.251	0.860	0.883	0.884	0.867	0.099
二因子	5.716	0.846	0.869	0.869	0.853	0.104
单因子	6.858	0.814	0.836	0.837	0.817	0.116

2.5.2　正式量表信度检验

信度是指测验结果的可靠性、一致性及稳定性。本研究采用 SPSS 22.0 进行可靠性检验，结果见表 2-9。理论上说，若条目 CITC 值大于 0.5，且删除该项后 Cronbach's α 值不会增加，说明该条目的内部一致是可靠的，予以保留。由检验结果可知，正式量表的总体 Cronbach's α 值为 0.954，各条目的 CITC 值均大于 0.576，且删除各项后的 Cronbach's α 值均不会增加，各维度的 Cronbach's α 值均大于 0.828。因此，该正式量表的内部一致性很好。

表 2-9　正式量表内部一致性检验

题　项	CITC	删除该项后的 α 值	维度 α 值
公司工作分配会考虑岗位要求、自身诉求与特长	0.66	0.78	
公司经常采取工作轮换的方式不断提升员工素质	0.58	0.83	
公司工作安排允许对员工有一定工作授权与自治	0.68	0.77	0.83
公司工作安排注重与员工的沟通交流与问题反馈	0.72	0.75	
公司招聘选拔不因性别、民族、宗教、籍贯及方言等而歧视	0.64	0.85	
公司招聘选拔不会因性格不同与专业背景而影响录用与晋升	0.72	0.82	
公司招聘选拔会根据具体岗位需求而采用灵活招聘选拔方式	0.78	0.79	0.86
公司招聘选拔制度科学严谨、过程规范透明，结果公平公正	0.70	0.83	

续表

题　　项	CITC	删除该项后的 α 值	维度 α 值
公司培训方案会考虑岗位要求、员工需求与职业发展	0.74	0.85	0.88
公司会根据员工不同需求制定差异化个性化培训方案	0.80	0.82	
公司会提供多元化(如性别、民族、文化、宗教、籍贯、方言、性格、专业以及残疾等)方面的包容尊重与换位思考的培训	0.73	0.85	
公司为不同员工设置多种职业发展渠道	0.69	0.86	
公司绩效评估指标的确定都会征求部门主管与员工意见	0.73	0.84	0.88
公司绩效评估指标内容均与员工岗位工作内容息息相关	0.74	0.84	
公司会根据员工具体岗位特征选择合适评估流程与方式	0.69	0.86	
公司绩效评估注重结果反馈、问题诊断及优化建议征求	0.80	0.82	
与其他公司同类岗位相比，我的薪酬公平合理	0.82	0.78	0.86
与公司其他同级岗位相比，我的薪酬公平合理	0.78	0.80	
我可以根据自己的需求选择薪酬种类与发放形式	0.65	0.86	
公司会让(性别、民族、专业等)不同多元化利益主体参与薪酬方案制定	0.62	0.86	

2.5.3　正式量表效度分析

(1)内容效度。内容效度指的是量表题项是否能够准确表示预测目标，用该题项来表述所测内容是否合适。本研究的题项来源于文献研究以及扎根访谈等规范操作，并邀请了多名专家进行了讨论。因此，本量表具有良好的内容效度。

(2)结构效度。结构效度是指所测量的结果是否具有理论结构且能够说明所测目标的程度，也即所测量的结果是否有意义，一般包括聚敛效度和区分效度。

　　聚敛效度可以用三种方式测量，即标准化因子载荷、组合信度（CR）以及平均变异数抽取量（AVE）。若标准化因子载荷大于 0.5，组合信度高于 0.7，且平均变异数抽取量大于 0.5，则说明该量表聚敛效度良好（Fornell & Larcker，1981）①。由表 2-10 可知，标准化因子载荷均高于0.64，各维度平均变异抽取量均高于 0.5，各维度组合信度均高于 0.83。因此，本量表聚敛效度是可接受的。

表 2-10　正式量表聚敛效度检验

维度	题　项	标准化因子载荷	AVE	CR
个性化配置	公司工作分配会考虑岗位要求、自身诉求与特长	0.72	0.56	0.83
	公司经常采取工作轮换的方式不断提升员工素质	0.64		
	公司工作安排允许对员工有一定工作授权与自治	0.77		
	公司工作安排注重与员工的沟通交流与问题反馈	0.85		
多元性选拔	公司招聘选拔不因性别、民族、宗教、籍贯及方言等而歧视	0.68	0.62	0.86
	公司招聘选拔不会因性格不同与专业背景而影响录用与晋升	0.78		
	公司招聘选拔会根据具体岗位需求而采用灵活招聘选拔方式	0.87		
	公司招聘选拔制度科学严谨、过程规范透明，结果公平公正	0.80		

---

① Fornell C, Larcker D F. Evaluating structural equation models with unobservable variables and measurement error[J]. Journal of Marketing Research, 1981, 18(1): 39-50.

续表

维度	题　项	标准化因子载荷	AVE	CR
包容性发展	公司培训方案会考虑岗位要求、员工需求与职业发展	0.83	0.65	0.88
	公司会根据员工不同需求制订差异化个性化培训方案	0.85		
	公司会提供多元化(如性别、民族、文化、宗教、籍贯、方言、性格、专业以及残疾等)方面的包容尊重与换位思考的培训	0.78		
	公司为不同员工设置多种职业发展渠道	0.76		
参与性评估	公司绩效评估指标的确定都会征求部门主管与员工意见	0.79	0.65	0.88
	公司绩效评估指标内容均与员工岗位工作内容息息相关	0.80		
	公司会根据员工具体岗位特征选择合适评估流程与方式	0.76		
	公司绩效评估注重结果反馈、问题诊断及优化建议征求	0.87		
针对性薪酬	与其他公司同类岗位相比，我的薪酬公平合理	0.92	0.65	0.88
	与公司其他同级岗位相比，我的薪酬公平合理	0.88		
	我可以根据自己的需求选择薪酬种类与发放形式	0.71		
	公司会让(性别、民族、专业等)不同多元化利益主体参与薪酬方案制定	0.69		

研究说明，区分效度是由平均变异抽取量和相关系数平方的比较值决定的，若 AVE 值大于相关系数平方值，则说明区分效度良好（Fornell &

Larcker，1981)①。表 2-11 中对角线以下是各维度相关系数结果，对角线数据为 AVE 值，由表计算可知，相关性系数最大为 0.74，其平方为 0.55，最小的两个 AVE 值的平均值为 (0.56+0.62)/2 = 0.59，大于最大相关系数平方值。因此，各维度间的平均 AVE 值均大于各维度间的相关系数平方值，也即该量表区分效度良好。

表 2-11　正式量表区分效度检验

维度	个性化配置	多元性选拔	包容性发展	参与性评估	针对性薪酬
个性化配置	0.56				
多元性选拔	0.67 **	0.62			
包容性发展	0.71 **	0.71 **	0.65		
参与性评估	0.65 **	0.69 **	0.72 **	0.65	
针对性薪酬	0.67 **	0.66 **	0.74 **	0.72 **	0.65

注：对角线数据为平均变异抽取量；$*p< 0.05$，$**p<0.01$，$***p<0.001$。

综上所述，本研究建立的 20 题项中国情境下多元包容型人力资源管理实践量表的信效度良好，具有普遍适用性和稳定性。

2.6　校标与增量效度检验

2.6.1　数据收集

本次调查采用线上调查方式，共发放了 841 份问卷，回收了 683 份问卷，回收率为 81.2%，剔除 131 份无效问卷，获取有效问卷 552 份，有效率为 80.8%。其中男性 56.3%，女性 43.7%；已婚 70.8%，未婚 29.2%；年龄在 18~25 岁占 16.5%，26~35 岁占 39.9%，36~55 岁占 42.9%，56 岁以上占 0.7%；学历在大专及以下有 22.8%，本科有 52.2%，硕士有 22.6%，博士及以上有 2.4%。

---

① Fornell C，Larcker D F. Evaluating structural equation models with unobservable variables and measurement error[J]. Journal of Marketing Research，1981，18(1)：39-50.

2.6.2　测量量表

多元包容型人力资源管理实践。本研究采用第二章开发的 5 维度 20 题项量表，包括个性化配置、多元性选拔、包容性发展、参与性评估、针对性薪酬五个维度。量表均采用李克特 5 点法测量，"1~5"代表"完全不同意~完全同意"，$\alpha = 0.958$。

创新导向人力资源实践。使用张瑞娟（2014）[①]开发的中国情境下的 19 题项量表，包括培训开发、奖励晋升、沟通参与、工作设计四个维度，例题包括"为个体设计多元化职业发展"等，$\alpha = 0.934$。

个体创造力。使用 J. M. George 和 J. Zhou（2001）[②]开发的 13 题项量表，例题包括"工作中，我会经常建议采用新方法来完成目标"等，$\alpha = 0.971$。

2.6.3　验证性因子分析

本研究用 Amos 24.0 进行验证性因子分析，结果见表 2-12。表中三因子模型是将多元包容型人力资源管理实践、创新导向 HRP、个体创造力作为独立因子；两因子模型是将多元包容型人力资源管理实践和创新导向 HRP 合为一个因子，个体创造力单独作为一个因子；单因子模型是将三个变量合为一个因子。由结果可知，三因子模型拟合度最好。

表 2-12　验证性因子分析结果

	χ^2/df	NFI	CFI	IFI	TLI	RMSEA
三因子模型	4.565	0.925	0.940	0.940	0.933	0.080
两因子模型	13.041	0.783	0.795	0.796	0.773	0.148
单因子模型	21.173	0.645	0.656	0.656	0.619	0.191

2.6.4　相关性分析

表 2-13 为相关分析结果，由表可知，多元包容型人力资源管理实践

[①]　张瑞娟，孙健敏. 创新导向人力资源管理实践：结构和测量[J]. 中国人力资源开发，2014（23）：55-66.

[②]　George J M, Zhou J. When openness to experience and conscientiousness are related to creative behavior: an interactional approach[J]. Journal of Applied Psychology, 2001, 86（3）: 513-527.

（DI-HRP）与个体创造力具有显著的相关关系（$b=0.395$，$p<0.01$）。创新导向人力资源实践与个体创造力之间也具有显著的相关关系（$b=0.345$，$p<0.01$）。

表 2-13   相关系数表

变量	1	2	3	4	5	6	7	8	9
1. 性别	1								
2. 年龄	-0.219**	1							
3. 婚姻	0.118**	-0.609**	1						
4. 学历	-0.103*	0.050	0.042	1					
5. 职务	0.271**	-0.456**	0.339**	-0.224**	1				
6. 规模	0.026	-0.111**	0.078	0.237**	0.164*	1			
7. DI-HRP	0.036	-0.064	0.011	-0.094*	-0.029	0.021	1		
8. 创新导向 HRP	-0.113**	-0.056	0.049	0.090*	-0.048	0.119**	0.268**	1	
9. 创造力	-0.088*	0.069	-0.037	0.034	-0.119**	0.063	0.395**	0.345**	1

注：DI-HRP 代表多元包容型人力资源管理实践；$*p<0.05$，$**p<0.01$，$***p<0.001$。

2.6.5   校标效度检验

为了检验量表的校标关联效度，我们进行了多元包容型人力资源管理实践与个体创造力的回归分析，结果见表 2-14。由表可以看出，总体的多元包容型人力资源管理实践对个体创造力有显著正向影响（$\beta=0.401$，$p<0.001$），说明本研究提出的多元包容型人力资源管理实践能够预测个体行为，该量表的校标关联效度良好。

表 2-14   校标效度检验结果

变量	个体创造力	
	模型 1	模型 2
性别	-0.057	-0.070
年龄	0.024	0.069

续表

变量	个体创造力	
	模型 1	模型 2
异地工作	0.018	0.026
学历	-0.021	0.029
职务	-0.118*	-0.070
规模	0.090*	0.067
DI-HRP		0.401***
R^2	0.025	0.182
ΔR^2	0.025*	0.157***

注：DI-HRP 代表多元包容型人力资源管理实践；$*p < 0.05$，$**p < 0.01$，$***p < 0.001$。

2.6.6　增量效度检验

一些研究证据表明，创新导向 HRP 是侧重于探究组织的创新战略人力资源实践，与组织创新目标保持一致，并有利于个体创新能力提升、创新动机激发和创新机会提供（Stock，Totzauer & Zacharias，2013；张瑞娟、孙健敏，2016）[1][2]。既有研究已经表明创新导向 HRP 对创造力的积极作用（王博艺，2014；Stock & Zacharias，2011）[3][4]。进一步本研究选取了多元包容型人力资源管理实践进行了增量效度的检验。

从相关性分析结果（见表 2-13）可以看出，多元包容型人力资源管理实践与创新导向 HRP 均与个体创造力显著正相关（$\beta = 0.395$，$p < 0.01$；$\beta = 0.345$，$p < 0.01$）。本研究采用层次回归方法检验多元包容型人力资源管理实践的增量效度（见表 2-15）。

---

[1] Stock R M, Totzauer F, Zacharias N A. A closer look at cross-functional R & D cooperation for innovativeness：Innovation-oriented leadership and human resource practices as driving forces[J]. Journal of Product Innovation Management, 2013, 31(5)：924-938.

[2] 张瑞娟，孙健敏. 创新导向人力资源管理实践：结构和测量[J]. 中国人力资源开发，2014(23)：55-66.

[3] 王博艺. 创新导向的人力资源管理实践对组织创造力的影响研究——基于组织创新文化和结构权变视角[J]. 现代管理科学，2014(9)：117-120.

[4] Stock R M, Zacharias N A. Patterns and performance outcomes of innovation orientation[J]. Journal of the Academy of Marketing Science, 2011, 39(6)：870-888.

由表 2-15 发现，在控制了样本性别、年龄、异地工作、学历、职务、企业规模等的影响后，创新导向 HRP 对个体创造力具有显著的正向影响（$\beta = 0.338$，$p<0.001$）；控制了创新导向 HRP 对个体创造力的影响后，多元包容型人力资源管理实践对个体创造力仍有显著的预测效果（$\beta = 0.334$，$p<0.001$），且模型 3 与模型 2 相比，ΔR^2 显著增加（$\Delta R^2 = 0.101$，$p<0.001$），表明多元包容型人力资源管理实践对个体创造力的积极影响的解释量更大，也即，多元包容型人力资源管理实践的提出是有意义的。

表 2-15　增量效度回归检验结果

变量	个体创造力		
	模型 1	模型 2	模型 3
性别	−0.057	−0.019	−0.040
年龄	0.024	0.055	0.084
异地工作	0.018	0.010	0.019
学历	−0.021	−0.034	0.011
职务	−0.118*	−0.092	−0.059
规模	0.090*	0.052	0.043
创新导向 HRP		0.338***	0.246***
DI-HRP			0.334***
R^2	0.025	0.135	0.235
ΔR^2	0.025*	0.110***	0.101**

注：DI-HRP 代表多元包容型人力资源管理实践；$*p< 0.05$，$**p<0.01$，$***p<0.001$。

本 章 小 结

随着国际经济全球化和中国五化协同的发展，员工跨国家、跨区域以及跨文化流动使得工作场所的劳动力构成愈加多元化。组织员工多元化在带来异质性知识促进创新的同时，也带来协同融合的挑战，因而如何让中国情境下的多元化员工百家争鸣百花齐放以充分发挥其异质性优势，同时使其求同用异相得益彰的多元包容性管理实践得到广泛关注。然而既有相关研究主要集中于非正式组织支持的包容型领导、氛围与文化方面，而对组织正式支持的多元包容型人力资源管理实践的研究却相对匮乏。

　　基于此，本研究通过文献查阅、专家讨论、扎根访谈、质性研究、探索性因子分析、验证性因子分析以及关联效标检验等定性与定量研究相结合，对多元包容型人力资源管理实践的内涵构成进行了科学界定，得到包括匹配性工作配置、多样性招聘选拔、包容性培训发展、针对性绩效评估以及公平性薪酬管理等五维 20 题项的中国情境下多元包容型人力资源管理实践量表，552 份样本数据的关联效度和增量效度检验发现，多元包容型人力资源管理实践与个体创造力有显著正向影响，从而丰富了导向性人力资源实践的研究，为未来多元包容型人力资源管理实践及其对结果变量影响机理的揭示和边界条件的考察提供了科学测量工具。

　　本研究主要贡献如下：①基于文献研究，结合人力资源实践 A-M-O 框架，科学界定了多元包容型人力资源管理实践的内涵，从而丰富了人力资源实践尤其是导向型人力资源实践研究；②基于扎根访谈、质性研究，验证了多元包容型人力资源管理实践维度构成与测量量表，从而为后续相关实证研究提供了测量工具。

附：问卷量表

多元包容型人力资源管理实践量表（DI-HRP）

维度一　多元性选拔

1. 公司招聘选拔不因性别、民族、宗教、籍贯及方言等而歧视
2. 公司招聘选拔不会因性格不同与专业背景而影响录用与晋升
3. 公司招聘选拔会根据具体岗位需求而采用灵活招聘选拔方式
4. 公司招聘选拔制度科学严谨、过程规范透明，结果公平公正

维度二　个性化配置

1. 公司工作分配会考虑岗位要求、自身诉求与特长
2. 公司经常采取工作轮换的方式不断提升员工素质
3. 公司工作安排允许对员工有一定工作授权与自治
4. 公司工作安排注重与员工的沟通交流与问题反馈

维度三　包容性发展

1. 公司培训方案会考虑岗位要求、员工需求与职业发展
2. 公司会根据员工不同需求制订差异化个性化培训方案
3. 公司会提供多元化（如性别、民族、文化、宗教、籍贯、方言、性格、专业以及残疾等）方面的包容尊重与换位思考的培训
4. 公司为不同员工设置多种职业发展渠道

维度四　参与性评估

1. 公司绩效评估指标的确定都会征求部门主管与员工意见
2. 公司绩效评估指标内容均与员工岗位工作内容息息相关
3. 公司会根据员工具体岗位特征选择合适评估流程与方式
4. 公司绩效评估注重结果反馈、问题诊断及优化建议征求

维度五　针对性薪酬

1. 与其他公司同类岗位相比，我的薪酬公平合理

2. 与公司其他同级岗位相比，我的薪酬公平合理

3. 我可以根据自己的需求选择薪酬种类与发放形式

4. 公司会让(性别、民族、专业等)不同多元化利益主体参与薪酬方案制订

第3章　DI-HRP 与个体创造力：双元学习与魅力型领导的作用

3.1　问题提出

3.1.1　组织创新需要个体创造力

社会经济的跨越式发展、科学技术的日新月异以及跨界整合的复杂化，对组织创新提出了更高要求(肖丽芳，2018)[①]。创造力对创新绩效具有显著作用(Anderson，et al.，2014)[②]，而组织创造力依赖于个体创造力(Gong，Kim & Lee，2013)[③]。证据表明，个体创造力可以从根本上促进组织创新、效率提升和持续发展(Tierney & Farmer，2003；Gong，et al.，2013)[④]。另一方面，外部环境的复杂性、组织竞争的动态性以及科学技术的突破性让越来越多的实践者和管理者认识到个体创造力发挥的重要性(雷星晖、单志汶、苏涛永，2015)[⑤]。因此，如何激发个体创造力日益成为组织关注的焦点(Bledow，et al.，2013)[⑥]。目前，社会处于全球化和城

[①] 肖丽芳. 创造力导向的人力资源管理实践对组织创造力的作用机理研究[J]. 人力资源管理，2018：23-24.

[②] Anderson N K, et al. Innovation and creativity in organizations a state-of-the-science review, prospective commentary, and guiding framework[J]. Journal of Management, 2014, 5(40): 1297-1333.

[③] Gong Y, Kim T Y, Lee D R, et al. A multilevel model of team goal orientation, information exchange, and creativity[J]. Academy of Management Journal, 2013, 56(3): 827-851.

[④] Farmer S M, Tierney P, Kungmcintyre K. Employee creativity in Taiwan: An application of role identity theory[J]. Academy of Management Journal, 2003, 46(5): 618-630.

[⑤] 雷星晖，单志汶，苏涛永，等. 谦卑型领导行为对员工创造力的影响研究[J]. 管理科学，2015(2)：117-127.

[⑥] Bledow R, et al. A dynamic perspective on affect and creativity[J]. Academy of Management Journal, 2013, 2(56): 432-450.

市化发展不断加剧的双重背景下，劳动力跨国与跨区流动日益频繁，员工多元化现象越来越普遍，工作场所中员工构成日趋多元化，多元化员工的异质性既为组织带来创新机遇，同时也为组织管理带来极大挑战，如何充分发挥个体异质性创造力——存异，同时整合差异化个体实现创新协同——求同，成为业界和学界广泛关注的问题（Pelled，Ledford ＆ Jr，2010）①。

3.1.2　求同用异呼唤 DI-HRP

面对多元化员工的个性化需求，如何既发挥个体差异性，利用知识异质性为创新提供动力，又能整合差异化个体，使之能百家争鸣、百花齐放和积极合作，从而协同实现组织目标，成为人力资源实践研究的重点（Carmeli ＆ Spreitzer，2011）②。作为激发动机、提升能力和提供机会的正式化和制度化组织支持——人力资源实践在很大程度上影响了个体创造力的激发和效果体现。研究表明，参与型人力资源实践和关系型人力资源实践均能够促进团队创造力（秦伟平、李晋、周路路，2015）③，高绩效人力资源实践对团队创造力有正向影响（何洁，2013）④，高承诺人力资源实践能通过任务复杂性等促进个体创造力（Chang，Gong ＆ Shum，2011）⑤。但这些人力资源实践关注的是对团队层创造力的影响，侧重其对无差异个体耦合后的创造力影响。然而，在资源竞争的社会背景下，劳动力多元化引发各种资源分配不平等问题（Roberson，2017）⑥，如男女同工不同酬（Leslie，Zebrowitz ＆ McArthur，2016），引发诸多多元冲突、歧视诉讼、公平抱怨、情绪耗竭、消极怠工、偏离行为以及员工离职等。众所周知，

①　Pelled L H，Ledford G E Jr，et al. Demographic dissimilarity and workplace inclusion[J]. Journal of Management Studies，2010，36(7)：1013-1031.

②　Carmeli A，Spreitzer G M. Trust，connectivity，and thriving：Implications for innovative behaviors at work[J]. Journal of Creative Behavior，2011，43(3)：169-191.

③　秦伟平，李晋，周路路. 真实型领导与团队创造力：被调节的中介作用[J]. 科学学与科学技术管理，2015(5)：173-182.

④　何洁. 高绩效人力资源实践如何激发员工创造力：自我决定视角[J]. 当代经济管理，2013，4(10)：52-56.

⑤　Chang S，Gong Y，Shum C. Promoting innovation in hospitality companies through human resource management practices[J]. International Journal of Hospitality Management，2011，30(4)：812-818.

⑥　Roberson Q M. Disentangling the meanings of diversity and inclusion in organizations[J]. Group & Organizational Management，2006，31(2)：212-236.

个体创造力依赖于组织管理实践的支持，以往多元化管理实践注重"求同"，而忽略了个体差异性潜力的发挥，从而不能求异和用异（Nishii，2012）①。因此，多元包容型人力资源管理实践的提出，既求同存异又求异用异，因而是对以往人力资源实践的重要补充。既有研究表明，在非正式组织支持——包容性组织氛围下，个体能发挥更大创造力（古银华，2016）②；包容型领导风格通过对个体新观点的包容、认可和鼓励，能够激发个体产生创新思维（方阳春、陈超颖，2017）③。但对于正式化和制度化组织支持的多元包容型人力资源管理实践内涵构成如何，既有相关研究还不多见；其对个体创造力影响机理如何的相关也较为少见；其影响机理发生的边界条件如何等的既有相关研究目前缺乏探索。基于此，本研究旨在探索多元包容型人力资源管理实践的内涵构成及其对个体创造力影响的潜在机制和边界条件，从而为多元化员工创造力发挥的组织管理实践提供理论依据和决策借鉴。

3.1.3　双元学习承接其间因果

以往学者认为，个体创新想法和思维的形成需要各种知识的积累和整合，组织中知识的多样化有利于个体创造力（Hoever，Daan & Ginkel，2012）④，个体间多样化知识的交流与汇总能有效促成团队创造力（吕洁，张钢，2015）⑤。因此，个体创造力的形成不仅需要积极积累利用内部现有知识，还需要探索获取更多的外部新知识才能保持自身的竞争优势，因而双元学习应运而生成为个体创造力的现实选择，双元学习指个体需要探索新知识和利用并开发既有知识的一种学习方式（March，1991）⑥，包括探索式学习和利用式学习，其对个体创造力有正向影响。此外，组织情境因素能够促进成员的多元学习方式，不同人力资源实践通过影响不同人力

---

①　Nishii L H. The benefits of climate for inclusion for gender-diverse groups［J］. Academy of Management Journal，2012，56（6）：1754-1774.

②　古银华. 包容型领导对员工创新行为的影响——一个被调节的中介模型［J］. 经济管理，2016，38（4）：93-103.

③　方阳春，陈超颖. 包容型领导风格对新时代员工创新行为的影响［J］. 科研管理，2017，38（S1）：7-13.

④　Hoever I J，Daan V K，Ginkel W P V，et al. Fostering team creativity：Perspective taking as key to unlocking diversity's potential［J］. Journal Applied Psychology，2012，97（5）：982-996.

⑤　吕洁，张钢. 知识异质性对知识型团队创造力的影响机制：基于互动认知的视角［J］. 心理学报，2015（47）：533-544.

⑥　March J G. Exploration and exploitation in organizational learning［J］. Organization Science，1991，2（1）：71-87.

资本对个体的双元学习产生影响（Diaz-Fernandez，Pasamar-Reyes & Valle-Cabrera，2017）①，如高参与人力资源实践对双元学习有促进作用（Martinperez，2015）②，基于知识和协作的人力资源实践有利于个体的知识积累与交流，从而促进个体的创新绩效（Hui & Chen，2016）③。而多元包容型人力资源管理实践可以为员工提供多样化知识和技能交流的机会，知识异质性使员工一方面科研利用既有知识技能解决工作问题，另一方面也能探索与工作相关的新知识和新技能，这样多样化知识的融合会促进个体创造力的提升。因此，双元学习在多元包容型人力资源管理实践对个体创造力影响中可能具有中介作用。

3.1.4　管理实践需要领导匹配

研究表明，正式的组织支持——人力资源实践与非正式组织支持——企业领导风格的匹配能够进一步促进企业绩效（刘善仕、刘学，2013）④。具体而言，多元包容型人力资源管理实践主张尊重员工差异、认可员工价值、关注员工诉求、提供个性管理和发挥员工特长等，而魅力型领导作为组织的化身对员工差异、价值、诉求、个性和特长等的敏感程度很高（张鹏程，刘文兴，廖建桥，2011）⑤，领导魅力只有通过下属才能体现，下属受到领导魅力的影响，会给予领导充分的信任，对魅力型领导的价值观无比推崇，进而对领导传递的组织目标产生使命感（House，1976）⑥，因而其有利于组织人力资源实践的实施。同时，一方面，个体追随领导；另一方面，领导对下属产生影响（Lepine，Podsakoff & Lepine，2005）⑦。多

---

① Diaz-Fernandez M，Pasamar-Reyes S，Valle-Cabrera R. Human capital and human resource management to achieve ambidextrous learning：A structural perspective［J］. Business Research Quarterly，2017，20(1)：63-77.

② Martinperez V. Does HRM generate ambidextrous employees for ambidextrous learning? The moderating role of management support ［J］. International Journal of Human Resource Management，2015，26(5)：589-615.

③ Hui L I，Chen T Y. On human resources practices and enterprise innovation from the perspective of ambidextrous learning［J］. Technology & Innovation Management，2016，3.

④ 刘善仕，刘学. 人力资源系统、领导形态与组织绩效的关系研究［J］. 软科学，2013（27）：98-103.

⑤ 张鹏程，刘文兴，廖建桥. 魅力型领导对员工创造力的影响机制：仅有心理安全足够吗［J］. 管理世界，2011（10）：94-107.

⑥ House R J. A 1976 theory of charismatic leadership［J］. Bibliographies，1976，6：38.

⑦ Lepine J A，Podsakoff N P，Lepine M A. A meta-analytic test of the challenge stressor-hindrance stressor framework：An explanation for inconsistent relationships among stressors and performance［J］. Academy of Management Journal，2005，48(5)：764-775.

元包容型人力资源管理实践会为个体提供多种发展渠道，魅力型领导善于激励，提供员工可识别的、富有想象力的远景，从而激发更多的创新热情（Banks，2017）①。研究发现，当领导富有创造力时，会激发个体产生更多的新奇想法和变革行为（Qu，Janssen & Shi，2015）②。与此同时，多元包容型人力资源管理实践能够包容个体的创新失败，而魅力型领导传递给员工冒险精神与勇气，可能提高员工潜在的创造力（王华强、袁莉，2016）③。基于此，我们认为，多元包容型人力资源管理实践与魅力型领导的匹配会进一步提升个体创造力。尽管如此，然而既有研究对此缺乏研究，为填补这一研究空白，本研究旨在引入魅力型领导并检验其在多元包容型人力资源管理实践、双元学习与个体创造力关系中的调节作用。

3.1.5　DI-HRP 与创造力研究提出

综上所述，本研究旨在基于资源保存理论，探究中国情境下多元包容型人力资源管理实践的内涵构成及其对个体创造力的影响机理，检验双元学习的中介作用，并考察魅力型领导作为调节多元包容型人力资源管理实践对个体创造力影响的边界条件。本研究贡献主要体现在以下方面：首先，本研究扩展了导向性人力资源实践——多元包容型人力资源管理实践，从而丰富人力资源实践管理理论研究；第二，通过揭示多元包容型人力资源管理实践对个体创造力的影响机制，在丰富创造力研究的同时，提升的管理实践提供了理论依据和决策参考；第三，双元学习中介了多元包容型人力资源管理实践与个体创造力间接关系，整合了多元包容和双元融合，进一步将人力资源管理与个体创造力的理论视角进行拓展角；第四，通过非正式组织支持——魅力型领导的引入，考察了其对多元包容型人力资源管理实践与个体创造力间的调节作用，确定了影响机制的边界条件，这对促进组织管理实践、团队领导风格以及个体创造力之间的匹配应用具有重要意义。

---

① Banks G C, Engemann K N, et al. A meta-analytic review and future research agenda of charismatic leadership[J]. The Leadership Quarterly, 2017, 28(4): 508-529.

② Qu R, Janssen O, Shi K. Transformational leadership and follower creativity: The mediating role of follower relational identification and the moderating role of leader creativity expectations[J]. Leadership Quarterly, 2015, 26(2): 286-299.

③ 王华强，袁莉. 魅力型领导、创造自我效能感与员工创造力[J]. 华东经济管理，2016（30）：143-147.

3.2　理论基础与研究假设

3.2.1　资源保存理论

（1）资源保存理论的核心思想。资源保存理论（Conservation of Resources Theory，COR）[①] 的基本假设是：当个体面临资源损失时会经历压力和焦虑体验，个体具有动机保存和维持自身认为重要的资源，而资源的损失或存在损失的风险会威胁到个体的资源保存和获取。每个人对自身资源的感知是不一样的，而资源的类型也是具有区别的。资源保存理论将资源分为实物资源，如交通工具、薪酬福利、住房等；条件资源，如工作环境等；个人资源，主要指个人的心理资源，如信心、自我效能感、心理资本等；能量资源，分为内在和外在能量，如个体情绪等内在能量和组织支持、同事支持等外在能量。本研究旨在探讨多元包容型人力资源管理实践对个体创造力的影响机制，讨论的是个体心理资源，如心理安全感、自我效能、信心等，以及能量资源，如个体情绪激发、组织支持等的变化对个体的影响。

根据资源保存理论的基本假设，该理论提出了两种资源损失和获取原则：丧失螺旋和增值螺旋。丧失螺旋指个体在面临资源损失的过程中因资源缺乏而产生了巨大的资源保存和维持压力，进而更加无法保存和维持现有资源，造成现有资源的进一步损耗，即穷者越穷。增值螺旋指个体自身拥有足够的资源，在保存和维持现有资源的同时，利用现有资源获取更多的资源，实现资源的增值，即富者越富。

（2）资源保存理论在本研究中的应用。基于资源保存理论，本研究认为个体创新需要多元化知识和信息的整合与刺激，经常会经历资源损失的压力，需要积极获取多元异质性知识和资源以抵御资源损失。个体会主动获取多元包容型人力资源管理实践提供的多元化资源，实现资源的增值，减轻个创新带来的资源损失和缺乏的压力，进而提升自身能力和价值。

基于丧失螺旋和增值螺旋，资源保存理论提出了三个推论：资源保存的首要性，资源获取的次要性，保持资源盈余。具体来说，个体会优先选

---

① Hobfoll S E. Conservation of resources：A new attempt at conceptualizing stress[J]. American Psychologist，1989，44(3)：513.

择保存现有资源，资源越重要，个体的保护意识越强，越会制止资源的损失，甚至采取防御措施，即放弃其他资源的获取。在现有资源得到保存和维持的基础上，个体才会积极获取资源，积累资源以防止未来的资源损失。此外，资源保存理论认为资源也包含获取资源的途径和方式等，本研究认为为个体提供的创新所需的能力、动机、机会也是一种资源。具体来说，个体创新是一种消耗多元化资源的过程，经常会面临资源压力，多元包容型人力资源管理实践为个体提供各种多元知识、资源等的获取渠道、机会，给予个体创新的心理安全感，激发个体创新的积极情绪，为个体提供创造力提升的意愿、能力、动机、机会等，进而促进个体创造力。

总的来看，资源保存理论从资源的损失、保存、获取等方面为分析和预测个体的行为提供了理论视角。本研究将基于这一理论，探讨多元包容型人力资源管理实践对个体创新的影响，进而为如何激发个体创造力提供了理论支持。

3.2.2　社会交换理论

(1) 社会交换理论的核心思想。社会交换理论 (Social Exchange Theory) 的主要内容是当事人会在获得回报的预期下，涉入并维持与他人的交换关系 (Blau，2017)[①]。该理论仅限于检验那些从他人处得到回报的行为以及被称为"交易"的过程和被称为"交换"的关系，而这些过程和关系具有双边、交互、互惠 (reciprocity) 的特征 (Emerson，1976)[②]。该理论假设利己主义者与另一方进行交易或交换是为了实现他自己不能实现的结果，一旦当双方感知不到交换是互惠的，这些交换将被立即停止。Homans (1961)[③]提出，利益交换或者给予他人相对更有价值的东西是人类行为的基础。该理论认为各方都会有他人想要的有价值的东西，交换的标的及其数量由双方共同决定。被交换的标的可以是经济资源也可以是社会资源，或两者兼有。其中经济资源包括货物、货币、资产、信息、咨询和服务等；社会资源包括寒暄、友谊、尊重、地位、成就和声望等。社交交换结果的价值取决于当事人的主观感受。然而，在社会交换关系中最有价值的结果 (例如，社会认可和尊重) 却可能没有任何物质价值，且不能用价格来衡量。

---

① Blau P M. Exchange and power in social life[M]. Routledge，2017.
② Emerson R M. Social exchange theory[J]. Annual Review of Sociology，1976(2)：335-362.
③ Homans G C. Social behavior：Its elementary forms[J]. Social Forces，1961，12.

社会交换关系具有不确定性，主要体现在不能明确各方是否会对贡献给予回报。因此，各方之间的人际信任是社会交换理论的重要组成部分。在社会交换的初始阶段，向对方展示信任可能是困难的。通常，社会交换演变缓慢，最初发生较低价值的交换，然后当建立起较高水平的互信时较大价值的交换才会发生。信任的产生有两种方式：①通过与另一方发生定期、一致的互惠以获取收益。②通过与另一方逐渐扩大交换。社会交换理论的前提是在交换主体之间形成互斥且穷尽的四条原理性关系归纳：①交换关系导致经济或社会产出(或两者兼有)。②成本-收益分析是基于收获的产出，以及比较备选交换关系的潜在成本和收益。③随着时间的推移，得到的收益会增加交换关系中的互信和承诺。④交换规范和期望是从互惠的交换关系中建立和发展起来的。

(2)社会交换理论在本研究中的应用。基于资源保存理论，本研究认为，采取多元包容型人力资源管理实践的组织通过多元化选拔、个性化配置、包容性发展、参与性评估、针对性薪酬等具体实践活动为多元异质性员工提供有价值的经济资源(如竞争力的薪酬和奖励、提升个体优势的培训、休假等)和社会资源(如尊重、认可、包容的环境、赞美、和谐的人际关系等)并基于此与员工建立和维持长期信任与互惠的社会交换关系。因此，员工会感到有责任回报组织并履行自己的长期义务，进而在完成本职工作的同时帮助任务繁重的同事，投入额外时间实现更高的工作绩效。同时，这种义务感知会激励员工产生、推广和实施新颖而有用的想法以改善组织现有产品、服务、工作流程和管理方式来回报组织。

综合而言，社会交换理论基于平等互惠的交换原则为分析和预测个体的行为提供了理论视角，进而为解释多元包容型人力资源管理实践如何促进个体创造力提供了理论支持。

3.2.3　DI-HRP 与个体创造力

创造力是指个体产生新颖的、切实可行的事物和想法(Amabile, Conti & Coon, 1996)[①]，并且对组织具有潜在价值(Woodman, Sawyer & Griffin, 1993)[②]。组织中，个体在维持自身资源的同时，尽可能发展新的资源为

---

① Amabile T M, Conti R, Coon H, et al. Assessing the work environment for creativity[J]. Academy of Management Journal, 1996, 39(5): 1154-1184.

② Woodman R W, Sawyer J E, Griffin R W. Toward a theory of organizational creativity[J]. Academy of Management Review, 1993, 18(2): 293-321.

自身所用（Hobfoll，1989）①。多元包容型人力资源管理实践作为组织投入的资源，可以增加员工的资源存量，为员工带来多元化知识和技能提升（Gardner，2011）②，知识、技能、思维、观点和信息等的多元化有助于个体创造力的提升（Shin，Kim & Lee，2012）③。多元包容型人力资源管理实践（DI-HRP）是组织为实现目标、提高绩效和形成优势采取的管理实践，这一系列的实践包括：个性化配置、多元性选拔、包容性发展、参与性评估、针对性薪酬等（唐宁玉、张凯丽，2015；赵富强等，2018）④⑤。多元性选拔在招聘中强调多样性的个体价值观、知识、技能和经验等资源（Maher，2010）⑥，增强其完成创新任务的信心和能力（Collins & Mcclean，2011）⑦。资源保存理论认为，个体对组织的情感依恋或承诺是源于组织为其提供了有价值的社会资源，如组织支持等（Hobfoll，2001）⑧。同时，个性化配置会建立各种沟通渠道和机制，从而为员工的创新活动参与和创造力发挥提供机会和平台（Wood Wall，2007）⑨。此外，包容性发展的错误包容是中国情境下的特有内涵（唐宁玉、张凯丽，2015）⑩，对个体不同观点和失败的包容能促使其更愿意承担创新风险，从而促进个体参与创新的动机（方阳春、陈超颖，2017）⑪。实施多元包容型人力资源管理实践的

① Hobfoll S E. Conservation of resources-A new attempt at conceptualizing stress［J］. American Psychologist，1989，44(3)：513-524.
② Gardner T M W P M M. The impact of motivation，empowerment，and skill-enhancing practices on aggregate voluntary turnover：The mediating effect of collective affective commitment［J］. Personnel Psychology，2011，64(2)：315-350.
③ Shin S J，Kim T Y，Lee J Y，et al. Cognitive team diversity and individual team member creativity：A cross-level interaction［J］. Academy of Management Journal，2012，55(1)：197-212.
④ 唐宁玉，张凯丽. 包容性领导研究述评与展望［J］. 管理学报，2015(12)：932-938.
⑤ 赵富强，陈耘，杨淑媛. 工作家庭平衡型人力资源实践研究——中国情境下的结构与测量［J］. 经济管理，2018，40(2)：120-139.
⑥ Maher M A. Diagnosing and changing organizational culture：Based on the competing values framework［J］. Personnel Psychology，2010，59(3)：755-757.
⑦ Mcclean E，Collins C J. High-commitment HR practices，employee effort，and firm performance：Investigating the effects of HR practices across employee groups within professional services firms［J］. Human Resource Management，2011，50(3)：341-363.
⑧ Hobfoll S E. The influence of culture，community，and the nested-self in the stress process：Advancing conservation of resources theory［J］. Journal of Applied Psychology，2001，50(3)：337-421.
⑨ Wood S J，Wall T D. Work enrichment and employee voice in human resource management-performance studies［J］. International Journal of Human Resource Management，2007，18(7)：1335-1372.
⑩ 唐宁玉，张凯丽. 包容性领导研究述评与展望［J］. 管理学报，2015(12)：932-938.
⑪ 方阳春，陈超颖. 包容型领导风格对新时代员工创新行为的影响［J］. 科研管理，2017，38(S1)：7-13.

组织会通过参与性评估与针对性薪酬对员工的创新想法和行为进行绩效反馈和薪酬激励，增强员工参与创新活动的动机，从而提升员工创造力。基于此，本研究提出如下假设：

H1：多元包容型人力资源管理实践对个体创造力有显著正向影响。

H1a：多元性选拔对个体创造力有显著正向影响。

H1b：个性化配置对个体创造力有显著正向影响。

H1c：包容性发展对个体创造力有显著正向影响。

H1d：参与性评估对个体创造力有显著正向影响。

H1e：针对性薪酬对个体创造力有显著正向影响。

3.2.4　双元学习的中介作用

（1）多元包容型人力资源管理实践与双元学习

双元学习指的是组织同时追求探索式学习与利用式学习（March，1991）①。探索式学习是个体对自身外部新知识的发现、获取及更新；利用式学习是个体对自身既有知识的利用、深化与提炼（Noni and Apa，2015）②。多元包容型人力资源管理实践致力于招聘选拔不同专业、背景、技能和特长的员工，基于资源保存理论，个体总会获取资源和创造盈余，预防资源损失（刘雅琦，曹霞，王凯，2015）③，因而会主动获取知识、技能与经验等，提高探索式与利用式学习的能力。研究表明，培训开发与员工配置等以提高能力为导向的人力资源实践可以提升个体的人力资本进而提高个体的双元学习能力（Diaz-Fernandez，Pasamar-Reyes & Valle-Cabrera，2017）④。资源保存理论认为，组织支持有利于增强个体对组织的信任和依赖（Hobfoll，2001）⑤，因而多元包容型人力资源管理实践通过参与性绩

① March J G. Exploration and exploitation in organizational learning [J]. Organization Science, 1991, 2(1): 71-87.

② Noni I D, Apa R. The moderating effect of exploitative and exploratory learning on internationalisation-performance relationship in SMEs [J]. Journal of International Entrepreneurship, 2015, 13(2): 96-117.

③ 刘雅琦，曹霞，王凯. 人力资源多元化管理研究述评与展望[J]. 中国人力资源开发，2015(19): 31-38.

④ Diaz-Fernandez M, Pasamar-Reyes S, Valle-Cabrera R. Human capital and human resource management to achieve ambidextrous learning: A structural perspective [J]. Brq Business Research Quarterly, 2017, 20(1): 63-77.

⑤ Hobfoll S E. The influence of culture, community, and the nested-self in the stress process: Advancing conservation of resources theory[J]. Journal of Applied Psychology, 2001, 50 (3): 337-421.

效评估为个体绩效改进、职业发展、职位晋升等提供支持，同时关注个体薪酬福利，从而有利于个体与组织建立良好关系，进而激发个体探索式学习和利用式学习的动机和意愿（Hui & Chen，2016）①。此外，多元包容型人力资源管理实践鼓励个体参与组织管理和决策（Pelled & Ledford，2010）②，从而有利于组织的知识共享，进而为个体的探索式学习和利用式学习提供机会（李辉、陈同扬，2016）③。综上所述，本研究提出如下假设：

H2：多元包容型人力资源管理实践对双元学习有显著正向影响。

H2a：多元性选拔对双元学习有显著正向影响。

H2b：个性化配置对双元学习有显著正向影响。

H2c：包容性发展对双元学习有显著正向影响。

H2d：参与性评估对双元学习有显著正向影响。

H2e：针对性薪酬对双元学习有显著正向影响。

（2）双元学习与个体创造力

个体倾向于资源的获取以保持自身资源水平（刘雅琦、曹霞、王凯，2015）④，创造力的基础就在于对组织资源的创造性探索与利用（Simsek，Heavey & Veiga，2009）⑤。研究表明，创造力与探索式和利用式学习之间均存在相关关系（Gupta，Smith & Shalley，2006）⑥，同时探索式和利用式学习皆是创造力的表现形式（Li，Vanhaverbeke & Schoenmakers，2008）⑦。创造力是创新的必要条件（Amabile，Conti & Coon，1996）⑧，双元学习对

---

① Hui L I，Chen T Y. On human resources practices and enterprise innovation from the perspective of ambidextrous learning[J]. Technology & Innovation Management，2016，2(18)：256-267.

② Pelled L H，Ledford G E Jr，et al. Demographic dissimilarity and workplace inclusion[J]. Journal of Management Studies，2010，36(7)：1013-1031.

③ 李辉，陈同扬. 双元性学习视角的人力资源实践与企业创新[J]. 技术与创新管理，2016(37)：233-241.

④ 刘雅琦，曹霞，王凯. 人力资源多元化管理研究述评与展望[J]. 中国人力资源开发，2015(19)：31-38.

⑤ Simsek Z，Heavey C，Veiga J F，et al. A typology for aligning organizational ambidexterity's conceptualizations，antecedents，and outcomes[J]. Journal of Management Studies，2009，46(5)：864-894.

⑥ Gupta A K，Smith K G，Shalley C E. The interplay between exploration and exploitation[J]. Academy of Management Journal，2006，49(4)：693-706.

⑦ Li Y，Vanhaverbeke W，Schoenmakers W. Exploration and exploitation in innovation：Reframing the interpretation[J]. Creativity & Innovation Management，2008，17(2)：107-126.

⑧ Amabile T M，Conti R，Coon H，et al. Assessing the work environment for creativity[J]. Academy of Management Journal，1996，39(5)：1154-1184.

创造力的作用主要基于创造力的双元性(奚雷、彭灿、李德强，2016)①，即探索式学习通常产生突破式创新，利用式学习则与渐进式创新紧密相关(He & Wong，2004)②。探索式学习是获取新知识并将其转化为更高一层的资源水平，如产品开发与创新(Li，Vanhaverbeke & Schoenmakers，2008)③，这是一种突破式创新。利用式学习是现有知识和技术的运用水平和能力，用来提高创新绩效(Shu，Yi-Fei & Jiang，2015)④，这种创新是一种渐进式创新。探索式及利用式学习都伴随着创新(林海芬、苏敬勤，2012)⑤。与此同时，两种学习方式可以起到互补作用(Cao，Gedajlovic & Zhang，2009)⑥，探索式学习使个体获取新知识、新技能增多，促使个体创造力的形成与提升(吕洁、张钢，2015)⑦，利用式学习增加了个体的知识储备，知识基础变得更为丰厚。研究表明，探索式和利用式两种学习方式的协同作用能进一步促进个体创造力(刘新梅、韩骁、白杨，2013)⑧。因此，我们假设：

H3：双元学习对个体创造力有正向影响。

(3)双元学习的中介作用

具体来说，基于资源保存理论，个体在确保自身资源的同时会尽可能获取外部资源，来提升拥有资源的水平(韵江，卢从超，杨柳，2015)⑨，多元包容型人力资源实通过多元性招聘选拔，发挥个体优势的资源配置，

---

① 奚雷，彭灿，李德强. 双元学习对双元创新协同性的影响：变革型领导风格的调节作用[J]. 科技管理研究，2016，36(8)：210-215.

② He Z L，Wong P K. Exploration vs. exploitation：An empirical test of the ambidexterity hypothesis[J]. Organization Science，2004，15(4)：481-494.

③ Li Y，Vanhaverbeke W，Schoenmakers W. Exploration and exploitation in innovation：Reframing the interpretation[J]. Creativity & Innovation Management，2008，17(2)：107-126.

④ Shu C L，Yi-Fei H U，Jiang X，et al. Learning ambidexterity，knowledge acquisition and innovation performance in strategic alliances[J]. R & D Management，2015，8(12)：178-189.

⑤ 林海芬，苏敬勤. 管理创新效力提升机制：组织双元性视角[J]. 科研管理，2012，33(2)：1-10.

⑥ Cao Q，Gedajlovic E，Zhang H. Unpacking organizational ambidexterity：Dimensions，contingencies，and synergistic effects[J]. Organization Science，2009，20(4)：781-796.

⑦ 吕洁，张钢. 知识异质性对知识型团队创造力的影响机制：基于互动认知的视角[J]. 心理学报，2015，47(4)：533-544.

⑧ 刘新梅，韩骁，白杨，等. 控制机制、组织双元与组织创造力的关系研究[J]. 科研管理，2013，34(10)：1-9.

⑨ 韵江，卢从超，杨柳. 双元学习与创造力对绩效的影响——一个团队层面的研究[J]. 财经问题研究，2015(5)：3-11.

求同存异的培训开发为个体提供多样化知识技能的学习机会（Gardner et al.，2011）①，帮助个体获得更多的资源以提升人力资本，参与性绩效管理以及针对性薪酬激发个体通过学习自我改善动机，从而促进个体的双元学习（Diaz-Fernandez，Pasamar-Reyes & Valle-Cabrera，2017）②；同时，个体既积累现有知识也获取新知识，多样化的知识，有助于促进个体知识异质性的增长，有利于创造力的产生（吕洁、张钢，2015）③。人力资源实践的实施能有效促进知识异质性的转化，提升个体的探索式和利用式学习（Hui & Chen，2016）④，双元学习过程会促进个体多元化知识获取和交流，个体间的知识共享对个体创造力有积极作用（Dong，Bartol & Zhang，2017）⑤，各种知识的积累和整合促进了个体创造力的激发（Hajro，Gibson & Pudelko，2017）⑥。既有研究发现，双元学习可以作为中介变量影响创造力的前因变量对其的作用关系（王端旭、薛会娟，2013）⑦，双元学习在人力资源实践与创新绩效间起中介作用，由此推断，双元学习在多元包容型人力资源管理实践及其维度与个体创造之间起中介作用。基于此，本研究提出如下假设：

H4：双元学习中介多元包容型人力资源管理实践对创造力的影响。

H4a：双元学习中介多元性选拔对创造力的影响。

H4b：双元学习中介个性化配置对创造力的影响。

H4c：双元学习中介包容性发展对创造力的影响。

H4d：双元学习中介参与性评估对创造力的影响。

---

① Gardner T M W P M M. The impact of motivation, empowerment, and skill-enhancing practices on aggregate voluntary turnover: The mediating effect of collective affective commitment[J]. Personnel Psychology, 2011, 64(2): 315-350.

② Diaz-Fernandez M, Pasamar-Reyes S, Valle-Cabrera R. Human capital and human resource management to achieve ambidextrous learning: A structural perspective[J]. Business Research Quarterly, 2017, 20(1): 63-77.

③ 吕洁，张钢. 知识异质性对知识型团队创造力的影响机制：基于互动认知的视角[J]. 心理学报，2015，47(4)：533-544.

④ Hui L I, Chen T Y. On human resources practices and enterprise innovation from the perspective of ambidextrous learning[J]. Technology & Innovation Management, 2016, 9(11): 578-589.

⑤ Dong Y, Bartol K M, Zhang Z X, et al. Enhancing employee creativity via individual skill development and team knowledge sharing: Influences of dual-focused transformational leadership[J]. Journal of Organizational Behavior, 2017, 38(3): 678-698.

⑥ Hajro A, Gibson C, Pudelko M. Knowledge exchange processes in multicultural teams: Linking organizational diversity climates to teams' effectiveness[J]. Academy of Management Journal, 2017, 60(1): 89-602.

⑦ 王端旭，薛会娟. 交互记忆系统对团队创造力的影响及其作用机制——以利用性学习和探索性学习为中介[J]. 科研管理，2013(34)：106-114.

H4e：双元学习中介针对性薪酬对创造力的影响。

3.2.5　魅力型领导调节作用

人力资源实践是规制框架和正式组织支持，领导风格是组织情景和非正式组织支持，两者在很大程度上既可以相互补充相得益彰，又可以相互替代此消彼长(Conger & Kanungo，1987)[1]。因此，多元包容型人力资源管理实践要想充分发挥其对个体创造力的影响，还需要合适的领导风格与之匹配(张勇、龙立荣、贺伟，2014)[2]。然而对于领导风格如何影响人力资源实践的效应发挥以及两者间匹配是否会造成企业绩效的差异，也是许多学者致力探讨的主题(尹奎、陈乐妮、王震，2018)[3]。研究表明，人力资源实践与企业领导风格的匹配能够进一步促进企业绩效(刘善仕、刘学，2013)[4]。而魅力型领导对下属产生人格吸引，进而产生感召力(Conger & Kanungo，1987)[5]，并以此取得下属的信任，让下属愿意接受其领导行为的一种领导风格(Conger & Kanungo，1987)，包括愿景激励、关心下属、关注环境、超常行为与冒险行为五个维度(Conger & Kanungo，2000)[6]。魅力型领导主张通过鼓励与关怀成员，激发下属参与热情(House，1976)[7]，提升下属的学习效能(House，1996)。多元包容型人力资源管理实践是一种鼓励员工参与、关注员工需求、尊重员工差异、认可员工价值的实践活动，魅力型领导的这种主张强化了多元包容型人力资源管理实践的作用效果。基于此，本研究认为，魅力型领导能够与多元包容型人力资源管理实践匹配，能进一步促进个体积极行为。研究发现，包容性人力资源实践鼓励个体创新，包容员工的创新失败，冒险型的魅力领导

① Conger J A，Kanungo R N. Toward a behavioral theory of charismatic leadership in organizational settings[J]. Academy of Management Review，1987，12(4)：637-647.

② 张勇，龙立荣，贺伟. 绩效薪酬对员工突破性创造力和渐进性创造力的影响[J]. 心理学报，2014，46(12)：1880-1896.

③ 尹奎，陈乐妮，王震，等. 领导行为与人力资源管理实践的关系：因果、联合、替代还是强化[J]. 心理科学进展，2018，26(1)：144-155.

④ 刘善仕，刘学. 人力资源系统、领导形态与组织绩效的关系研究[J]. 软科学，2013 (27)：98-103.

⑤ Conger J A，Kanungo R N. Toward a behavioral theory of charismatic leadership in organizational settings[J]. Academy of Management Review，1987，12(4)：637-647.

⑥ Conger J A，Kanungo R N，Menon S T. Charismatic leadership and follower effects[J]. Journal of Organizational Behavior，2000，21(7)：747-767.

⑦ House R J. A 1976 theory of charismatic leadership[J]. Bibliographies，1976，6：38.

会带给下敢于创新的勇气，进而促进了个体的创造力（王华强、袁莉，2016）①。此外，包容性人力资源实践会为个体提供参与决策、职业发展和职位晋升等机会，增加个体创造力与创新意愿（Banks，Engemann & Williams，2017）②。研究表明，当领导富有创造力时，会激发个体产生更多的新奇想法和变革行为（Qu，Janssen & Shi，2015）③，因而在魅力型领导的激励下，个体更愿意把握多元包容型人力资源管理实践提供的创新机会。基于此，本研究提出如下假设：

H5：魅力型领导调节多元包容型人力资源管理实践对个体创造力的影响，魅力型领导水平越高，多元包容型人力资源管理实践对个体创造力的影响越大。

H5a：魅力型领导调节多元性选拔对个体创造力的影响，魅力型领导水平越高，影响越大。

H5b：魅力型领导调节个性化配置对个体创造力的影响，魅力型领导水平越高，影响越大。

H5c：魅力型领导调节包容性发展对个体创造力的影响，魅力型领导水平越高，影响越大。

H5d：魅力型领导调节参与性评估对个体创造力的影响，魅力型领导水平越高，影响越大。

H5e：魅力型领导调节针对性薪酬对个体创造力的影响，魅力型领导水平越高，影响越大。

魅力型领导通过帮助下属对外部资源的获取进行提升下属的学习动力（Knipfer，Schreiner & Schmid，2014）④，从而对个体隐性知识共享有积极影响（Shao，Feng & Wang，2016）⑤。因此，魅力型领导下的个体更愿意

---

① 王华强，袁莉. 魅力型领导、创造自我效能感与员工创造力[J]. 华东经济管理，2016（30）：143-147.

② Banks G C, Engemann K N, Williams C E, et al. A meta-analytic review and future research agenda of charismatic leadership[J]. Leadership Quarterly, 2017, 28(4): 21-38.

③ Qu R, Janssen O, Shi K. Transformational leadership and follower creativity: The mediating role of follower relational identification and the moderating role of leader creativity expectations[J]. Leadership Quarterly, 2015, 26(2): 286-299.

④ Knipfer K, Schreiner E, Schmid E. Multilevel effects of charismatic leadership on learning and performance in entrepreneurial teams[J]. Academy of Management Annual Meeting Proceedings, 2014, 2014(1): 46-58.

⑤ Shao Z, Feng Y, Wang T. Charismatic leadership and tacit knowledge sharing in the context of enterprise systems learning: The mediating effect of psychological safety climate and intrinsic motivation [J]. Behaviour & Information Technology, 2016, 36(2): 194-208.

将多元包容型人力资源管理实践提供的知识和资源进行共享。另一方面，魅力型领导可以营造组织信任氛围，增加个体对组织的信任（姜兴，2012）①，因而获得多元包容型人力资源管理实践提供的多样化知识和技能以及各种资源获取机会。在魅力型领导水平较低时，即使多元包容型人力资源管理实践为个体提供了很多的知识和资源，个体也不会采取积极获取资源的主动行为（李永鑫、周海龙、田艳辉，2014）②。基于此，本研究提出如下假设：

H6：魅力型领导调节多元包容型人力资源管理实践对双元学习的影响，魅力型领导水平越高，多元包容型人力资源管理实践对双元学习的影响越大。

H6a：魅力型领导调节多元性选拔对双元学习的影响，魅力型领导水平越高，影响越大。

H6b：魅力型领导调节个性化配置对双元学习的影响，魅力型领导水平越高，影响越大。

H6c：魅力型领导调节包容性发展对双元学习的影响，魅力型领导水平越高，影响越大。

H6d：魅力型领导调节参与性评估对双元学习的影响，魅力型领导水平越高，影响越大。

H6e：魅力型领导调节针对性薪酬对双元学习的影响，魅力型领导水平越高，影响越大。

在"上有政策下有对策"的中国情境下，领导作为组织实践的代言人、执行人和责任人，其领导风格与主张影响了个体对人力资源政策的解读（赵富强、杨淑媛、陈耘、张光磊，2017）③。魅力型领导为下属描绘未来愿景，激励个体参与决策、提升个人发展和职位晋升等机会，鼓励员工吸收新知识，从而提升自身创造力（王兆证、周路路，2015）④。此外，魅力

① 姜兴．魅力型领导对科技企业知识共享的促进机理分析[J]．商场现代化，2012(29)：46-48.

② 李永鑫，周海龙，田艳辉．真实型领导影响员工工作投入的多重中介效应[J]．心理科学，2014，4(6)：128-139.

③ 赵富强，杨淑媛，陈耘，张光磊．工作-家庭平衡型人力资源管理实践对员工绩效的影响：工作繁荣与真实型领导的作用[J]．中国人力资源开发，2017，7(9)：81-96.

④ 王兆证，周路路．愿景型领导对员工创造力的影响机制研究[J]．华东经济管理，2015，29(11)：30-38.

型领导时刻把握环境变化，获取有用的组织内外信息与知识(张鹏程、刘文兴、廖建桥，2011)①，根据社会学习理论，个体会效仿领导的双元学习方式。因此，多元包容型人力资源管理实践会为个体提供多元化知识交流和技能培训等，个体会效仿魅力型领导的学习方式，积极获取各种多元化资源，这种异质性知识和资源的融合会促进个体创造力的提升(吕洁、张钢，2015)②。此外，魅力型领导致力于不断采取措施寻求突破和创新，这种冒险行为给予个体创新的动力和勇气(王华强、袁莉，2016)③；综上所述，多元包容型人力资源管理实践为个体提供多元化知识、技能和资源等，魅力型领导鼓励员工积极获取新知识、新技能，两者的有机匹配促进个体探索式和利用式学习的动机和意愿，这样新知识与现有知识的碰撞进一步有利于个体创新想法和思维的形成。基于此，本研究提出如下假设：

H7：魅力型领导调节多元包容型人力资源管理实践通过双元学习对个体创造力的间接影响，且高水平魅力型领导下该间接作用更强。

H7a：魅力型领导调节多元性选拔通过双元学习对个体创造力的间接影响，且高水平魅力型领导下，该间接作用更强。

H7b：魅力型领导调节个性化配置通过双元学习对个体创造力的间接影响，且高水平魅力型领导下，该间接作用更强。

H7c：魅力型领导调节包容性发展通过双元学习对个体创造力的间接影响，且高水平魅力型领导下，该间接作用更强。

H7d：魅力型领导调节参与性评估通过双元学习对个体创造力的间接影响，且高水平魅力型领导下，该间接作用更强。

H7e：魅力型领导调节针对性薪酬通过双元学习对个体创造力的间接影响，且高水平魅力型领导下，该间接作用更强。

综上所述，多元包容型人力资源管理实践对个体创造力影响的被调节中介作用模型如图 3-1 所示。

① 张鹏程，刘文兴，廖建桥. 魅力型领导对员工创造力的影响机制：仅有心理安全足够吗[J]. 管理世界，2011(10)：94-107.
② 吕洁，张钢. 知识异质性对知识型团队创造力的影响机制：基于互动认知的视角[J]. 心理学报，2015，47(4)：533-544.
③ 王华强，袁莉. 魅力型领导、创造自我效能感与员工创造力[J]. 华东经济管理，2016，30(12)：143-147.

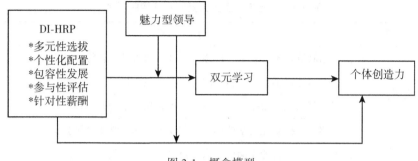

图 3-1 概念模型

3.3 研究方法

3.3.1 研究样本

本研究选择了北京、上海、广州、深圳、武汉、江苏等地的 35 家知识密集型企业作为调查对象，涉及电子计算机工业、信息技术、金融服务、法律服务、管理咨询等行业。本研究采用问卷现场发放回收的方式收集数据。为降低共同方法偏差，参照 Podsakoff 等（2003）①建议，本研究对同源进行控制分别采取以下几种常见方式：（1）多时点收集数据。问卷收集耗时三个月分三时点，时点 1 收集多元包容型人力资源管理实践和魅力型领导数据，发放问卷 643 份，回收 611 份，删除无效问卷 33 份，剩余有效问卷 578；时点 2 收集双元学习数据，回收有效问卷 503 份；时点 3 收集个体创造力数据，回收到 445 份有效问卷。（2）差异化问卷反应语句。根据具体情境来适当调整问卷的形式。数据样本，男性 56.9%；已婚 72.8%；高层管理者 7.9%，普通员工 49.2%；企业规模 200 人以下 36.2%，200~500 人 15.7%，500~1000 人 12.4%，1000 人以上 35.7%。

3.3.2 测量工具

多元包容型人力资源管理实践：采用赵富强等（2020）的 5 维度 20 题项多元包容型人力资源管理实践量表。本研究量表 Cronbach's α 值为 0.96。

① Podsakoff P M, Mackenzie S B, Lee J Y, et al. Common method biases in behavioral research：A critical review of the literature and recommended remedies[J]. Journal Applied Psychology, 2003, 88(5)：879-903.

表 3-1　多元包容型人力资源管理实践量表

维度	题　项
多元性选拔	公司招聘选拔不因性别、民族、宗教、籍贯及方言等而歧视
	公司招聘选拔不会因性格不同与专业背景而影响录用与晋升
	公司招聘选拔会根据具体岗位需求而采用灵活招聘选拔方式
	公司招聘选拔制度科学严谨、过程规范透明，结果公平公正
个性化配置	公司工作分配会考虑岗位要求、自身诉求与特长
	公司经常采取工作轮换的方式不断提升员工素质
	公司工作安排允许对员工有一定工作授权与自治
	公司工作安排注重与员工的沟通交流与问题反馈
包容性发展	公司培训方案会考虑岗位要求、员工需求与职业发展
	公司会根据员工不同需求制定差异化个性化培训方案
	公司会提供多元化(如性别、民族、文化、宗教、籍贯、方言、性格、专业以及残疾等)方面的包容尊重与换位思考的培训
	公司为不同员工设置多种职业发展渠道
参与性评估	公司绩效评估指标的确定都会征求部门主管与员工意见
	公司绩效评估指标内容均与员工岗位工作内容息息相关
	公司会根据员工具体岗位特征选择合适评估流程与方式
	公司绩效评估注重结果反馈、问题诊断及优化建议征求
针对性薪酬	与其他公司同类岗位相比，我的薪酬公平合理
	与公司其他同级岗位相比，我的薪酬公平合理
	我可以根据自己的需求选择薪酬种类与发放形式
	公司会让(性别、民族、专业等)不同多元化利益主体参与薪酬方案制定

　　双元学习：参考王端旭等(2013)①编制的量表，包含两维度 10 题项。其中利用性学习包含 5 题项，如"在工作中，我会探究与目前任务有关的细节问题"；探索性学习也是 5 题项，如"在工作中，我会关注其他成员从事的任务"，如表 3-2 所示。本研究量表 Cronbach's α 值为 0.96。

---

① 王端旭，薛会娟. 交互记忆系统对团队创造力的影响及其作用机制——以利用性学习和探索性学习为中介[J]. 科研管理，2013(34)：106-114.

表 3-2　双元学习量表

变量	维度	题　项
双元学习	利用性学习	在工作中，我会探究与目前任务有关的细节问题
		在工作中，我会及时发现与目前任务有关的潜在问题和机会
		在工作中，我会及时跟踪与其目前任务有关的新知识
		在工作中，我会不断改进执行目前任务的方法和程序
		在工作中，我能将与目前任务有关的知识应用到不同情形中
	探索性学习	在工作中，我会关注其他成员所从事的任务
		在工作中，我会与其他成员交流各自工作任务中的经验
		在工作中，我在讨论与任务相关的问题时，都会参与
		在工作中，我尽可能创造与其他成员相互学习交流的机会
		在工作中，我会向其他成员请教与任务有关的知识

魅力型领导：采用 Conger 等（2000）[①]开发的 20 题项量表，示例："我的团队领导能了解团队成员的不足与局限"，如表 3-3 所示。Cronbach's α 值为 0.96。

表 3-3　魅力型领导量表

变量	维度	题　项
魅力型领导	员工敏感性	我的团队领导能了解团队成员的不足与局限
		我的团队领导能了解团队成员的能力和技能
		我的团队领导通过发展相互喜好和尊重来影响他人
		我的团队领导对团队成员的需要和感受敏感
		我的团队领导经常表达其对团队成员的需要和感受的关心
	战略性愿景	我的团队领导经常能提出鼓舞人心的战略、愿景与目标
		我的团队领导是个富有激情的演说家，以此鼓舞团队成员
		我的团队领导能清楚阐述工作重要性，以此激励团队成员

---

① Conger J A, Kanungo R N, Menon S T. Charismatic leadership and follower effects[J]. Journal of Organizational Behavior, 2000, 21(7): 747-767.

续表

变量	维度	题　项
魅力型领导	个人冒险	我的团队领导具有战略眼光，经常提出未来各种可能想法
		我的团队领导经常能产生关于组织未来发展的新想法
		我的团队领导会为了组织的利益而付出很高的个人代价
		我的团队领导会为了实现组织目标，参与高风险的活动
		我的团队领导会为了组织的利益而承担高个人风险
	环境敏感性	我的团队领导对阻碍目标实现的资源因素非常敏锐
		我的团队领导对有助目标实现的环境机会非常敏感
		我的团队领导对阻碍目标实现的文化因素非常敏锐
		我的团队领导有企业家精神能抓住目标实现的机会
	非常规行为	我的团队领导为了实现组织的目标，有非常规的行为
		我的团队领导热衷于使用非传统手段来实现组织目标
		我的团队领导经常表现出让团队成员惊讶的独特行为

个体创造力：采用 George 和 Zhou（2001）开发的 13 题项量表①，例题包括"工作中，我会经常建议采用新方法来完成目标""工作中，我会提出新的可行方法改善工作绩效""工作中，我是一个经常产生创新性想法的员工"等，如表 3-4 所示。本研究量表 Cronbach's α 值为 0.97。

表 3-4　个体创造力量表

变量	题　项
个体创造力	工作中，我会经常建议采用新方法来完成目标
	工作中，我会提出新的可行方法改善工作绩效
	工作中，我会寻求新工艺、流程、技术或创意
	工作中，我会提出有助提高工作质量的新建议
	工作中，我是一个经常产生创新性想法的员工
	工作中，为了工作任务出色完成我不怕冒风险

---

① Zhou J，George J M. When job dissatisfaction leaders to creativity：Encouraging the expression of voice[J]. Academy of Management Journal，2001，44(4)：682-696.

续表

变量	题　项
个体创造力	工作中，我会为他人提供建设性新想法新建议
	工作中，有机会我会积极展示工作中的创新点
	工作中，我会为实现新想法而制定详细的计划
	工作中，我经常出现创新的动机、念头与想法
	工作中，我经常提出创造性解决问题的新想法
	工作中，我经常有解决问题的新思路与新方式
	工作中，我会建议采用新方法来完成工作任务

控制变量：既有研究表明，性别、年龄、教育水平、工作异地以及地域等会影响个体个包容感知(Cho & Barak，2008；Findler，Wind & Barak，2007)①②，而方言是地域文化的差异代表(Gong，Chow & Ahlstrom，2011)③。因此，本研究将性别、年龄、学历、职位以及方言的使用作为控制变量。

3.4　研究结果

3.4.1　问卷信度分析

信度是指测验结果的可靠性、一致性及稳定性，本研究采用 SPSS22.0 进行可靠性检验，即用 Cronbach 系数来测量内部一致性，其系数越高，内部一致性越好。社会学和心理学领域认为，信度系数如果低于 0.6，则该量表不可靠、不稳定，需要重新修订研究工具；如果信度系数达到 0.7，说明该量表可以接受；如果信度系数高于 0.8，说明量表内部一致性良好。本研究各变量量表的信度分析见表 3-5。由表可知，各变量的内部一致性结果均达到 0.9 以上，内部一致性信度良好，用此量表测量

① Cho S，Barak M E M. Understanding of diversity and inclusion in a perceived homogeneous culture：A study of organizational commitment and job performance among Korean employees[J]. Administration in Social Work，2008，32(4)：100-126.
② Findler L，Wind L H，Barak M E M. The challenge of workforce management in a global society[J]. Administration in Social Work，2007，31(3)：63-94.
③ Gong Y，Chow H S，Ahlstrom D. Cultural diversity in China：Dialect，job embeddedness，and turnover[J]. Asia Pacific Journal of Management，2011，28(2)：221-238.

获得数据是可靠的。

表 3-5　各变量的量表信度分析

变量	维度	题项数量	维度的 α 系数	量表的 α 系数
DI-HRP	多元性选拔	4	0.86	0.96
	个性化配置	4	0.82	
	包容性发展	4	0.86	
	参与性评估	4	0.86	
	针对性薪酬	4	0.85	
双元学习	利用性学习	5	0.93	0.96
	探索性学习	5	0.92	
魅力型领导	员工敏感性	5	0.92	0.96
	战略性愿景	5	0.93	
	个人冒险	3	0.91	
	环境敏感性	4	0.90	
	非常规行为	3	0.93	
个体创造力	个体创造力	13	0.97	0.97

注：DI-HRP 表示多元包容型人力资源管理实践。

3.4.2　共同方法偏差检验

本研究变量数据均采用自我评价的方式进行采集，数据来源于同一调查对象，可能存在共同方法偏差，研究采取 Harman 单因素方法进行检验。结果显示，7 个特征值大于 1 的公共因子，累计解释变异量为 72.427%，故不存在共同方法偏差。

利用 AMOS22.0，进行共同方法偏差检验（Podsakoff, MacKenzie & Podsakoff, 2012）[①]，将共同方法偏差作为一个潜因子，与本研究研究变量一起形成五因子模型。结果显示，四因子拟合指数为：$\chi^2/df = 4.01$，NFI = 0.88，CFI = 0.91，IFI = 0.91，TLI = 0.90，RMSEA = 0.08，加入

---

① Podsakoff P M, MacKenzie S B, Podsakoff N P. Sources of method bias in social science research and recommendations on how to control it[J]. Annual Review of Psychology, 2012, 63: 539-569.

共同方法偏差潜变量的五因子模型拟合指标为：$\chi^2/df = 3.52$，NFI = 0.89，CFI = 0.92，IFI = 0.92，TLI = 0.91，RMSEA = 0.08，没有得到很大改善（$\Delta\chi^2/df = 0.49$，ΔNFI = 0.01，ΔCFI = 0.01，ΔIFI = 0.01，ΔTLI = 0.01，ΔRMSEA = 0）。因此，本研究的不存在共同方法偏差。

3.4.3　验证性因子分析

采用 Amos 22.0 因子分析来检验变量的区分效度，如表 3-6 所示。四因子模型拟合度最好，因此，可进行假设检验分析。

表 3-6　验证性因子分析结果

	χ^2/df	NFI	CFI	IFI	TLI	RMSEA
四因子模型	4.01	0.88	0.91	0.91	0.90	0.08
三因子模型	5.25	0.84	0.87	0.87	0.86	0.10
两因子模型	9.86	0.70	0.72	0.72	0.70	0.14
单因子模型	15.12	0.54	0.55	0.55	0.52	0.18

3.4.4　描述性统计与相关性分析

本研究变量的均值、方差、相关性等描述性统计分析结果见表 3-7。多元包容型人力资源管理实践及其五个维度（多元性选拔、个性化配置、包容性发展、参与性评估、针对性薪酬）与个体创造力显著正相关，相关系数分别为 0.329、0.282、0.273、0.334、0.258、0.274（$p < 0.01$）；多元包容型人力资源管理实践及其五个维度与双元学习显著正相关，相关系数为 0.358、0.275、0.335、0.313、0.311、0.313（$p < 0.01$）；双元学习与员工创新行为显著正相关，相关系数为 0.587（$p < 0.01$）。因此，H1、H2、H3 以及其分假设得到了初步验证。

3.4.5　假设检验

（1）主效应检验结果。结果见表 3-8，在控制了性别、年龄、学历、职务、方言使用等变量以后，多元包容型人力资源管理实践及其五个维度（多元性选拔、个性化配置、包容性发展、参与性评估、针对性薪酬）显著正向影响个体创造力（$\beta = 0.296$、0.230、0.218、0.253、0.206、0.203，$p < 0.001$），支持 H1、H1a、H1b、H1c、H1d、H1e。如表 3-9 所示，

表3-7　描述性统计与相关性分析结果

	M	SD	1	2	3	4	5	6	7	8	9	10	11	12	13
1. 性别	1.440	0.497													
2. 年龄	2.290	0.741	-0.170**												
3. 学历	1.960	0.834	-0.127**	0.065											
4. 工作异地	3.090	1.033	0.266**	-0.354**	-0.200**										
5. 方言	1.740	0.440	0.141**	-0.272**	0.051	0.099*									
6. 多元性选拔	3.505	0.862	0.024	-0.03	0.01	0.016	0.039								
7. 个性化配置	3.737	0.852	0.06	0.038	0.016	-0.011	-0.081	0.643**							
8. 包容性发展	3.507	0.909	0.072	-0.001	0.012	0.062	-0.036	0.716**	0.707**						
9. 参与性评估	3.633	0.858	0.054	0.022	0.04	-0.003	-0.013	0.648**	0.682**	0.720**					
10. 针对性薪酬	3.357	0.928	0.068	-0.047	0.033	0.075	0.023	0.669**	0.636**	0.733**	0.701**				
11. DI-HRP	3.548	0.763	0.065	-0.005	0.026	0.033	-0.015	0.849**	0.845**	0.898**	0.866**	0.869**			
12. 双元学习	3.988	0.646	0.092	-0.011	0.038	0.054	-0.126**	0.275**	0.335**	0.313**	0.311**	0.313**	0.358**		
13. CL	3.541	0.781	0.022	0.002	0.088	0.004	0.005	0.491**	0.503**	0.552**	0.481**	0.552**	0.597**	0.287**	
14. 个体创造力	3.849	0.707	0.100*	-0.093	0.083	0.001	-0.069	0.282**	0.273**	0.334**	0.258**	0.274**	0.329**	0.587**	0.279**

注：DI-HRP 代表多元包容型人力资源管理实践，CL代表魅力型领导，$N=445$，$*p<0.05$，$**p<0.01$，$***p<0.001$。

多元包容型人力资源管理实践及其五个维度与双元学习显著正相关(β = 0.294、0.207、0.243、0.212、0.228、0.213，$p < 0.001$)，支持 H2、H2a、H2b、H2c、H2d、H2e。双元学习对个体创造力存在显著正向影响(β = 0.632，$p<0.001$)。因此，H3 得到数据支持。

表 3-8　回归分析结果

变量	个体创造力							
	变量	M1	M2	M3	M4	M5	M6	M7
性别	0.171*	0.165*	0.141*	0.139*	0.147*	0.151*	0.141*	
年龄	−0.122*	−0.117*	−0.128*	−0.127**	−0.128*	−0.117*	−0.124*	
学历	0.088*	0.085*	0.082*	0.079*	0.078	0.076	0.077	
工作异地	−0.030	−0.031	−0.028	−0.043	−0.029	−0.041	−0.036	
方言	−0.196*	−0.209**	−0.159*	−0.170*	−0.189*	−0.196*	−0.182*	
多元性选拔		0.230***						
个性化配置			0.218***					
包容性发展				0.253***				
参与性评估					0.206***			
针对性薪酬						0.203***		
DI-HRP							0.296***	
R^2	0.041	0.199	0.109	0.146	0.103	0.111	0.142	
F	3.523***	9.249***	8.359***	10.667***	7.865***	8.517***	11.350***	

注：*$p<0.05$，**$p<0.01$，***$p<0.001$。

（2）双元学习的中介效应检验。如表 3-9 所示，加入中介变量后，多元包容型人力资源管理实践及其五个维度(即多元性选拔、个性化配置、包容性发展、参与性评估、针对性薪酬)对个体创造力的正向影响显著降低，说明双元学习在多元包容型人力资源管理实践及其五个维度(即多元性选拔、个性化配置、包容性发展、参与性评估、针对性薪酬)对个体创造力影响中起部分中介作用。为进一步检验双元学习的中介作用，本研究使用 PROCESS 程序实施 Bootstrapping 分析来生成间接效应 95%偏差校正置信区间(CI)。如表 3-10 所示，多元包容型人力资源管理实践及其五个维度(即多元性选拔、个性化配置、包容性发展、参与性评估、针对性薪酬)通过双元学习对个体创造力间接效应均显著，95%置信区间不包含零，因而 H4、H4a、H4b、H4c、H4d、H4e 得到验证。

表 3-9　回归分析结果

变量	个体创造力							双元学习					
	M1	M2	M3	M4	M5	M6	M7	M8	M9	M10	M11	M12	M13
性别	0.084	0.087	0.078	0.075	0.080	0.081	0.078	0.132*	0.104	0.111	0.112	0.116	0.108
年龄	-0.110**	-0.108**	-0.112**	-0.113**	-0.112**	-0.109**	-0.111**	-0.016	-0.026	-0.024	-0.027	-0.015	-0.022
学历	0.054	0.055	0.053	0.052	0.052	0.051	0.052	0.052	0.048	0.047	0.044	0.042	0.044
工作异地	-0.048	-0.047	-0.047	-0.054	-0.047	-0.051	-0.049	0.029	0.032	0.018	0.030	0.017	0.023
方言	-0.051	-0.067	-0.046	-0.051	-0.055	-0.059	-0.057	-0.241**	-0.188**	-0.207**	-0.221**	-0.229**	-0.215**
双元学习	0.632***	0.592***	0.601***	0.576***	0.604***	0.599	0.579***						
多元性选拔		0.107**						0.207***					
个性化配置			0.072**						0.243***				
包容性发展				0.131***						0.212***			
参与性评估					0.068*						0.228***		
针对性薪酬						0.075*						0.213***	
DI-HRP							0.126**						0.294***
R^2	0.363	0.363	0.379	0.370	0.388	0.369	0.372	0.111	0.137	0.123	0.126	0.127	0.155
F	32.933***	35.598***	34.246***	37.102***	34.190***	34.557***	35.665***	8.563***	10.805***	9.624***	9.879***	9.981***	12.500***

注：DI-HRP 代表多元包容型人力资源管理实践，$*p<0.05$，$**p<0.01$，$***p<0.001$。

表 3-10　中介效应检验

路　　径	Effect	Boot SE	Boot LLCI	Boot ULCI
多元性选拔-双元学习-个体创造力	0.123	0.028	0.072	0.182
个性化配置-双元学习-个体创造力	0.146	0.030	0.092	0.211
包容性发展-双元学习-个体创造力	0.122	0.027	0.073	0.181
参与性评估-双元学习-个体创造力	0.138	0.031	0.082	0.207
针对性薪酬-双元学习-个体创造力	0.127	0.027	0.078	0.183
DI-HRP-双元学习-个体创造力	0.170	0.034	0.109	0.242

（3）魅力型领导的调节效应检验。本研究根据温忠麟（2012）的建议进行调节检验。如表 3-11 的结果显示，中心化后的多元包容型人力资源管理实践（$\beta = 0.102$，$p < 0.01$）、个性化配置（$\beta = 0.081$，$p < 0.05$）、包容性发展（$\beta = 0.099$，$p < 0.05$）、参与性评估（$\beta = 0.092$，$p < 0.05$）及针对性薪酬（$\beta = 0.119$，$p < 0.01$）与魅力型领导的交互项对个体创造力有显著正向影响。中心化后的多元性选拔与魅力型领导的交互项对个体创造力的影响不显著（$\beta = 0.063$，n. s.）。本研究进一步实施简单斜率检验并作出调节效应图，如图 3-2 至图 3-6 所示，在高水平魅力型领导下，多元包容型人力资源管理实践、个性化配置、包容性发展、参与性评估及针对性薪酬对个体创造力的影响更强；而在低水平魅力型领导下，这些影响更弱。因此，H5、H5b、H5c、H5d、H5e 得到了数据支持，不支持 H5a。

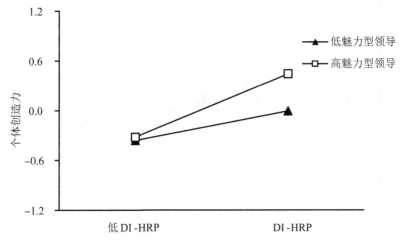

图 3-2　魅力型领导对 DI-HRP 与个体创造力之间直接关系的调节作用

表3-11　魅力型领导对 DI-HRP 及其维度与个体创造力关系的调节效应检验

自变量	个体创造力											
	M1	M2	M3	M4	M5	M6	M7	M8	M9	M10	M11	M12
性别	0.233*	0.199*	0.197*	0.208*	0.213*	0.226*	0.219*	0.195*	0.190*	0.210*	0.207*	0.194*
年龄	-0.166*	-0.181*	-0.18**	-0.181*	-0.166*	-0.175*	-0.172*	-0.180**	-0.191**	-0.187**	-0.168*	-0.181**
学历	0.121*	0.116*	0.111*	0.111	0.108	0.094	0.104	0.098	0.103	0.101	0.091	0.102
工作异地	-0.043	-0.039	-0.061	-0.042	-0.058	-0.046	-0.044	-0.042	-0.057	-0.044	-0.054	-0.049
方言	-0.296*	-0.225*	-0.24*	-0.267*	-0.278*	-0.274*	-0.280*	-0.221*	-0.239*	-0.261*	-0.268*	-0.246*
多元性选拔	0.280***											
个性化配置		0.263***										
包容性发展			0.326***									
参与性评估				0.250***								
针对性薪酬					0.266***							
魅力型领导						0.270***						

续表

个体创造力

自变量	M1	M2	M3	M4	M5	M6	M7	M8	M9	M10	M11	M12
多元性选拔 * 魅力型领导							0.063					
个性化配置 * 魅力型领导								0.081*				
包容性发展 * 魅力型领导									0.099*			
参与性评估 * 魅力型领导										0.092*		
针对性薪酬 * 魅力型领导											0.119**	
DI-HRP * 魅力型领导												0.102**
R^2	0.119	0.109	0.146	0.103	0.111	0.113	0.147	0.144	0.171	0.146	0.153	0.168
F	9.249***	8.359***	11.667***	7.865***	8.517***	8.744***	8.802***	8.611***	10.497***	8.695***	9.200***	10.332***

注：DI-HRP 代表多元包容型人力资源管理实践，$*p < 0.05$，$**p < 0.01$，$***p < 0.001$。

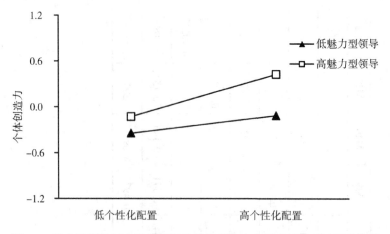

图 3-3　魅力型领导对个性化配置与个体创造力之间直接关系的调节作用

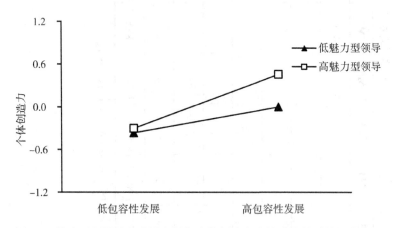

图 3-4　魅力型领导对包容性发展与个体创造力之间直接关系的调节作用

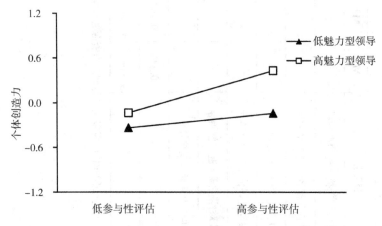

图 3-5　魅力型领导对参与性评估与个体创造力之间直接关系的调节作用

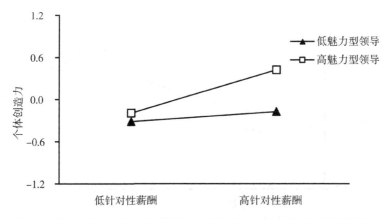

图 3-6　魅力型领导对针对性薪酬与个体创造力之间直接关系的调节作用

表 3-12 结果显示，中心化后的多元包容型人力资源管理实践（$\beta=0.127$，$p<0.001$）、多元性选拔（$\beta=0.081$，$p<0.05$）、个性化配置（$\beta=0.117$，$p<0.01$）、包容性发展（$\beta=0.124$，$p<0.01$）、参与性评估（$\beta=0.139$，$p<0.001$）及针对性薪酬（$\beta=0.109$，$p<0.01$）与魅力型领导的交互项对双元学习有显著正向影响。本研究进一步实施简单斜率检验并作出调节效应图。如图 3-7 至图 3-12 所示，在高水平魅力型领导下，多元包容型人力资源管理实践、多元性选拔、个性化配置、包容性发展、参与性评估及针对性薪酬对个体创造力的影响更强；而在低水平魅力型领导下，这些影响更弱。因此，H6、H6a-e 得到数据支持。

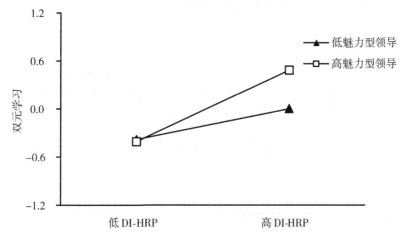

图 3-7　魅力型领导对 DI-HRP 与双元学习之间直接关系的调节作用

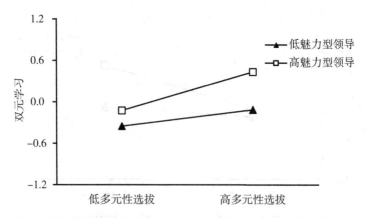

图 3-8　魅力型领导对多元性选拔与双元学习之间直接关系的调节作用

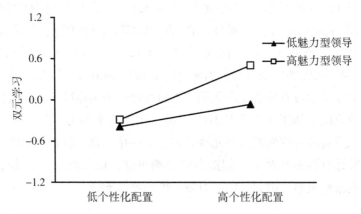

图 3-9　魅力型领导对个性化配置与双元学习之间直接关系的调节作用

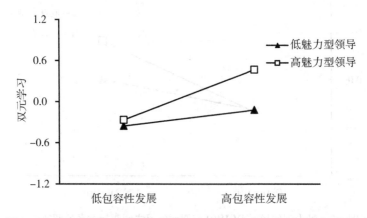

图 3-10　魅力型领导对包容性发展与双元学习之间直接关系的调节作用

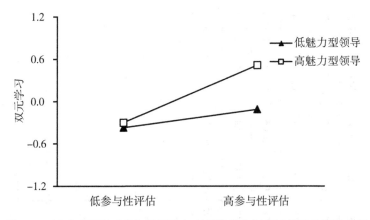

图 3-11　魅力型领导对参与性评估与双元学习之间直接关系的调节作用

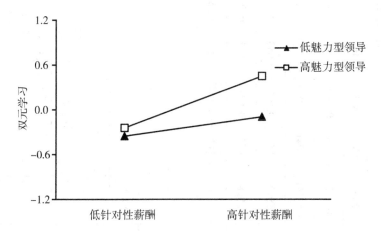

图 3-12　魅力型领导对针对性薪酬与双元学习之间直接关系的调节作用

（4）条件过程模型检验。采用 Hayes（2013）[①]的 PROCESS 插件，结果如表 3-13 所示，在高、中、低水平魅力型领导下，多元包容型人力资源管理实践及其五个维度通过双元学习对个体创造力间接效应的差值显著，95% 置信区间不包含零。因此，H7、H7a、H7b、H7c、H7d、H7e 假设成立。

① Hayes A F. Introduction to mediation, moderation, and conditional process analysis：A regression-based approach[J]. Journal of Educational Measurement，2013，51（3）：335-337.

表3-12　魅力型领导对 DI-HRP 及其维度与双元学习关系的调节效应检验

自变量	双元学习											
	M1	M2	M3	M4	M5	M6	M7	M8	M9	M10	M11	M12
性别	0.205*	0.161	0.172	0.173	0.180	0.197*	0.189	0.152	0.163	0.175	0.174	0.159
年龄	-0.024	-0.041	-0.037	-0.041	-0.023	-0.033	-0.032	-0.040	-0.051	-0.051	-0.025	-0.041
学历	0.081	0.074	0.072	0.068	0.065	0.053	0.062	0.058	0.062	0.064	0.050	0.062
工作异地	0.044	0.049	0.028	0.046	0.027	0.041	0.043	0.047	0.033	0.044	0.030	0.038
方言	-0.373**	-0.291**	-0.321**	-0.342**	-0.355**	-0.351**	-0.354**	-0.275	-0.319**	-0.332**	-0.346**	-0.318**
多元性选拔	0.277***											
个性化配置		0.321***										
包容性发展			0.299***									
参与性评估				0.303***								
针对性薪酬					0.306***							
魅力型领导						0.282***						
多元性选拔*魅力型领导							0.081*					

续表

自变量	双元学习											
	M1	M2	M3	M4	M5	M6	M7	M8	M9	M10	M11	M12
个性化配置 * 魅力型领导								0.117**				
包容性发展 * 魅力型领导									0.124**			
参与性评估 * 魅力型领导										0.139***		
针对性薪酬 * 魅力型领导											0.109**	
DI-HRP * 魅力型领导												0.127***
R^2	0.111	0.124	0.111	0.114	0.115	0.114	0.147	0.177	0.163	0.181	0.162	0.188
F	8.563***	10.805***	9.624***	9.879***	9.981***	8.756***	8.807***	10.950***	9.965***	11.254***	9.894***	11.827***

注：DI-HRP 代表多元包容型人力资源管理实践，$*p<0.05$，$**p<0.01$，$***p<0.001$。

表 3-13 有调节的中介检验

路径		Effect	Boot SE	BootLLCI	BootULCI
多元性选拔-双元学习-个体创造力	低	0.063	0.035	−0.002	0.135
	中	0.105	0.035	0.043	0.181
	高	0.147	0.047	0.067	0.245
	Index	0.042	0.022	0.001	0.088
个性化配置-双元学习-个体创造力	低	0.087	0.039	0.016	0.168
	中	0.149	0.037	0.082	0.229
	高	0.211	0.050	0.121	0.317
	Index	0.062	0.024	0.015	0.110
包容性发展-双元学习-个体创造力	低	0.060	0.037	−0.011	0.135
	中	0.124	0.035	0.060	0.197
	高	0.188	0.046	0.103	0.285
	Index	0.064	0.023	0.019	0.109
参与性评估-双元学习-个体创造力	低	0.068	0.040	−0.009	0.147
	中	0.142	0.039	0.070	0.222
	高	0.216	0.052	0.122	0.322
	Index	0.074	0.025	0.027	0.123
针对性薪酬-双元学习-个体创造力	低	0.067	0.040	−0.010	0.146
	中	0.124	0.035	0.056	0.193
	高	0.181	0.045	0.095	0.269
	Index	0.057	0.024	0.008	0.102
DI-HRP-双元学习-个体创造力	低	0.099	0.040	0.024	0.179
	中	0.165	0.040	0.089	0.247
	高	0.230	0.051	0.134	0.335
	Index	0.065	0.022	0.023	0.109

3.4.6 数据分析结果

通过对 445 名员工的三阶段匹配数据进行实证分析，数据分析结果如表 3-14 所示。

表 3-14　数据分析结果汇总

假设	假设具体内容	检验结果
H1	多元包容型人力资源管理实践对个体创造力有显著正向影响。	支持
H1a-e	(a)多元性选拔、(b)个性化配置、(c)包容性发展、(d)参与性评估以及(e)针对性薪酬对个体创造力有显著正向影响。	支持
H2	多元包容型人力资源管理实践对双元学习有显著正向影响。	支持
H2a-e	(a)多元性选拔、(b)个性化配置、(c)包容性发展、(d)参与性评估以及(e)针对性薪酬对双元学习有显著正向影响。	支持
H3	双元学习对个体创造力有正向影响。	支持
H4	双元学习中介多元包容型人力资源管理实践对创造力的影响。	支持
H4a-e	双元学习中介(a)多元性选拔、(b)个性化配置、(c)包容性发展、(d)参与性评估以及(e)针对性薪酬对创造力的影响。	支持
H5	魅力型领导调节多元包容型人力资源管理实践对个体创造力的影响，魅力型领导水平越高，多元包容型人力资源管理实践对个体创造力的影响越大。	支持
H5a-e	魅力型领导调节(b)个性化配置、(c)包容性发展、(d)参与性评估以及(e)针对性薪酬对个体创造力的影响，魅力型领导水平越高，这些影响越大。	支持 H5b-e，不支持 H5a
H6	魅力型领导调节多元包容型人力资源管理实践对双元学习的影响，魅力型领导水平越高，多元包容型人力资源管理实践对双元学习的影响越大。	支持
H6a-e	魅力型领导调节(a)多元性选拔、(b)个性化配置、(c)包容性发展、(d)参与性评估以及(e)针对性薪酬对双元学习的影响，魅力型领导水平越高，这些影响越大。	支持
H7	魅力型领导调节多元包容型人力资源管理实践通过双元学习对个体创造力的间接影响，且高水平魅力型领导下该间接作用更强。	支持

假设	假设具体内容	检验结果
H7a-e	魅力型领导调节(a)多元性选拔、(b)个性化配置、(c)包容性发展、(d)参与性评估以及(e)针对性薪酬通过双元学习对个体创造力的间接影响，且高水平魅力型领导下这些间接作用更强。	支持

3.5　结果讨论

3.5.1　研究总结

本研究通过构建中国情境下多元包容型人力资源管理实践对个体创造力影响的被调节中介作用模型，揭示了多元包容型人力资源管理实践及其各维度对个体创造力影响的作用机理与边界条件，进一步阐明了人力资源实践影响结果绩效的黑箱机制。本研究检验了中国情境下多元包容型人力资源管理实践及其各维度对个体创造力的促进作用，这种促进作用是通过个体的双元学习实现的，也受到魅力型领导水平的影响。具体来说，中国情境下多元包容型人力资源管理实践及其各维度对双元学习、个体创造力均有显著正向影响；双元学习对个体创造力有显著正向影响，并进一步证明，双元学习在多元包容型人力资源管理实践及其各维度对个体创造力的影响中具有中介作用；领导风格影响员工对人力资源实践的解读，当魅力型领导水平较高时，包容性人力资源实践及其各维度对双元学习的作用越强；且魅力型领导还调节多元包容型人力资源管理实践及其各维度(除多元性选拔)对个体创造力的直接影响，当魅力型领导水平越高时，多元包容型人力资源管理实践及其各维度对个体创造力的促进作用越强；此外，本研究进一步证明魅力型领导调节包容性人力资源实践及其各维度通过双元学习对个体创造力的间接影响，当魅力型领导水平越高时，这种影响作用越强。

3.5.2　理论贡献

首先，本研究通过拓展导向性人力资源实践——多元包容型人力资源管理实践，从而丰富人力资源实践管理理论研究。从既有研究来看，尚未发现学者对多元包容型人力资源管理实践的内涵构成进行界定与探讨，本研究基于多元化、包容性和人力资源实践相关文献研究（Gardner，2011；Nishii，2013）①②，提出了中国情境下多元包容型人力资源管理实践的内涵构成及其影响，因而对多元包容型人力资源管理实践的研究具有一定的开创性和借鉴意义。

其次，通过揭示中国情境下多元包容型人力资源管理实践及其各维度对个体创造力促进的作用机理，从而丰富了创造力理论研究，从而对创造力提升的管理实践提供理论依据和决策参考。我们验证了多元包容型人力资源管理实践对个体创造力的促进作用，弥补了包容性领导、文化与氛围研究（唐宁玉、张凯丽，2015）③及其对下属创造力影响研究的不足（古银华，2016）④，从而为创造力的培育与开发研究作出贡献。

再次，通过检验双元学习在多元包容型人力资源管理实践及其各维度与个体创造力之间的中介作用，拓展了人力资源实践与创造力研究的理论视角。本研究从双元学习视角理解多元包容型人力资源管理实践及其各维度对个体创造力的影响，从而为包容性研究提供了一个新的视角，回应了包容性研究人员对中国情境下包容性管理实践研究的呼吁（Tang，Jiang，Chen & Yu，2015）⑤。

最后，通过非正式组织支持——魅力型领导的引入，考察其对多元包容型人力资源管理实践及其各维度与个体创造力间影响的调节作用，从而明确了多元包容型人力资源管理实践及其各维度对个体创造力影响机制的边界条件。本研究考察了魅力型领导在多元包容型人力资源管理实践及其各维度对个体创造力影响的调节作用，从而进一步丰富了组织实践与领导风格文献的发展（刘善仕、刘学，2013）⑥，这对促进组织管理实践、团队领导风格以及个体创造力之间的匹配应用具有重要指导意义。

---

①　Gardner T M, Wright P M, Moynihan L M. The impact of motivation, empowerment, and skill-enhancing practices on aggregate voluntary turnover: The mediating effect of collective affective commitment[J]. Personnel Psychology, 2011, 64(2): 315-350.

②　Nishii L H. The benefits of climate for inclusion for gender-diverse groups[J]. Academy of Management Journal, 2013, 56(6): 1754-1774.

③　唐宁玉，张凯丽. 包容性领导研究述评与展望[J]. 管理学报，2015(12): 932-938.

④　古银华. 包容型领导对员工创新行为的影响———一个被调节的中介模型[J]. 经济管理，2016, 38(4): 93-103.

⑤　Tang N, Jiang Y, Chen C, Yu Z. Inclusion and inclusion management in the Chinese context: an exploratory study[J]. International Journal of Human Resource Management, 2015, 26(6): 856-874.

⑥　刘善仕，刘学. 人力资源系统、领导形态与组织绩效的关系研究[J]. 软科学，2013(27): 98-103.

3.5.3　实践启示

如何有效进行多元化员工管理，是业界和学界面临的重要挑战，而中国情境下多元包容型人力资源管理实践是解决多元化管理问题的有效途径。本研究结论可以为中国企业管理实践提供以下启示：

首先，组织可以构建并实施多元包容型人力资源管理实践，从而提高多元化管理的有效性。多元化已成为未来组织不可阻挡的趋势（Pelled，Ledford，2010）[①]，其使组织有机会获得更多的知识、技术和人才，从而有助于增加创造力，进而形成组织竞争优势，但是如果不能有效管理多元化导致的组织冲突，就会增加沟通管理成本，降低员工满意度，从而降低组织绩效。本研究验证了中国情境下多元包容型人力资源管理实践对个体创造力的促进作用，使组织可以通过构建多元包容型人力资源管理实践提高对多元化员工的管理，从而百家争鸣、百花齐放，进而提升组织绩效。

其次，组织可营造双元学习氛围，从而有利于个体充分利用多元包容型人力资源管理实践提供的资源，提高个体创造力。探索式学习帮助个体更好从外部获取发展所需的知识储备，而利用式学习则帮助员工更好地将所拥有的异质性知识进行整合与应用。根据本研究的结论，双元学习在多元包容型人力资源管理实践对个体创造力影响中起中介作用，个体可以采取多元学习方式，获取多元包容型人力资源管理实践提供的多元化知识，知识的异质性有利于个体产生更多的创新性想法和行为（吕洁，张钢，2015）[②]，进而促进组织绩效。

再次，要转变领导风格，善于发挥魅力型领导的作用。领导作为组织管理和团队发展的重要人物，其办事风格和处事态度对员工行为有着深远影响（Babcockroberson，Strickland，2010）[③]。本研究发现，魅力型领导与个体创造力呈显著正相关。企业不仅要做到包容人口多元化、性格多元化、专业多元化、文化多元化以等，还要换位思考和理解员工的难处，而魅力型领导就具有这些特质。因而魅力型领导的下属更愿意学习更多的知识和能力，也更愿意将所学到的东西转化为想法和行动。中国情境下，魅

① Pelled L H，Ledford G E Jr，et al. Demographic dissimilarity and workplace inclusion[J].
Journal of Management Studies，2010，36(7)：1013-1031.

② 吕洁，张钢. 知识异质性对知识型团队创造力的影响机制：基于互动认知的视角[J]. 心理学报，2015(47)：533-544.

③ Babcockroberson M E，Strickland O J. The relationship between charismatic leadership，work engagement，and organizational citizenship behaviors[J]. Journal of Psychology，2010，144(3)：313-325.

力型领导帮助多元包容型人力资源管理实践更好地在组织中发挥作用。因此，组织管理者要将人力资源实践构型和团队领导风格相匹配，共同提升个体创造力。

最后，在中国情境下，领导作为组织实践的代言人，其领导风格与主张影响个体对人力资源政策的解读。因此，组织在实施人力资源实践的同时，要关注领导风格的匹配(Conger & Kanungo，1987)[1]。本研究认为，组织层的多元包容型人力资源管理实践影响了个体层的创造力，而团队层的魅力型领导对该影响具有调节作用，这为企业管理实践的实施和团队的领导以及员工的发展提供了借鉴意义。组织实践要与领导风格相匹配才能发挥更大作用(刘善仕、刘学，2013)[2]。组织的意愿和目标只有传达给个体，从而使个体目标与组织目标相一致，才能很好地完成组织目标。因此，领导的信息传递也就显得愈加重要，只有领导正确传递了组织意愿，进而督促激励个体完成，组织实践才能真正发挥作用。

3.5.4　研究展望

首先，尽管我们采用多时点追踪，以确保变量间因果关系的真实性，但本研究采用自我报告法采集数据，因而会导致一定的共同方法偏差。基于此，我们进行了共同方法偏差检验，尽管检验结果表明偏差并不严重，但也会在一定程度上影响研究结论的准确性。因此，我们呼吁未来研究可以运用配对或客观数据进行研究，从而使研究结论更为科学严谨。

第二，本研究仅关注了员工感知的多元包容型人力资源管理实践及其各维度的影响。尽管一定程度上保证了前因与结果变量之间的因果一致性，但组织计划的、部门实施的以及员工感知的人力资源实践在现实中还是存在差异且会相互影响(Jiang，Hu，Liu & Lepak，2017)[3]。因而未来研究可以检验不同层次人力资源实践及其交互对个体创造力的影响。

第三，本研究基于资源保存理论，检验了多元包容型人力资源管理实践及其各维度对个体创造力影响。但众所周知，人力资源实践研究的理论基础不但包括资源保存理论，还包括资源基础、制度理论、社会交换以及

① Conger J A, Kanungo R N. Toward a behavioral theory of charismatic leadership in organizational settings[J]. Academy of Management Review, 1987, 12(4)：637-647.
② 刘善仕，刘学. 人力资源系统、领导形态与组织绩效的关系研究[J]. 软科学，2013 (27)：98-103.
③ Jiang K, Hu J, Liu S, Lepak D P. Understanding employees' perceptions of human resource practices：Effects of demographic dissimilarity to managers and coworkers[J]. Human Resource Management，2017，56(1)：69-91.

组织支持等理论(Jackson et al.，2014)[1]。而多元包容型人力资源管理实践的研究尚处于探索阶段，其研究视角、理论基础、研究框架以及研究方法等诸方面还有待未来去探索。基于此，未来研究可从其他视角、理论或框架出发，探究其影响机制与边界条件。

第四，不同组织情景下管理实践对员工创造力影响不同(丁琳，张华，2013)[2]，本研究仅从魅力型领导视角探究了人力资源实践对个体创造力的作用机理与边界条件，因而未来研究可从其他领导风格，如权威型领导、参与型领导、共享型领导以及伦理型领导等，探究不同领导风格的调节作用，以充分发挥多元包容性管理实践的作用。

本 章 小 结

全球化与城市化不断加剧的双重背景下，劳动力跨国与跨区流动使工作场所中员工构成日趋多元化。多元化员工的异质性既为组织带来创新机遇，同时也为组织管理带来极大挑战，如何充分发挥个体异质性创造力——用异，同时整合差异化个体实现创新协同——求同成为业界迫切需要解决的问题。因而激发多元化员工百家争鸣百花齐放的人力资源实践——多元包容型人力资源管理实践就成为学界日益成为研究的热点。基于此，本研究基于资源保存理论，旨在通过文献研究提出多元包容型人力资源管理实践及其各维度对个体创造力影响的相关假设，构建其对个体创造力被调节的中介作用模型，确定内部影响机理与边界条件。

本研究通过35家企业的445份样本数据分析发现：(1)多元包容型人力资源管理实践及其各维度促进个体创造力；(2)双元学习在多元包容型人力资源管理实践及其各维度与个体创造力之间起中介作用；(3)魅力型领导调节多元包容型人力资源管理实践及其各维度对双元学习与个体创造力的直接作用，同时也调节多元包容型人力资源管理实践及其各维度通过双元学习对个体创造力的间接作用。从而为企业员工创造力提升与双元学习促进实现的导向性人力资源实践研究和领导风格转变提供了理论依据与决策参考。

---

① Jackson S E, Schuler R S, Jiang K. An aspirational framework for strategic human resource management[J]. Academy of Management Annals, 2014, 8(1): 1-56.
② 丁琳，张华. 不同组织环境下领导与员工创造力的权变关系研究[J]. 管理评论，2013 (7): 113-121.

本章主要创新如下：(1)本研究通过拓展导向性人力资源实践——多元包容型人力资源管理实践，从而丰富人力资源实践管理理论研究。从既有研究来看，少有学者对多元包容型人力资源管理实践的内涵构成进行界定与探讨，本研究基于多元化、包容性和人力资源实践相关文献研究，提出了多元包容型人力资源管理实践的内涵构成及其影响，因而对中国情境下多元包容型人力资源管理实践的研究具有一定的开创性和借鉴意义。(2)通过揭示多元包容型人力资源管理实践及其各维度对个体创造力促进的作用机理，从而丰富了创造力理论研究，从而对创造力提升的管理实践提供理论依据和决策参考。我们验证了中国情境下多元包容型人力资源管理实践对个体创造力的促进作用，补充了以往的研究的不足，从而为创造力的培育与开发研究做出贡献。(3)通过检验双元学习在多元包容型人力资源管理实践及其各维度与个体创造力之间的中介作用，把多元包容和双元融合进行视角整合，从而拓展了人力资源实践与创造力作用机制研究的理论视角。本研究从双元学习视角理解多元包容型人力资源管理实践及其各维度对个体创造力的影响，从而为包容性研究提供了一个新的视角。(4)通过对魅力型领导的研究，考察其对多元包容型人力资源管理实践及其各维度与个体创造力间影响的调节作用，从而明确了多元包容型人力资源管理实践及其各维度对个体创造力影响机制的边界条件。从而进一步丰富了组织实践与领导风格文献的发展，这对促进组织管理实践、团队领导风格以及个体创造力之间的匹配应用具有重要指导意义。

尽管本研究通过被调节中介作用模型构建和纵向追踪，揭示了中国情境下多元包容型人力资源管理实践及其各维度通过双元学习对个体创造力作用机理，并考察了魅力型领导边界条件的调节作用。但本研究仍存在以下不足：(1)数据收集局限。尽管我们采用多时点追踪，以确保变量间因果关系的真实性，但本研究采用自我报告法采集数据，因而会导致一定的共同方法偏差，因而未来研究可以运用配对测量或客观数据采集；(2)设计局限性。本研究仅关注了员工感知的多元包容型人力资源管理实践及其各维度的影响。尽管一定程度上保证了前因与结果变量之间的因果一致性，但组织计划的、部门实施的以及员工感知的人力资源实践在现实中还是存在差异且会相互影响，因而未来研究可以检验不同层次人力资源实践及其交互对个体创造力的影响；(3)理论视角局限。本研究仅基于资源保存理论，检验了多元包容型人力资源管理实践及其各维度通过双元学习对个体创造力影响，但人力资源实践研究对个体创造力的作用途径应不止一条，其中介变量还有工作繁荣、工作重塑以及心理资本等，理论基础还包括资源基础、制度理论、社会交换以及组织支持等，因而未来研究可选择其他中介变量和理论视角，探究其影响机制与边界条件；（4）情景条件局限。不同组织情景下管理实践对员工创造力影响不同，本研究仅从魅力型领导视角探究了人力资源实践对个体创造力的作用机理与边界条件，因而未来研究可从其他领导风格，如权威型领导、参与型领导、共享型领导以及伦理型领导等，探究不同领导风格的调节作用，以充分发挥多元包容性管理实践的作用。

附：问卷量表

多元包容型人力资源管理实践量表（DI-HRP）

维度一　多元性选拔

1. 公司招聘选拔不因性别、民族、宗教、籍贯及方言等而歧视
2. 公司招聘选拔不会因性格不同与专业背景而影响录用与晋升
3. 公司招聘选拔会根据具体岗位需求而采用灵活招聘选拔方式
4. 公司招聘选拔制度科学严谨、过程规范透明，结果公平公正

维度二　个性化配置

1. 公司工作分配会考虑岗位要求、自身诉求与特长
2. 公司经常采取工作轮换的方式不断提升员工素质
3. 公司工作安排允许对员工有一定工作授权与自治
4. 公司工作安排注重与员工的沟通交流与问题反馈

维度三　包容性发展

1. 公司培训方案会考虑岗位要求、员工需求与职业发展
2. 公司会根据员工不同需求制定差异化个性化培训方案
3. 公司会提供多元化（如性别、民族、文化、宗教、籍贯、方言、性格、专业以及残疾等）方面的包容尊重与换位思考的培训
4. 公司为不同员工设置多种职业发展渠道

维度四　参与性评估

1. 公司绩效评估指标的确定都会征求部门主管与员工意见
2. 公司绩效评估指标内容均与员工岗位工作内容息息相关
3. 公司会根据员工具体岗位特征选择合适评估流程与方式
4. 公司绩效评估注重结果反馈、问题诊断及优化建议征求

维度五　针对性薪酬

1. 与其他公司同类岗位相比，我的薪酬公平合理

2. 与公司其他同级岗位相比，我的薪酬公平合理

3. 我可以根据自己的需求选择薪酬种类与发放形式

4. 公司会让(性别、民族、专业等)不同多元化利益主体参与薪酬方案制定

双元学习

1. 在工作中，我会探究与目前任务有关的细节问题

2. 在工作中，我会及时发现与目前任务有关的潜在问题和机会

3. 在工作中，我会及时跟踪与其目前任务有关的新知识

4. 在工作中，我会不断改进执行目前任务的方法和程序

5. 在工作中，我能将与目前任务有关的知识应用到不同情形中

6. 在工作中，我会关注其他成员所从事的任务

7. 在工作中，我会与其他成员交流各自工作任务中的经验

8. 在工作中，我在讨论与任务相关的问题时，都会参与

9. 工作中，我尽可能创造与其他成员相互学习交流的机会

10. 在工作中，我会向其他成员请教与任务有关的知识

魅力型领导

1. 我的团队领导能了解团队成员的不足与局限

2. 我的团队领导能了解团队成员的能力和技能

3. 我的团队领导通过发展相互喜好和尊重来影响他人

4. 我的团队领导对团队成员的需要和感受敏感

5. 我的团队领导经常表达其对团队成员的需要和感受的关心

6. 我的团队领导经常能提出鼓舞人心的战略、愿景与目标

7. 我的团队领导是个富有激情的演说家，以此鼓舞团队成员

8. 我的团队领导能清楚阐述工作重要性，以此激励团队成员

9. 我的团队领导具有战略眼光，经常提出未来各种可能想法

10. 我的团队领导经常能产生关于组织未来发展的新想法

11. 我的团队领导会为了组织的利益而付出很高的个人代价

12. 我的团队领导会为了实现组织目标，参与高风险的活动

13. 我的团队领导会为了组织的利益而承担高的个人风险

14. 我的团队领导对阻碍目标实现的资源因素非常敏锐

15. 我的团队领导对有助目标实现的环境机会非常敏感

16. 我的团队领导对阻碍目标实现的文化因素非常敏锐

17. 我的团队领导有企业家精神能抓住目标实现的机会
18. 我的团队领导为了实现组织的目标，有非常规的行为
19. 我的团队领导热衷于使用非传统手段来实现组织目标
20. 我的团队领导经常表现出让团队成员惊讶的独特行为

个体创造力

1. 工作中，我会经常建议采用新方法来完成目标
2. 工作中，我会提出新的可行方法改善工作绩效
3. 工作中，我会寻求新工艺、流程、技术或创意
4. 工作中，我会提出有助提高工作质量的新建议
5. 工作中，我是一个经常产生创新性想法的员工
6. 工作中，为了工作任务出色完成我不怕冒风险
7. 工作中，我会为他人提供建设性新想法新建议
8. 工作中，有机会我会积极展示工作中的创新点
9. 工作中，我会为实现新想法而制定详细的计划
10. 工作中，我经常出现创新的动机、念头与想法
11. 工作中，我经常提出创造性解决问题的新想法
12. 工作中，我经常有解决问题的新思路与新方式
13. 工作中，我会建议采用新方法来完成工作任务

第4章 DI-HRP 与创新行为：工作重塑与共享型领导的作用

4.1 问题提出

4.1.1 VUCA 环境需要员工创新

随着经济全球化的发展，产品周期日益缩短，科技发展日新月异，消费需求日益多样，跨界整合如火如荼，动态竞争日益复杂（赵富强、张光磊、陈耘，2015）①，组织唯有不断创新方能求得生存（Scott & Bruce，1994）②。而组织创新源于员工的创新行为，包括引入新思想、获取新知识、提出新创意、改进现流程以及寻找新技术等（姚明晖，李元旭，2014）③，同时也是竞争优势的关键（Yuan & Woodman，2010）④。与此同时，劳动力的跨区域流动日益频繁，组织劳动力构成日益多元，其在带给组织多元异质知识与激发创新的同时，也为组织带来诸多融合冲突与管理挑战（赵富强、杨淑媛、陈耘，2017）⑤。因此，中国情境下多元融合如何激发员工创新行为，成为学界与业界共同关注的热点话题。

---

① 赵富强，张光磊，陈耘. 支持性人力资源实践与组织绩效的研究[J]. 科学学研究，2015（9）：1405-1413.

② Scott S G, Bruce R A. Determinants of Innovative Behavior: A Path Model of Individual Innovation in the Workplace[J]. Academy of Management Journal, 1994, 37(3): 580-607.

③ 姚明晖，李元旭. 包容性领导对员工创新行为作用机制研究[J]. 科技进步与对策，2014（10）：6-9.

④ Yuan F, Woodman R W. Innovative behavior in the workplace: the role of performance and image outcome expectation[J]. Academy of Management Journal, 2010, 53(2): 323-342.

⑤ 赵富强，杨淑媛，陈耘，等. 工作-家庭平衡型人力资源管理实践对员工绩效的影响：工作繁荣与真实型领导的作用[J]. 中国人力资源开发，2017(9): 81-96.

4.1.2　员工创新需要 DI-HRP 支持

众所周知，员工创新行为离不开组织人力资源实践的支持。根据资源保存理论，人力资源实践可提升员工创新能力、激发创新动机与提供创新机会，从而影响其创新态度、行为与绩效（Hobfoll，2002）[1]；同时，组织给予的人力资源实践支持让员工感到组织对其能力的欣赏、价值的尊重、对作的认可、发展的投资以及福祉的关心，因而会激发其更为积极的热情、更有责任的担当、更为自愿的奉献、更为主动的沟通以及更为激情的创新等回馈组织（Shore & Shore，1995）[2]。多元背景下，组织更需要理解、尊重和欣赏工作场所劳动力种族、性别、文化以及性取向等方面的多元差异，重视个体差异与独特贡献（Lirio，Lee & Williams，2010）[3]，公正平等对待员工，鼓励参与决策管理（Holvino，Ferdman & Merrill-Sands，2004）[4]，给予平等机会，帮助其适应组织，宽容非故意差错以及容忍不同观点（Tang，Jiang & Chen，2015）[5]，这样才能使组织获得更好发展（Roberson，2004）[6]。有效的人力资源实践是员工创新行为的关键与组织持续创新的保障，因而求同用异、百花齐放和创新致胜的多元包容型人力资源管理实践受到学界与业界的广泛关注。而既有相关研究主要集中于包容性氛围（Nishii，2012）[7]、包容性感知（Jansen & Bosch，2014）[8]以及包

[1]　Hobfoll S E. Social and psychological resources and adaptation [J]. Review of General Psychology，2002，6(4)：307-324.

[2]　Shore L M，Shore T H. Perceived organizational support and organizational justice[M]//Cropanzano R，Kacmar K. Organizational politics，justice，and support. Westport，CT：Quorum，1994.

[3]　Lirio P，Lee M D，Williams M L，et al. The inclusion challenge with reduced-load professionals：The role of the manager[J]. Human Resource Management，2010，47(3)：443-461.

[4]　Holvino，E.，Ferdman，B. M.，& Merrill-Sands，D. Creating and sustaining diversity and inclusion in organizations：Strategies and approaches[J]. The psychology and management of workplace diversity，2004：245-276.

[5]　Tang N，Jiang Y，Chen C，et al. Inclusion and inclusion management in the Chinese context：an exploratory study[J]. International Journal of Human Resource Management，2015，26(6)：856-874.

[6]　Roberson Q M. Disentangling the meanings of diversity and Inclusion in organizational management[J]. Group & Organization Management，2004，31(2)：212-236.

[7]　Nishii L H. The benefits of climate for inclusion for gender-diverse groups [J]. Academy of Management Journal，2012，56(6)：1754-1774.

[8]　Jansen J J P，Bosch F A J V，Volberda H W. Exploratory innovation，exploitative innovation，and performance：Effects of organizational antecedents and environmental moderators[J]. Erim Report，2006，52(11)：1661-1674.

容型领导(Tang, Zheng, Chen, 2017)[①]等方面, 但缺乏对多元包容型人力资源管理实践的深入探索。

4.1.3　工作重塑中介 DI-HRP 影响

工作重塑是员工由下而上自主进行的工作再设计, 突破了从组织角度进行的自上而下的方式, 强调员工改变的主动性。当员工认为其拥有充足的工作资源并可以对这些资源进行支配时, 更倾向于进行工作重塑。[②] 多元包容型人力资源管理实践多元性选拔使员工有机会接触到更多信息和资源,[③] 提高其工作参与度和控制感; 通过包容性发展给予员工培训和轮岗机会, 让员工积累到较多知识资源和技能资源以提高其能力和绩效;[④]通过个性化配置的员工授权, 给予其工作自主性, 从而提供其更多工作重塑机会, 激发其工作重塑动机。[⑤] 根据工作要求-资源模型, 资源的增加和减少能显著影响员工的创造性绩效。[⑥] 因而工作重塑可能中介多元包容型人力资源管理实践对员工创新行为的影响。

研究发现, 人力资源实践与领导风格的匹配可进一步发挥其作用(赵富强、杨淑媛、陈耘、张光磊, 2017)[⑦]。共享型领导是旨在实现群体和/或组织目标的成员间相互影响的动态过程(Pearce et al. , 2003)[⑧], 成员间共同设定目标、制定决策、设置目标和配置资源等, 共同识别、分析和诊断问题, 相互支持、倾听和鼓励, 相互建议、学习与指导等(Hiller,

---

① Tang N, Zheng X, Chen C. Managing Chinese diverse workforce: toward a theory of organizational inclusion[J]. Nankai Business Review International, 2017, 8(1): 39-56.

② 田启涛, 关浩光. 工作设计革命: 工作重塑的研究进展及展望[J]. 中国人力资源开发, 2017(3): 6-17.

③ 林丛丛, 李秀凤, 张庆红. 不同人力资源管理构型对员工主动行为的影响与边界条件: 基于资源保存理论的视角[J]. 中国人力资源开发, 2018, 35(8): 17-28.

④ 胡斌, 毛艳华. 中国情境下高绩效人力资源实践对工作幸福感的跨层影响[J]. 管理评论, 2017, 29(7): 163-173.

⑤ Petrou P, Demerouti E, Peeters M, Schaufeli W B, Hetland J. Crafting a job on a daily basis: Contextual antecedents and the link to work engagement[J]. Journal of Organizational Behavior, 2012, 33(8): 1120-1141.

⑥ Gordon H J, Demerouti E, Le Blanc P M, et al. Job crafting and performance of Dutch and American health care professionals[J]. Journal of Personnel Psychology, 2015, 14(4): 192-202.

⑦ 赵富强, 杨淑媛, 陈耘, 张光磊. 工作-家庭平衡型人力资源管理实践对员工绩效的影响: 工作繁荣与真实型领导的作用[J]. 中国人力资源开发, 2017(9): 81-96.

⑧ Pearce C L, Conger J A. Shared leadership: Reframing the hows and whys of leadership[J]. Thousand Oaks, CA: Sage, 2003: 1-18.

Day & Vance，2006)①，因而其可通过与人力资源实践的匹配与协同，共同诱发团队成员的创新行为(Hoch，2013)②。

4.1.4　DI-HRP 影响员工创新提出

多元包容型人力资源管理实践如个性化配置、允许员工对组织决策具有一定影响力，使得员工有机会接触到更多信息和资源，③ 在很大程度上提高了员工对工作的参与度和控制感，而 Wrzesniwski④ 指出，对工作的控制是员工进行工作重塑重要动机。因此，多元包容型人力资源管理实践的实施提高了员工工作重塑的动机。其次，多元包容型人力资源管理实践通过包容性发展给予员工培训和轮岗机会，让员工积累到较多知识资源和技能资源以提高其职业能力和工作绩效。⑤ 研究表明，具有较高职业能力的员工在工作中能更加巧妙和专业地进行工作重塑，职业能力作为一种可利用资源，使员工更为自如地改变工作内容和方式。⑥ 最后，Wrzesniwski 等指出，工作重塑的机会是员工决定是否进行工作重塑的重要因素之一。多元包容型人力资源管理实践提供个性化配置对员工进行授权，给予员工较大的工作自主性。工作自主性使得员工可根据自身意愿、兴趣和特长自主改变其工作内容和工作方式，从而让员工感知到更多工作重塑的机会，进而激发员工进行工作重塑的动机。⑦ "组织的发展是团队成员交互影响的动态过程，领导角色的担当者取决于团队成员的特长以及具体任务的多元性特点，根据任务情境动态变更团队领导，其会以更为包容的方式出色

---

① Hiller N J，Day D V，Vance R J. Collective enactment of leadership roles and team effectiveness：A field study[J]. The Leadership Quarterly，2006，17：387-397.

② Hoch J E. Shared leadership and innovation：The role of vertical leadership and employee integrity[J]. Journal of Business & Psychology，2013，28(2)：159-174.

③ 林丛丛，李秀凤，张庆红. 不同人力资源管理构型对员工主动行为的影响与边界条件：基于资源保存理论的视角[J]. 中国人力资源开发，2018，35(8)：17-28.

④ Dutton W J E. Crafting a job：Revisioning employees as active crafters of their work[J]. The Academy of Management Review，2001，26(2)：179-201.

⑤ 胡斌，毛艳华. 中国情境下高绩效人力资源实践对工作幸福感的跨层影响[J]. 管理评论，2017，29(7)：163-173.

⑥ Akkermans J，Tims M. Crafting your career：How career competencies relate to career success via job crafting[J]. Applied Psychology，2016，66(1)：168-195.

⑦ Petrou P，Demerouti E，Peeters M，Schaufeli W B，Hetland J. Crafting a job on a daily basis：Contextual antecedents and the link to work engagement[J]. Journal of Organizational Behavior，2012，33(8)：1120-1141.

地带领团队或组织实现发展目标"。Pearce 和 Conger(2003)①指出，团队成员可根据具体的任务情境以及员工的特长动态变更领导职责，实现团队成员相互影响，彼此引导以完成团队共同目标，促进组织团队多元发展。因此，本研究基于保存理论，选择工作重塑作为中介变量以及选择共享型领导作为调节变量，考察黑箱机制发生的边界条件。

本研究贡献主要体现在以下方面：一方面，通过探究工作重塑的中介作用，进一步揭示多元包容型人力资源管理实践影响员工创新行为的黑箱机制，从而进一步深化人力资源实践作用机制，同时有助于丰富人力资源实践、工作状态以及创新行为等相关变量的研究。另一方面，通过共享型领导调节作用的考察，深刻揭示多元包容型人力资源管理实践影响机制的边界条件，从而有利于多元化员工创新行为激发的管理决策、规则构建和情景设计。

4.2　研究假设

4.2.1　DI-HRP 与员工创新行为

创新属于复杂且漫长的过程，同时也是消耗员工心理资源、技术资源以及知识资源的过程。② 根据资源保存理论，一旦个体意识到自己所拥有的宝贵资源正在或即将受到损失时，必然会形成压力，为了避免资源进一步损失，员工会减少创新以保护自身资源。由此可知，若要促进员工的创新行为，必须为其提供充足的资源来补充那些损耗的资源。③ 多元包容型人力资源管理实践视为员工工作资源的来源。能够有效弥补员工的资源损失，让员工拥有充足的资源进行创新。具体来说：

中国情境下多元包容型人力资源管理实践的多元性选拔在招聘活动中强调人才队伍建设要注重多元化，员工的性别、年龄、学历结构等应当具有一定的互补性。不同的教育、生活背景导致员工形成差异化的知识结构

① Pearce C L, Conger J A. Shared leadership: Reframing the hows and whys of leadership[M]. Sage Publications, 2003.

② Hobfoll S E. Conservation of resources-A new attempt at conceptualizing stress[J]. American Psychologist, 1989, 44(3): 513-524.

③ Hobfoll S E. The Influence of Culture, Community, and the Nested-self in the Stress Process: Advancing Conservation of Resources Theory[J]. Journal of Applied Psychology, 2001, 50 (3): 337-421.

及思维模式。这些异质性的认知资源有利于员工形成开阔的视野，进而激发员工产生创新思维。① 同时，多元包容型人力资源管理实践的包容性发展注重员工的培训以及参与决策，针对性开发为员工创新提供知识资源和技能资源，② 参与性评估使员工能够参与决策，从而让员工最大限度地接触到组织的信息资源。③ 这些资源是从事创造性活动所需，能够显著提高员工的创新行为。另外，多元包容型人力资源管理实践的个性化配置强调在工作配置的过程中采用弹性工作制和较为灵活的办公方式，对员工进行授权，给予员工工作自主性。从资源的角度来看，较高的工作自主性可以为员工提供实现高要求工作而必需的相关资源，这些工作资源的供给让员工实现资源增量，④ 也有助于员工在工作中创造性地解决问题。最后，由于创新常常是员工的一种选择而不是必须。⑤ 创新是需要消耗员工资源的风险性活动，而针对性薪酬能够有效激发员工创新，规避创新带来的风险损失，使员工愿意且敢于创新。因此，投入风险性的创造性活动需要必要的鼓励和支持。⑥ 研究显示外在的经济性奖励能为员工提供物质资源，进而对员工创造力有显著影响。⑦

综上所述，多元性选拔、个性化配置、包容性发展、参与性评估以及针对性薪酬等人力资源管理实践作为组织投入的资源，可以增加员工的资源存量(如提升专业技能、增加晋升机会和降低角色模糊等)。⑧ 根据资源保存理论，拥有充足资源(如领导与同事的支持、培训与发展机会)的个

---

① 刘宁，贾俊生. 研发团队多元性，知识分享与创新绩效关系的实证研究[J]. 南开管理评论，2013，15(6)：85-92.

② 林叶，李燕萍. 高承诺人力资源管理对员工前瞻性行为的影响机制——基于计划行为理论的研究[J]. 南开管理评论，2016，19(2)：114-123.

③ 王宏蕾，孙健敏. 高绩效工作系统与创新行为的关系研究：一个有调节的中介模型. 科学学与科学技术管理，2017 (12)：61-73.

④ Halbesleben J R B，Neveu J P，Paustian-Underdahl S C，et al. Getting to the "COR" understanding the role of resources in conservation of resources theory [J]. Journal of Management，2014，40(5)：1334-1364.

⑤ Ford C M. A theory of individual creative action in multiple social domains[J]. The Academy of Management Review，1996，21(4)：1112-1142.

⑥ Gist M E，Mitchell T B. Self-efficacy：A theoretical analysis of its determingts and malleability[J]. Academy of Management Review，1992，17(2)：183-211.

⑦ Aselage E J. Incremental effects of reward on experienced performance pressure：Positive outcomes for intrinsic interest and creativity[J]. Journal of Organizational Behavior，2009，30 (1)：95-117.

⑧ Morelli N A，Cunningham C J. Not all resources are created equal：COR theory，values，and stress[J]. The Journal of Psychology，2012，146(4)：393-415.

体会产生更多的创意并付诸实践。① 因此，本研究提出如下假设：

H1：多元包容型人力资源管理实践（DI-HRP）正向影响员工创新行为。

H1a：多元性选拔正向影响员工创新行为。

H1b：个性化配置正向影响员工创新行为。

H1c：包容性发展正向影响员工创新行为。

H1d：参与性评估正向影响员工创新行为。

H1e：针对性薪酬正向影响员工创新行为。

4.2.2　工作重塑的中介作用

（1）多元包容型人力资源管理实践对工作重塑的影响

工作重塑是员工由下而上自主进行的工作再设计，突破了从组织角度进行的自上而下的方式，强调员工改变的主动性。因此，工作重塑对产生积极影响取决于员工能否从工作环境中获得足够的工作资源。② 根据资源保存理论，当员工拥有充足的资源时，更倾向于进行工作重塑。③ 多元包容型人力资源管理实践尤其个性化配置可以看作组织赋予个体的工作资源，④ 能够从内在驱动并激发员工的工作重塑。

首先，中国情境下多元包容型人力资源管理实践如参与性评估允许员工对组织决策具有一定的影响力，使得员工有机会接触到更多信息和资源，⑤ 在很大程度上提高了员工对于工作的参与度和控制感，而 Dutton（2001）⑥指出对工作的控制是员工进行工作重塑重要动机。多元包容型人力资源管理实践的实施提高了员工工作重塑的动机。多元包容型人力资源管理实践通过多元性选拔给予员工进行工作重塑的认知与情感资源，针对

---

①　李辉. 工作资源对员工创新行为的影响研究：基于资源保存理论的视角[J]. 南京工业大学学报（社会科学版），2018，17（6）：73-84.

②　辛迅，苗仁涛. 工作重塑对员工创造性绩效的影响——一个有调节的双中介模型[J]. 经济管理，2018，40（5）：108-122.

③　田启涛，关浩光. 工作设计革命：工作重塑的研究进展及展望[J]. 中国人力资源开发，2017（3）：6-17.

④　Boon C, Kalshoven K. How high-commitment HRM relates to engagement and commitment：The moderating role of task proficiency. Human Resource Management, 2014, 53(3)：403-420.

⑤　林丛丛，李秀凤，张庆红. 不同人力资源管理构型对员工主动行为的影响与边界条件：基于资源保存理论的视角[J]. 中国人力资源开发，2018，35（8）：17-28.

⑥　Dutton W J E. Crafting a job：Revisioning employees as active crafters of their work[J]. The Academy of Management Review, 2001, 26(2)：179-201.

性薪酬给予员工工作重塑的动机意愿。其次，多元包容型人力资源管理实践通过包容性发展给予员工培训和轮岗机会，让员工积累到较多知识资源和技能资源以提高其职业能力和工作绩效。① 研究表明，具有较高职业能力的员工在工作中能更加巧妙和专业地进行工作重塑，职业能力作为一种可利用资源，使员工更自如的改变工作内容和方式。② 最后，Wrzesniwski 等指出，工作重塑的机会是员工决定是否进行工作重塑的重要因素之一。多元包容型人力资源管理实践通过个性化配置对员工进行授权，给予了员工较大的工作自主性。工作自主性使得员工可以根据其自身意愿、兴趣和特长自主改变其工作内容和工作方式，让员工感知到更多工作重塑的机会，进而激发员工进行工作重塑。③ 综合来看，多元包容型人力资源管理实践通过提升员工工作重塑的能力、动机和机会三个方面来促进员工进行工作重塑。因此，本研究提出如下假设：

H2：多元包容型人力资源管理实践（DI-HRP）正向影响工作重塑。

H2a：多元性选拔正向影响工作重塑。

H2b：个性化配置正向影响工作重塑。

H2c：包容性发展正向影响工作重塑。

H2d：参与性评估正向影响工作重塑。

H2e：针对性薪酬正向影响工作重塑。

（2）工作重塑对员工创新行为的影响

Tims 和 Bakker（2010）④将工作重塑划分为四个维度：增加社会性工作资源，如领导反馈和社会支持等；增加结构性工作资源，如增加自主性和发展机会等；增加挑战性工作要求；减少妨碍性工作要求。增加工作资源和减少工作要求能显著提高员工的创造性绩效。⑤ 工作要求会消耗员工工作资源，造成情绪耗竭和工作倦怠。然而，工作资源能提高员工的学习

① 胡斌，毛艳华. 中国情境下高绩效人力资源实践对工作幸福感的跨层影响[J]. 管理评论，2017，29(7)：163-173.

② Akkermans J, Tims M. Crafting your career: How career competencies relate to career success via job crafting[J]. Applied Psychology, 2016, 66(1)：168-195.

③ Petrou P, Demerouti E, Peeters M, Schaufeli W B, Hetland J. Crafting a job on a daily basis: Contextual antecedents and the link to work engagement[J]. Journal of Organizational Behavior, 2012, 33(8)：1120-1141.

④ Tims M, Bakker A B. Job crafting: Towards a new model of individual job redesign[J]. SA Journal of Industrial Psychology, 2010, 36(2)：1-9.

⑤ Gordon H J, Demerouti E, Le Blanc P M, et al. Job crafting and performance of Dutch and American health care professionals[J]. Journal of Personnel Psychology, 2015, 14(4)：192-202.

效率，促进目标达成。①　工作重塑的四个维度分别从"资源增益路径"和避免"资源损耗路径"来提高员工的创新行为。具体如下：

增加结构性工作资源例如增加工作自主性，目前已有学者认为高水平的工作自主性与创新绩效有关。②　工作中的自由裁量权使得员工可以根据自身意愿决定如何开展工作，且有更多机会尝试不同的工作内容和工作方式，提高了员工的创新义务感知，激发员工创新行为。③　工作自主性为员工完成高要求的工作提供了所需资源，这种重要资源的供给使员工获得更多资源增量。④　根据资源保存理论，资源充足的个体在工作中所面临的压力更小，有助于促进员工创新。

增加社会性工作资源中比较有代表性的就是增加领导支持。由于提出新的想法和方案对于任何员工来说都是有成本的，会消耗员工工作资源。在创新中，创新支持不仅包括物质资源，同时也有情感资源，⑤　帮助员工实现资源累积，减少因创新造成的资源枯竭的风险，⑥　防止员工因资源短缺而陷入丧失螺旋。根据资源保存理论，物质资源和情感资源丰富的个体在工作中更倾向于表现创新行为，以提升自我价值。⑦　因此，员工通过增加社会性工作资源，促进员工创新。

增加挑战性工作要求通常被员工当作促进成长和增加收益的机会，激发员工积极工作情绪和积极应对方式。⑧　积极情绪作为一种心理资源对个

---

① Van den Broeck, Anja U, Van Ruysseveldt J, Vanbelle Els U, De Witte Hans U. The job demands-resources model: overview and suggestions for future research[J]. Advances in Positive Organizational Psychology, 2013: 83-105.

② 胡进梅，沈勇. 工作自主性和研发人员的创新绩效：基于任务互依性的调节效应模型[J]. 中国人力资源开发，2014(17): 30-35.

③ Unsworth K L, Wall T D, Carter A. Creative Requirement a Neglected Construct in the Study of Employee Creativity[J]. Group & Organization Management, 2005, 30(5): 541-560.

④ Halbesleben J R B, Neveu J P, Paustian-Underdahl S C, et al. Getting to the "COR" understanding the role of resources in conservation of resources theory [J]. Journal of Management, 2014, 40(5): 1334-1364.

⑤ Madjar N, Oldham G R, Pratt M G. There's no place like home? The contributions of work and nonwork creativity support to employees' creative performance[J]. Academy of Management Journal, 2002, 45(4): 757-767.

⑥ Kim T Y, Hon A H, Lee D R. Proactive personality and employee creativity: The effects of job creativity requirement and supervisor support for creativity[J]. Creativity Research Journal, 2010, 22(1): 37-45.

⑦ 李辉. 工作资源对员工创新行为的影响研究：基于资源保存理论的视角[J]. 南京工业大学学报(社会科学版)，2018, 17(6): 73-84.

⑧ Grawford E R, LePine J A, Rich B L. Linking job demands resources to employee engagement and burnout: A theoretical extension and meta-analytic test[J]. Journal of Applied Psychology, 2010, 95(5): 834-848.

体创新有正向影响。① 同时，增加挑战性工作要求能显著促进员工工作活力、专注和奉献程度。② 活力在一定程度上能增强个体的复杂性认知，将发散事物联结起来，提高员工的创造性思维。工作重塑通过增加挑战性工作要求激发员工的活力、自信心与成就感，有助于员工获得赞赏、鼓励和信任等资源，进一步促进员工创新行为。③

阻碍性工作要求指阻碍员工成长与发展的工作要求，如角色冲突和官僚政治等。阻碍了工作任务运行的最佳状态，带来不必要的压力，④ 以及负面的消极情绪。员工必须投入资源来应对这些阻碍性工作要求。⑤ 根据资源保存理论，当员工在工作中经历资源损失时，会对消耗资源的行为采取防御态度。⑥ 当员工在工作中面临阻碍性工作要求时，倾向于表现出消极的工作情绪和行为以保存自身资源，不利于员工创新。⑦ 工作重塑通过减少阻碍性工作要求来避免资源的损失，进一步促进员工创新行为。

综合来说，工作重塑分为两条不同的路径对员工创新行为产生影响。增加挑战性工作要求，增加结构性工作资源和增加社会性工作资源通过"资源增益路径"为员工创新提供资源。根据资源保存理论，拥有充足资源的员工其创新水平更高。减少阻碍性工作要求则通过避免"资源损耗路径"，减轻了员工由于资源短缺所形成的压力，进一步促进员工创新。

H3：工作重塑正向影响员工创新行为。

（3）工作重塑的中介作用

① Zhang X, Bartol K M. Linking empowering leadership and employee creativity: The influence of psychological empowerment, intrinsic motivation, and creative process engagement [J]. Academy of Management Journal, 2010, 53(1): 107-128.

② Ventura M, Salanova M, Liorens S. Professional self-efficacy as a predictor of burnout and engagement: The role of challenge and hindrance demands [J]. The Journal of Psychology, 2014, 149(4): 1-26.

③ 李新建, 李懿. 双元工作要求与员工创新行为：技能延展力的中介作用[J]. 科学学与科学技术管理, 2017(11): 157-169.

④ Lepine J A, Podsakoff N P, Lepine M A. A meta-analytic test of the challenge stressor-hindrance stressor framework: An explanation for inconsistent relationships among stressors and performance[J]. Academy of Management Journal, 2005, 48(5): 764-775.

⑤ Schaufeli W B, Bakker A B, Rhenen W V. How changes in job demands and resources predict burnout, work engagement, and sickness absenteeism[J]. Journal of Organizational Behavior, 2009, 30(7): 893-917.

⑥ 刘宁, 贾俊生. 研发团队多元性，知识分享与创新绩效关系的实证研究[J]. 南开管理评论, 2013, 15(6): 85-92.

⑦ Zhang X, Bartol K M. Linking empowering leadership and employee creativity: The influence of psychological empowerment, intrinsic motivation, and creative process engagement [J]. Academy of Management Journal, 2010, 53(1): 107-128.

　　工作重塑是员工根据个人的需要对工作内容或方式进行主动改变的行为。员工通过工作重塑使得其能力、特长和兴趣与工作岗位更加匹配，增强了员工创新的内在动机。① 另外，工作重塑为员工争取到了更多工作资源。② 通过工作重塑，员工与领导、同事和客户等关键角色之间的关系得到建立、维持和强化，利于员工获得更多反馈，为其争取到更多工作资源和支持。③ 根据资源保存理论，员工在工作中的资源状况能有效预测员工创新行为。拥有充足资源的个体，其具有较强的压力应对能力，工作资源能够拓展个体思维，增强认知的灵活性，有效激发员工的创新行为。④ 同时，通过工作重塑获得了更多的自主性，工作自主性给予了员工根据自身意愿改变其工作模式和方法的机会。员工能够大胆尝试新的工作流程与方法，促进员工创新。⑤

　　组织环境会抑制或促进员工的工作重塑。现有研究发现，支持型的组织环境有利于员工积极工作态度及行为的形成与发生。⑥ 多元包容型人力资源管理实践通过给予员工自主性，让员工感知到自己对于工作的控制，在工作中拥有自主权和控制权的员工倾向于按照自己的意愿和想法对工作进行重塑。⑦ 同时，多元包容型人力资源管理实践例如培训和轮岗等，提高了员工工作重塑能力，使员工能以更加专业和简便的方式进行工作重塑。总的来说，多元包容型人力资源管理实践为员工工作重塑提供了良好的平台，提高了其工作重塑的动机、能力和机会，进而促进员工创新。基于此，本研究提出假设：

　　H4：工作重塑中介多元包容型人力资源管理实践（DI-HRP）对员工创新行为的影响。

---

① 辛迅，苗仁涛. 工作重塑对员工创造性绩效的影响———一个有调节的双中介模型[J]. 经济管理，2018，40(5)：108-122.

② Hakanen J J, Perhoniemi R, Toppinen-Tanner S. Positive gain spirals at work：From job resources to work engagement, personal initiative and work-unit innovativeness. Journal of Vocational Behavior, 2008, 73(1)：78-91.

③ 田启涛，关浩光. 工作设计革命：工作重塑的研究进展及展望[J]. 中国人力资源开发，2017 (3)：6-17.

④ 李辉. 工作资源对员工创新行为的影响研究：基于资源保存理论的视角[J]. 南京工业大学学报(社会科学版)，2018，17(6)：73-84.

⑤ 王宏蕾，孙健敏. 高绩效工作系统与创新行为的关系研究：一个有调节的中介模型[J]. 科学学与科学技术管理，2017 (12)：61-73.

⑥ 田启涛，关浩光. 工作设计革命：工作重塑的研究进展及展望[J]. 中国人力资源开发，2017 (3)：6-17.

⑦ Tims M, Bakker A B. Job crafting：Towards a new model of individual job redesign[J]. SA Journal of Industrial Psychology, 2010, 36(2)：1-9.

H4a：工作重塑中介多元性选拔对员工创新行为的影响。

H4b：工作重塑中介个性化配置对员工创新行为的影响。

H4c：工作重塑中介包容性发展对员工创新行为的影响。

H4d：工作重塑中介参与性评估对员工创新行为的影响。

H4e：工作重塑中介针对性薪酬对员工创新行为的影响。

4.2.3　共享型领导调节作用

(1)共享型领导对多元包容型人力资源管理实践与工作重塑间直接关系的调节

由于员工始终是嵌套于团队中，领导是员工工作重塑的重要情境因素。以往研究发现领导对员工的工作意义、工作资源和工作动机具有重要影响。领导风格正是能够产生有助于或制约工作重塑行为最终实施的情境力量。① 领导控制和支配着组织的工作资源，包括许多"有形的资源"(如工资、设备)和"无形的资源"(如鼓励、信息、信任)。② 多元包容型人力资源管理实践对员工工作重塑的影响在较大程度上取决于领导履行职能的具体方式和风格。

共享型领导根据团队成员的专业特长及能力，结合具体的任务情境，使领导职责在团队成员之间动态转移。员工何时承担领导职责取决于当下的任务目标特性及员工的专业知识和特长。③ 共享型领导给予员工打破原有工作角色和工作内容限制的机会，使其能尝试多样的工作内容和工作方式，充分挖掘自身潜力，提升对自我能力感知。④ 在高水平的共享型领导下，员工具有较高的能力感知，相信自己能更好地利用多元包容型人力资源管理实践提供的机会、能力和动机进行工作重塑。⑤ 在低水平的共享型领导下，员工对于其能力感知较低，虽然多元包容型人力资源管理实践为员工工作重塑创造了良好的机会和条件，但由于缺乏对自我能力的感知，

---

① 王弘钰，崔智淞. 教练型领导如何促进员工工作重塑？——一个多层次被调节的中介模型[J]. 江苏社会科学，2018(2)：61-71.

② Neves P，Champion S. Core self-evaluations and workplace deviance：the role of resources and self-regulation[J]. European Management Journal，2015，33(5)：381-391.

③ Pearce C L，Sims H P Jr. Vertical versus shared leadership as predictors of the effectiveness of change management teams：An examination of aversive，directive，transactional，transformational，and empowering leader behaviors[J]. Group Dynamics：Theory，Research，and Practice，2002，6(2)：172-197.

④ 吴江华，顾琴轩，梁冰倩. 共享领导与员工创造力：一个被调节的中介模型[J]. 中国人力资源开发，2017(11)：45-54.

⑤ 吴萍. 授权领导对员工工作重塑的影响机制研究[D]. 南京：南京理工大学，2017.

员工也没有信心进行工作重塑。

另外，由于员工工作重塑是基于自身角度对其工作内容和工作关系的重新调整与优化，这一过程涉及原有工作模式及方式的变动，在很大程度上受到领导和同事等方面的阻碍和制约。① 共享型领导使得团队成员之间传统的人际互动模式被打破，员工与领导及同事形成开放共享、互助共赢的关系，彼此之间频繁的交流与互动。在高水平的共享型领导下，员工在工作重塑时很少遭遇来自领导和同事的阻碍和制约，员工倾向于利用多元包容型人力资源管理实践提供的资源进行工作重塑。在低水平的共享型领导下，虽然多元包容型人力资源管理实践提升了工作重塑的机会、能力和动机，但是同事与领导的阻碍和制约也会使得员工很难进行工作重塑。因此，本研究提出如下假设：

H5：共享型领导调节多元包容型人力资源管理实践(DI-HRP)对工作重塑的影响，且当共享型领导水平越高时，多元包容型人力资源管理实践对工作重塑的影响越大。

H5a：共享型领导调节多元性选拔对工作重塑的影响，且当共享型领导水平越高时，影响越大。

H5b：共享型领导调节个性化配置对工作重塑的影响，且当共享型领导水平越高时，影响越大。

H5c：共享型领导调节包容性发展对工作重塑的影响，且当共享型领导水平越高时，影响越大。

H5d：共享型领导调节参与性评估对工作重塑的影响，且当共享型领导水平越高时，影响越大。

H5e：共享型领导调节针对性薪酬对工作重塑的影响，且当共享型领导水平越高时，这些影响越大。

(2)共享型领导对多元包容型人力资源管理实践与员工创新行为间直接关系的调节

人力资源实践和领导方式作为正式化组织管理制度和非正式化组织支持在组织中共存，都对个体、团队和组织结果产生重要影响。② 领导作为组织的代理人，是人力资源实践的实施者，领导风格或方式直接影响人力

---

① 辛迅，苗仁涛. 工作重塑对员工创造性绩效的影响——一个有调节的双中介模型[J]. 经济管理，2018，40(5)：108-122.

② Chang, Y. Y. High-performance work systems, joint impact of transformational leadership, an empowerment climate and organizational ambidexterity [J]. Journal of Organizational Change Management, 2016, 29(3)：424-444.

资源实践的实施效果。①

　　共享型领导以帮助下属成长与发展为首要目标，关注员工个性化需求，在工作中赋予员工较高的工作自主性，为下属提供多种发展渠道及机会，这些促使员工产生较高的创新义务感。在工作中员工会表现出符合领导期望的创新行为予以回报。②③④ 因此，高水平的共享型领导下，员工具有较强的创新义务感，⑤ 员工会积极利用多元包容型人力资源管理实践提供的资源进行创新。在低水平的共享型领导下，虽然多元包容型人力资源管理实践为员工创新提供了丰富的资源，由于员工缺乏创新动机，较少表现出创新行为。

　　另外，共享型领导打破了传统的人际互动模式，强调团队成员共同决策和共同承担结果，促使成员之间产生更多的交流与互动，团队成员之间相互学习，相互分享。⑥ 多元包容型人力资源管理实践为员工创新提供了资源，在高水平的共享型领导下，员工之间实现资源的共享与交换，⑦ 进一步扩大了员工的资源池。根据资源保存理论，充足的资源可以诱发员工产生更多的创新想法和创新行为。⑧ 因此，提出如下假设：

　　H6：共享型领导调节多元包容型人力资源管理实践（DI-HRP）对员工创新行为的影响，且当共享型领导水平越高时，多元包容型人力资源管理实践对员工创新行为的影响越大。

　　H6a：共享型领导调节多元性选拔对员工创新行为的影响，且当共享型领导水平越高时，影响越大。

①　赵富强，杨淑媛，陈耘，张光磊．工作-家庭平衡型人力资源管理实践对员工绩效的影响：工作繁荣与真实型领导的作用[J]．中国人力资源开发，2017(9)：81-96．

②　Reid F. Creating A knowledge-sharing culture among diverse business units[J]. Employment Relations Today, 2003, 30(3): 43-49.

③　Bergman J Z, Rentsch J R, Small E E, et al. The shared leadership process in decision-making teams[J]. The Journal of Social Psychology, 2012, 152(1): 17-42.

④　Carmeli A, Atwater L, Levi A. How leadership enhances employees' knowledge sharing: The intervening roles of relational and organizational identification[J]. The Journal of Technology Transfer, 2011, 36(3): 257-274.

⑤　周星，程豹．共享型领导对员工创新行为的影响及其作用机制研究[J]．华东经济管理，2018, 32(8)：137-145．

⑥　吴江华，顾琴轩，梁冰倩．共享领导与员工创造力：一个被调节的中介模型[J]．中国人力资源开发，2017(11)：45-54．

⑦　袁朋伟，董晓庆，翟怀远，冯群．共享型领导对知识员工创新行为的影响研究——知识分享与团队凝聚力的作用[J]．软科学，2018(1)：87-91．

⑧　李辉．工作资源对员工创新行为的影响研究：基于资源保存理论的视角[J]．南京工业大学学报(社会科学版)，2018, 17(6)：73-84．

H6b：共享型领导调节个性化配置对员工创新行为的影响，且当共享型领导水平越高时，影响越大。

H6c：共享型领导调节包容性发展对员工创新行为的影响，且当共享型领导水平越高时，影响越大。

H6d：共享型领导调节参与性评估对员工创新行为的影响，且当共享型领导水平越高时，影响越大。

H6e：共享型领导调节针对性薪酬对员工创新行为的影响，且当共享型领导水平越高时，影响越大。

（3）共享型领导对多元包容型人力资源管理实践与员工创新行为间间接关系的调节

员工对他们从事工作的能力或对工作环境做出改变的信心将会很大程度地激发他们的工作重塑行为。① 共享型领导鼓励团队成员相互学习，使得团队成员能够快速掌握与任务相关的知识和技能，在很大程度上提升了员工的自信心。② 同时，共享型领导通过给员工授权，向员工传递其具有较高胜任力和能够达成高绩效的信号，使员工更有能力和自信去丰富自己的工作资源，进而增加挑战性工作要求，③ 在高水平的共享型领导下，员工自我能力感知较高，会更加积极主动的利用多元包容型人力资源管理实践营造的良好的外部环境进行工作重塑，进而促进员工创新行为。

另外，工作重塑不仅需要多元包容型人力资源管理实践赋予的工作自主性，同时也需要领导在员工基于专业特长和工作目标对工作关系和工作内容边界进行优化和改进的过程中给予员工更多信任、包容和鼓励。④ 在高水平的共享型领导下，员工突破现有工作岗位的边界，参与到组织的重要决策中，这一过程使得员工的知识资源、技能资源和心理资源得到累积，员工对工作内容和工作目标形成更深的理解及新的认知。⑤ 当员工对于自身工作更加理解时，倾向于利用多元包容型人力资源管理实践提供的机会、能力和动机进行工作重塑。基于以上分析，我们推断共享型领导水

---

① 赵小云，郭成．工作重塑：获得意义性工作及个人成长的新途径[J]．心理科学，2014（1）：190-196．

② 张红丽，冷雪玉，程豹．共享领导对团队成员创新绩效的影响：自我效能感的中介作用[J]．领导科学，2015（4z）：43-45．

③ 吴萍．授权领导对员工工作重塑的影响机制研究[D]．南京：南京理工大学，2017．

④ Konu A，Viitanen E. Shared leadership in Finnish social and health care[J]. Leadership in Health Services，2008，21（1）：28-40．

⑤ 吴江华，顾琴轩，梁冰倩．共享领导与员工创造力：一个被调节的中介模型[J]．中国人力资源开发，2017（11）：45-54．

平越高，多元包容型人力资源管理实践经由工作重塑对员工创新行为的影响(间接影响)越强。基于此，提出如下假设：

H7：共享型领导调节多元包容型人力资源管理实践(DI-HRP)与员工创新行为间经由工作重塑的中介效应，且在高水平共享型领导下该间接作用更强。

H7a：共享型领导调节多元性选拔与员工创新行为间经由工作重塑的中介效应，且在高水平共享型领导下，该间接作用更强。

H7b：共享型领导调节个性化配置与员工创新行为间经由工作重塑的中介效应，且在高水平共享型领导下，该间接作用更强。

H7c：共享型领导调节包容性发展与员工创新行为间经由工作重塑的中介效应，且在高水平共享型领导下，该间接作用更强。

H7d：共享型领导调节参与性评估与员工创新行为间经由工作重塑的中介效应，且在高水平共享型领导下，该间接作用更强。

H7e：共享型领导调节针对性薪酬与员工创新行为间经由工作重塑的中介效应，且在高水平共享型领导下，该间接作用更强。

本研究在梳理多元包容型人力资源管理实践、共享型领导、工作重塑和员工创新行为国内外文献的基础上，基于以往相关研究成果，构建了有调节的中介作用模型。其中模型包括多元包容型人力资源管理实践通过工作重塑，进而影响到员工的创新行为，共享型领导调节多元包容型人力资源管理实践对工作重塑和员工创新行为的关系。具体的概念模型见图4-1。

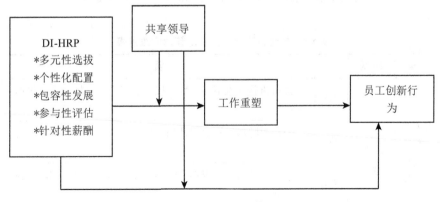

图 4-1　理论概念模型

4.3　研 究 方 法

4.3.1　数据收集

本次问卷发放主要以北京、成都、杭州、广州、武汉等地的创新型企业的研发员工为调研对象，涉及信息与通信技术、互联网、智能制造等行业。创新型企业主要通过不断的持续的创新获得稳定收益，且有较强的研发实力，因而对研发部员工的创新行为提出了更高要求。本研究数据采集采取现场发放并回收问卷的方式获得。调查从 2018 年 8 月至 11 月历时三个多月，分三个时点收集不同变量数据，时点 1 收集多元包容型人力资源管理实践和共享型领导数据，时点 2 收集工作重塑的数据，时点 3 收集员工创新行为的数据，三次数据收集的时点间隔为一个月。在时点 1 总共发放问卷数量为 523 份，有效问卷 445 份。在时点 2 对上次剩余的有效问卷 445 份进行追踪，时点 2 总共收回 421 份问卷，将其中 38 份无效问卷剔除，收回 383 份有效问卷。在时点 3，对时点 2 收到的 383 份问卷进行追踪，收回 375 份问卷，剔除 28 份无效问卷后，本次研究最终收回 347 份有效问卷，有效率为 66.35%。

4.3.2　变量测量

（1）多元包容型人力资源管理实践。采用本研究赵富强等（2020）开发的 5 维度 20 题项量表，如表 4-1 所示，Cronbach's α 值为 0.96。

表 4-1　多元包容型人力资源管理实践量表

变量	维度		题　　项
多元包容型人力资源管理实践	多元性选拔	Q1.1	公司招聘选拔不因性别、民族、宗教、籍贯及方言等而歧视
		Q1.2	公司招聘选拔不会因性格不同与专业背景而影响录用与晋升
		Q1.3	公司招聘选拔会根据具体岗位需求而采用灵活招聘选拔方式
		Q1.4	公司招聘选拔制度科学严谨、过程规范透明，结果公平公正

续表

变量	维度		题　项
多元包容型人力资源管理实践	个性化配置	Q1.5	公司工作分配会考虑岗位要求、自身诉求与特长
		Q1.6	公司经常采取工作轮换的方式不断提升员工素质
		Q1.7	公司工作安排允许对员工有一定工作授权与自治
		Q1.8	公司工作安排注重与员工的沟通交流与问题反馈
	包容性发展	Q1.9	公司培训方案会考虑岗位要求、员工需求与职业发展
		Q1.10	公司会根据员工不同需求制定差异化个性化培训方案
		Q1.11	公司会提供多元化(如性别、民族、文化、宗教、籍贯、方言、性格、专业以及残疾等)方面的包容尊重与换位思考的培训
	参与性评估	Q1.12	公司为不同员工设置多种职业发展渠道
		Q1.13	公司绩效评估指标的确定都会征求部门主管与员工意见
		Q1.14	公司绩效评估指标内容均与员工岗位工作内容息息相关
		Q1.15	公司会根据员工具体岗位特征选择合适评估流程与方式
	针对性薪酬	Q1.16	公司绩效评估注重结果反馈、问题诊断及优化建议征求
		Q1.17	与其他公司同类岗位相比，我的薪酬公平合理
		Q1.18	与公司其他同级岗位相比，我的薪酬公平合理
		Q1.19	我可以根据自己的需求选择薪酬种类与发放形式
		Q1.20	公司会让(性别、民族、专业等)不同多元化利益主体参与薪酬方案制定

　　(2)工作重塑。工作重塑测量采用 Tims 等(2012)[1]以工作要求-资源模型为基础设计的工作重塑量表，共包含 21 个题项，涉及四个维度。其中，增加结构性工作资源(如"我尝试提升自己的学习、工作能力")、增加社会性工作资源(如"遇到困难时，我会向上级寻求援助")、增加挑战性工作要求(如"当出现新鲜事物时，我会争取第一个去学习和实践")各5 个题项；减少妨碍性工作要求共 6 个题项(如"我努力减少工作给自己带来的心理压力")。Cronbach's α 值为 0.85。测量量表见表 4-2。

① Tims M, Bakker A B, Derks D. Development and validation of the job crafting scale[J]. Journal of Vocational Behavior, 2012, 80(1): 173-186.

表 4-2　工作重塑量表

变量	维度	代码	题　项
工作重塑	增加结构性工作资源	Q2.1	我尝试提升自己的学习、工作能力
		Q2.2	在工作过程中我努力让自己变得更专业
		Q2.3	我努力从工作中获取新的知识和技能
		Q2.4	我在工作中最大程度地发挥自己的能力
		Q2.5	在工作中，我对自己如何开展工作有决策权
	减少妨碍性工作要求	Q2.6	我努力减少工作给自己带来的心理压力
		Q2.7	我尽量不让工作对我的情绪造成负面影响
		Q2.8	如果别人影响了我的工作情绪，我会尽量减少与其交流
		Q2.9	当某人的想法不切实际时，我会减少与他的接触
		Q2.10	在工作中，我尽量不让自己做艰难的决定
	增加社会性工作资源	Q2.11	我会协调好自己的工作，尽量避免长期陷入紧张状态
		Q2.12	遇到困难时，我会向上级寻求援助
		Q2.13	我会询问上级对我的工作表现是否满意
		Q2.14	在工作中，我希望上级能够鼓励我
		Q2.15	我会询问周边人有关我工作表现的看法
	增加挑战性工作要求	Q2.16	在工作中，拿不定主意的时候，我会征求同事的意见
		Q2.17	当我对某个项目很有兴趣时，我会主动申请加入
		Q2.18	当出现新鲜事物时，我会争取第一个去学习和实践
		Q2.19	在工作的淡季，我会努力学习相关知识，为开展新项目做准备
		Q2.20	即使承担额外的工作没有奖励，我也会积极参与
		Q2.21	在工作中，我尝试主动挑战困难的任务

　　（3）共享型领导。共享型领导的测量本研究采用国内学者刘博逸（2009）①基于中国情境开发的共享型领导量表。该量表由 20 个题项组成，

① 刘博逸.共享领导的概念内涵、内容结构、绩效水平与实施策略[J].理论探讨，2012（1）：162-166.

包含四个维度。主要采用下属报告的方式来测量共享型领导。对该量表的有效性进行检验，Cronbach's α 值为 0.95。测量量表见表 4-3。

表 4-3　共享型领导量表

变量	维度	代码	题　项
共享型领导	绩效期望	Q3.1	在工作中，团队成员希望我工作注重质量
		Q3.2	团队成员希望我在工作中具有良好的工作表现
		Q3.3	团队成员希望我能高效率地完成工作
		Q3.4	团队成员期望我不断尝试新方法以提升工作业绩
	团队学习	Q3.5	团队成员希望我以高绩效标准来完成自己的工作
		Q3.6	我们团队成员在工作中会自觉学习新的知识和技能
		Q3.7	我们团队成员学习在问题中寻找机会
		Q3.8	我们团队经常通过集体讨论的方式提升团队的智力
	相互协作	Q3.9	我们团队成员经常训练各自的特长
		Q3.10	我们将工作当作学习过程
		Q3.11	我们团队成员彼此合作默契，相互信任
		Q3.12	我们团队成员具备较高的合作精神和意识
	权责共享	Q3.13	我们团队成员之间分工明确，相互合作
		Q3.14	我们团队成员努力消除彼此之间的冲突以利于团队协作
		Q3.15	在工作中，我们善于同其他成员合作
		Q3.16	我们与领导者共享领导权力
		Q3.17	我们与领导者共同承担领导责任
		Q3.18	在团队里，我们有施展领导才能的平台
		Q3.19	我们将领导看作我们的同事
		Q3.20	团队的领导职能在不同的情形下由不同的团队成员承担

（4）员工创新行为。员工创新行为采用 Scott 和 Bruce（1994）[①]设计的单维度量表，共个 6 条目。Cronbach's α 值为 0.93。测量量表见表 4-4。

---

① Scott S G, Bruce R A. Determinants of Innovative Behavior: A Path Model of Individual Innovation in the Workplace[J]. Academy of Management Journal, 1994, 37(3): 580-607.

表 4-4　员工创新行为量表

变量	代码	题　项
员工创新行为	Q4.1	在工作中,我会积极地寻找新的方法、技术或流程
	Q4.2	在工作中,我经常产生一些创意的点子或想法
	Q4.3	当我有新颖想法时,我会向别人沟通和推销我的想法
	Q4.4	为了实现创意与构想,我会努力争取所需资源
	Q4.5	对于创新性构想,我会积极主动地制定计划去落实
	Q4.6	总的来说,我觉得自己是一个富有创新和创造的人

(5)控制变量。王贵军(2015)[①]研究表明人口统计学变量中的职位、性别和年龄显著影响知识员工的创新行为,学历显著影响创新想法的产生。为了尽量降低以上变量对本研究的影响,本研究将职位、工龄、年龄、学历、性别、婚姻状况及公司规模等人口统计学变量作为本研究的控制变量。

4.4　研究结果

4.4.1　共同方法偏差检验

本研究所收集的数据都是员工自我评价的,且多元包容型人力资源管理实践、共享型领导、工作重塑和员工创新行为属于同一个员工报告的,因此可能存在同源方差。采用 Harman 单因素表明:在未旋转的成分矩阵中发现一共有 13 个因素的特征值大于 1,累计解释变异量 69.22%,第一个因素解释变异量为 28.08%,没有超过 40% 的判断标准,说明各变量内部结构清晰,不存在严重的共同方法偏差。

为了再次检验本研究共同方法偏差问题,采用周浩、龙立荣(2004)[②]整理的潜在误差变量控制法进行进一步检验。在原有的四因子结构方程模

---

① 王贵军.人口统计变量对企业知识员工创新行为影响的实证研究[J].科学与管理,2015(1):52-58.
② 周浩,龙立荣.共同方法偏差的统计检验与控制方法[J].心理科学进展,2004,12(6):942-942.

型基础上加入共同方法偏差这一潜在因子，形成五因子结构方程模型。其中，控制前拟合指标为：$\chi^2/df = 3.11$，CFI = 0.922，IFI = 0.922，TLI = 0.908，RMSEA = 0.078。和控制后模型的拟合度 $\chi^2/df = 2.639$，CFI = 0.935，IFI = 0.935，TLI = 0.923，RMSEA = 0.067。ΔCFI = 0.013，ΔIFI = 0.013，ΔTLI = 0.015，ΔRMSEA = 0.011。由此可见，加入公共方法因子之后，各项拟合指标并未明显改善。因此，再次证明以上结论。

4.4.2　验证性因子分析

为了检验变量之间的区分效度，本研究采用 AMOS 21.0 对其进行验证性因子分析，检验结果如表 4-5 所示。由表可知，四因子模型拟合效果最好，表明变量具备良好的区分效度。

表 4-5　验证性因子分析结果

	χ^2/df	NFI	CFI	IFI	TLI	RMSEA
单因子模型	14.53	0.46	0.48	0.48	0.41	0.20
两因子模型	5.94	0.78	0.81	0.81	0.79	0.12
三因子模型	4.76	0.83	0.86	0.86	0.84	0.10
四因子模型	3.11	0.89	0.92	0.92	0.91	0.08

4.4.3　描述性统计

表 4-6 对收集的数据样本进行了描述。在样本性别状况中，男性员工占 56.80%，女性员工占 43.20%，虽然男性员工占比稍多一些，但是并不能说明企业在性别方面存在歧视，有可能是由于一部分女性在照顾家庭而没有工作。在年龄状况方面，本研究将年龄划分为四个阶段，从数据上看，以 36～55 岁员工为主，56 岁以上的员工仅占 0.30%，18～25 岁员工占 15.30%，26～35 岁占 40.30%。总的来说，调查对象的年龄层次分布较广。在样本婚姻状况方面，已婚占 70.30%，未婚占 29.70%，主要是由于调查对象主要集中于 26～55 岁，位于这个年龄段的员工大部分都已结婚。在样本学历特征方面，员工学历以本科为主，占 52.40%，大专及以下占 20.50%，硕士占 24.20%，博士及以上占 2.90%，由此可以看出，

本次调查对象的文化水平较高。在样本职务层级状况方面，以普通员工为主，普通员工占 46.1%，高层管理者仅占 7.8%，中层管理者占 26.2%，基层管理者占 19.9%。样本涵盖了旅游、医药、建筑、交通、运输、化工和金融等行业，且企业规模从 200 以下到 1000 以上均有所涉及，因此本研究调查不特定针对某个行业或企业，本研究得出的结论在中国情景下具有普适性。

表 4-6　样本数据的基本情况

人口统计学变量	类别	样本数	有效百分比（%）	累计百分比（%）
性别	男	197	56.8	56.8
	女	150	43.2	100.0
年龄	18~25 岁	53	15.3	15.3
	26~35 岁	140	40.3	55.6
	36~55 岁	153	44.1	99.7
	56 岁以上	1	0.3	100.0
婚姻状况	已婚	244	70.3	70.3
	未婚	103	29.7	100.0
学历	大专及以下	71	20.5	20.5
	本科	182	52.4	72.9
	硕士	84	24.2	97.1
	博士及以上	10	2.9	100.0
在目前公司的工龄	3 年及以下	98	28.2	28.2
	3~5 年	59	17.0	45.2
	6~10 年	66	19.0	64.3
	10 年以上	124	35.7	100.0
职务级别	高层管理者	27	7.8	7.8
	中层管理者	91	26.2	34.0
	基层管理者	69	19.9	53.9
	普通员工	160	46.1	100.0

续表

人口统计学变量	类别	样本数	有效百分比（%）	累计百分比（%）
是否异地工作	是	301	86.7	86.7
	否	46	13.3	100
所属行业	信息通信	42	12.1	12.1
	机械制造	56	16.1	28.2
	生物医药	12	3.5	31.7
	工程建筑	48	13.8	45.5
	教育培训	21	6.1	51.6
	物流交通	13	3.7	55.3
	能源化工	16	4.6	59.9
	金融服务	38	11.0	70.9
	酒店旅游	6	1.7	72.6
	其他行业	95	27.4	100.0
企业规模	200 人及以下	132	38.0	38.0
	201~500 人	54	15.6	53.6
	501~1000 人	48	13.8	67.4
	1000 人以上	113	32.6	100.0

本研究采用描述性统计分析方法对多元包容型人力资源管理实践及其维度、工作重塑及其维度、共享型领导及其维度和员工创新行为进行均值和标准差检验。使用 SPSS 软件对数据进行描述性统计分析，结果如表4-7所示。

表 4-7　样本描述性统计分析结果

	N	极小值	极大值	均值	标准差
个性化配置	347	1.00	5.00	3.19	0.81
多元性选拔	347	1.00	5.00	3.66	0.84
包容性发展	347	1.00	5.00	3.37	0.92
参与性评估	347	1.00	5.00	3.44	0.89

续表

	N	极小值	极大值	均值	标准差
针对性薪酬	347	1.00	5.00	3.06	0.90
多元包容型人力资源管理实践	347	1.00	5.00	3.35	0.72
权责共享	347	1.00	5.00	3.84	0.77
团队学习	347	1.00	5.00	3.36	0.95
绩效期望	347	1.00	5.00	3.54	0.89
相互协作	347	1.00	5.00	3.79	0.82
共享型领导	347	1.00	5.00	3.63	0.72
增加结构性工作资源	347	1.00	5.00	4.05	0.63
减少妨碍性工作要求	347	1.50	5.00	3.89	0.65
增加社会性工作资源	347	1.00	5.00	3.57	0.54
增加挑战性工作要求	347	1.20	5.00	3.58	0.51
工作重塑	347	2.42	4.69	3.77	0.39
员工创新行为	347	1.50	5.00	3.76	0.70

由表4-7可知，此次参与调查的对象所感知到的多元包容型人力资源管理实践、共享型领导水平、工作重塑和员工创新行为均在较高的水平。需要提出的是虽然多元包容型人力资源管理实践及其维度的均分在3以上，超过了中等临界值，但是其中薪酬实践的均值只有3.06分，相比其他维度来说较低，因此可以看出企业在薪酬实践方面其包容度还不够。

4.4.4 相关性分析

本研究利用SPSS26.0进行相关性分析，结果如表4-8所示：多元包容型人力资源管理实践及其五个维度(多元性选拔、个性化配置、包容性发展、参与性评估、针对性薪酬)与员工创新行为显著正相关，相关系数分别为0.268、0.217、0.217、0.242、0.217、0.215($p<0.01$)；多元包容型人力资源管理实践及其五个维度与工作重塑显著正相关，相关系数为0.248、0.198、0.212、0.235、0.174、0.206($p<0.01$)；工作重塑与员工创新行为显著正相关，相关系数为0.370($p<0.01$)。因此，H1、H2、H3以及其分假设得到了初步验证。

表 4-8　均值、标准差及相关性分析

	M	SD	1	2	3	4	5	6	7	8	9	10	11	12	13	14	15	16
1. 性别	1.430	0.496																
2. 年龄	2.290	0.721	-0.267**															
3. 婚姻状况	1.300	0.458	0.133*	-0.598***														
4. 学历	2.100	0.745	-0.151**	0.142**	-0.049													
5. 工龄	2.620	1.232	-0.200**	0.619***	-0.534***	0.061												
6. 异地工作	12.930	7.422	0.049	-0.06	0.133*	-0.151**	0.04											
7. 行业	5.720	3.392	0.039	0.032	-0.032	-0.156**	-0.001	0.195**										
8. 规模	2.410	1.288	-0.006	0.007	-0.006	0.237**	0.103	-0.115*	-0.047									
9. 多元性选拔	3.662	0.839	-0.041	-0.057	0.049	-0.072	-0.05	-0.068	-0.008	-0.138**								
10. 个性化配置	3.191	0.809	0.055	-0.023	-0.045	-0.098	-0.068	-0.028	0.02	-0.079	0.538**							
11. 包容性发展	3.374	0.918	-0.026	-0.036	0.009	-0.120*	-0.005	-0.095	-0.069	0.034	0.606**	0.633**						
12. 参与性评估	3.445	0.889	-0.045	-0.043	0.025	-0.039	-0.052	-0.072	0.012	0.082	0.563**	0.593**	0.630**					
13. 针对性薪酬	3.063	0.902	-0.024	-0.066	0.026	-0.06	-0.097	0.012	0.065	-0.086	0.523**	0.635**	0.639**	0.664**				
14. DI-HRP	3.347	0.720	-0.021	-0.055	0.016	-0.094	-0.065	-0.061	0.004	-0.043	0.778**	0.817**	0.853**	0.838**	0.842**			
15. 工作重塑	3.771	0.390	-0.108*	0.157**	-0.077	0.012	0.152**	0.021	0.035	0.033	0.198**	0.212**	0.235**	0.174**	0.206**	0.248**		
16. 共享型领导	3.632	0.720	-0.003	-0.081	0.002	-0.036	-0.028	-0.02	0.012	0.064	0.465**	0.568**	0.586**	0.601**	0.617**	0.688**	0.254**	
17. 员工创新行为	3.759	0.695	-0.181**	0.117*	-0.053	0.024	0.083	-0.035	0.027	0.088	0.217**	0.217**	0.242**	0.217**	0.215**	0.268**	0.370**	0.243**

注：(1) DI-HRP 代表多元包容型人力资源管理实践；M 表示均值；SD 表示标准差。(2) * 是指 $p<0.05$, ** 是指 $p<0.01$, *** 是指 $p<0.001$。

4.4.5　假设检验

（1）主效应检验

本研究利用多元回归分析检验假设。主效应和中介效应结果如表 4-9 和表 4-10 所示。在控制了性别、年龄、婚姻状态、学历、工龄、异地工作、行业、规模等变量以后，多元包容型人力资源管理实践及其五个维度（多元性选拔、个性化配置、包容性发展、参与性评估、针对性薪酬）显著正向影响员工创新行为（$\beta = 0.264$、0.192、0.205、0.184、0.161、0.174，$p<0.001$），支持 H1、H1a、H1b、H1c、H1d、H1e。多元包容型人力资源管理实践及其五个维度与工作重塑显著正相关（$\beta = 0.143$、0.101、0.113、0.105、0.080（$p<0.01$）、0.097，$p<0.001$），支持 H2、H2a、H2b、H2c、H2d、H2e。工作重塑对员工创新行为存显著正向影响（$\beta = 0.623$，$p<0.001$）。因此，H3 得到数据支持。

表 4-9　多元回归分析结果表

变量	员工创新行为						
	M1	M2	M3	M4	M5	M6	M7
1. 性别	-0.231**	-0.210*	-0.243*	-0.214*	-0.21*	-0.213*	-0.211*
2. 年龄	0.084	0.096	0.085	0.093	0.089	0.094	0.095
3. 婚否	0.040	0.025	0.078	0.037	0.041	0.055	0.050
4. 学历	-0.030	-0.019	-0.012	0.006	-0.016	-0.023	-0.005
5. 工龄	0.002	0.000	0.016	-0.001	0.008	0.014	0.010
6. 异地工作	-0.002	0.000	-0.002	0.000	-0.001	-0.002	-0.001
7. 行业	0.007	0.007	0.007	0.011	0.006	0.005	0.007
8. 规模	0.050	0.067*	0.057*	0.043*	0.039	0.058*	0.053*
9. 多元性选拔		0.192***					
10. 个性化配置			0.205***				
11. 包容性发展				0.184***			
12. 参与性评估					0.161***		
13. 针对性薪酬						0.174***	
DI-HRP							0.264***
R^2	0.048	0.100	0.103	0.105	0.090	0.098	0.122
F	2.136***	4.155***	4.323***	4.383***	3.684***	4.059***	5.190***

注：（1）DI-HRP 代表多元包容型人力资源管理实践；（2）*是指 $p<0.05$，**是指 $p<0.01$，***是指 $p<0.001$。

表 4-10　多元回归分析结果表

变量	员工创新行为									工作重塑			
	M1	M2	M3	M4	M5	M6	M7	M8	M9	M10	M11	M12	M13
1. 性别	-0.196*	-0.185*	-0.209**	-0.189**	-0.184*	-0.187*	-0.187**	-0.045	-0.062	-0.046	-0.045	-0.045	-0.045
2. 年龄	0.046	0.058	0.051	0.057	0.052	0.057	0.059	0.067	0.061	0.066	0.063	0.067	0.067
3. 婚否	0.015	0.007	0.045	0.016	0.018	0.028	0.026	0.032	0.061	0.038	0.040	0.048	0.045
4. 学历	-0.025	-0.017	-0.013	0.000	-0.015	-0.021	-0.008	-0.003	0.001	0.012	-0.002	-0.005	0.005
5. 工龄	-0.016	-0.015	-0.004	-0.016	-0.010	-0.006	-0.007	0.027	0.036	0.027	0.032	0.035	0.033
6. 异地工作	-0.003	-0.001	-0.002	-0.001	-0.002	-0.003	-0.002	0.002	0.001	0.002	0.002	0.001	0.002
7. 行业	0.005	0.005	0.005	0.008	0.005	0.003	0.005	0.003	0.003	0.005	0.003	0.002	0.003
8. 规模	0.044	0.057*	0.050	0.040	0.037	0.051	0.048	0.018	0.013	0.005	0.004	0.014	0.011
9. 工作重塑	0.623***	0.560***	0.554***	0.550***	0.575***	0.561***	0.530***						
10. 多元性选拔		0.136**						0.101***					
11. 个性化配置			0.143**						0.113***				

续表

变量	员工创新行为							工作重塑					
	M1	M2	M3	M4	M5	M6	M7	M8	M9	M10	M11	M12	M13
12. 包容性发展				0.126**						0.105***			0.143***
13. 参与性评估					0.115**						0.080**		0.106
14. 针对性薪酬						0.119**						0.097***	
DI-HRP							0.189***						
R^2	0.166	0.191	0.191	0.191	0.187	0.188	0.201	0.083	0.091	0.096	0.070	0.086	
F	7.462***	7.921***	7.956***	7.940***	7.712***	7.801***	8.450***	3.371***	3.736***	3.992***	2.408***	3.545***	4.434***

注: (1) DI-HRP 代表多元包容型人力资源管理实践; (2) * 是指 $p<0.05$, ** 是指 $p<0.01$, *** 是指 $p<0.001$。

（2）中介效应检验

本研究利用线性回归分析方法，对工作重塑是否在多元包容型人力资源管理实践及其维度与员工创新行为之间存在中介作用进行检验，结果如表 4-10 所示。加入工作重塑后，多元包容型人力资源管理实践及其五个维度（多元性选拔、个性化配置、包容性发展、参与性评估、针对性薪酬）对员工创新行为的正向影响显著降低，说明工作重塑在多元包容型人力资源管理实践及其五个维度对员工创新行为的影响中发挥部分中介作用。为进一步检验工作重塑的中介作用，本研究使用 PROCESS 程序实施 Bootstrapping 分析来生成间接效应 95% 偏差校正置信区间（CI）。如表 4-11 所示，多元包容型人力资源管理实践及其五个维度（多元性选拔、个性化配置、包容性发展、参与性评估、针对性薪酬）通过工作重塑对员工创新行为的间接效应 95% 置信区间不包含零，说明工作重塑的中介效应是显著的，因而 H4、H4a、H4b、H4c、H4d、H4e 得到验证。

表 4-11　中介效应检验

路　　径	Effect	BootSE	BootLLCI	BootULCI
多元性选拔-工作重塑-员工创新行为	0.056	0.018	0.024	0.092
个性化配置-工作重塑-员工创新行为	0.062	0.018	0.029	0.100
包容性发展-工作重塑-员工创新行为	0.059	0.018	0.027	0.095
参与性评估-工作重塑-员工创新行为	0.047	0.017	0.016	0.083
针对性薪酬-工作重塑-员工创新行为	0.054	0.017	0.021	0.089
DI-HRP-工作重塑-员工创新行为	0.078	0.021	0.038	0.122

（3）调节效应检验

①共享型领导对多元包容型人力资源管理实践及其维度与工作重塑直接关系的调节效应检验。检验调节作用前，我们需要对多元包容型人力资源管理实践及其维度和共享型领导进行中心化处理。然后根据温忠麟（2012）[①]提出的调节作用检验方法，使用逐步回归的方法来检验共享型领导的调节作用。结果如表 4-12 所示，中心化后的多元包容型人力资源管理实践（$\beta = 0.120$，$p < 0.01$）、个性化配置（$\beta = 0.104$，$p < 0.05$）、包容性发展（$\beta = 0.148$，$p < 0.01$）、参与性评估（$\beta = 0.117$，$p < 0.01$）及针对性薪

---

① 温忠麟，刘红云，侯杰泰. 调节效应和中介效应分析[M]. 北京：教育科学出版社，2012.

酬($\beta=0.114$，$p<0.01$）与共享型领导的交互项对工作重塑有显著正向影响。中心化后的多元性选拔与共享型领导的交互项对工作重塑的影响不显著($\beta=0.078$，n.s.）。假设 H5、H5b、H5c、H5d、H5e 得到验证，不支持 H5a。与此同时，为了清晰地观察共享型领导的调节作用，本研究作出了共享型领导的调节效应图，如图 4-2 至图 4-6 所示。在高水平共享型领导下，多元包容型人力资源管理实践、个性化配置、包容性发展、参与性评估及针对性薪酬对工作重塑的影响更强；而在低水平共享型领导下，这些影响更弱。

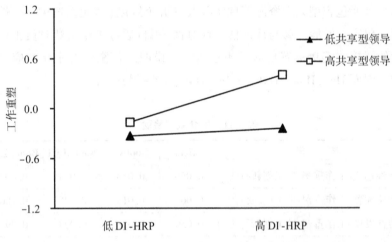

图 4-2　共享型领导对 DI-HRP 与工作重塑之间关系的调节效应

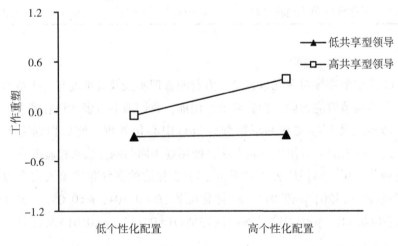

图 4-3　共享型领导对个性化配置与工作重塑之间关系的调节效应

表 4-12　共享型领导对 DI-HRP 及其维度与工作重塑关系的调节效应检验

自变量	工作重塑												
	M1	M2	M3	M4	M5	M6	M7	M8	M9	M10	M11	M12	M13
性别	-0.115	-0.159	-0.118	-0.116	-0.116	-0.115	-0.124	-0.121	-0.151	-0.133	0.125	-0.125	-0.129
年龄	0.172	0.157	0.170	0.162	0.170	0.171	0.204	0.213*	0.212*	0.224*	0.234	0.219*	0.221*
婚否	0.081	0.156	0.098	0.103	0.123	0.116	0.140	0.146	0.198	0.178	0.171	0.164	0.178
学历	-0.007	0.003	0.031	-0.005	-0.013	0.012	-0.007	0.003	0.020	0.02	0.008	0.011	0.021
工龄	0.07	0.093	0.069	0.081	0.090	0.084	0.072	0.069	0.079	0.064	0.061	0.071	0.071
异地工作	0.005	0.003	0.006	0.004	0.002	0.005	0.003	0.003	0.003	0.003	0.003	0.002	0.003
行业	0.009	0.009	0.014	0.008	0.005	0.009	0.008	0.010	0.011	0.012	0.009	0.008	0.011
规模	0.046	0.032	0.012	0.009	0.035	0.028	0.008	0.020	0.012	0.005	0.003	0.013	0.013
多元性选拔	0.216***												
个性化配置		0.234***											
包容性发展			0.247***										
参与性评估				0.181**									
针对性薪酬					0.224***								
DI-HRP						0.264***							
共享型领导							0.267***						

续表

工作重塑

自变量	M1	M2	M3	M4	M5	M6	M7	M8	M9	M10	M11	M12	M13
多元性选拔 * 共享型领导								0.078					
个性化配置 * 共享型领导									0.104*				
包容性发展 * 共享型领导										0.148**			
参与性评估 * 共享型领导											0.117**		
针对性薪酬 * 共享型领导												0.114**	
DI-HRP * 共享型领导													0.120**
R^2	0.083	0.091	0.096	0.070	0.062	0.106	0.108	0.125	0.131	0.147	0.133	0.132	0.144
F	3.371***	3.736***	3.992***	2.804***	3.545***	4.434***	4.518***	4.360***	4.612***	5.268***	4.680***	4.639***	5.117***

注：（1）DI-HRP 代表多元包容型人力资源管理实践。（2）* 是指 $p<0.05$，** 是指 $p<0.01$，*** 是指 $p<0.001$。

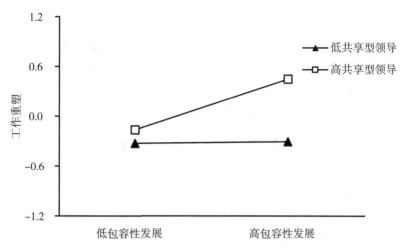

图 4-4　共享型领导对包容性发展与工作重塑之间关系的调节效应

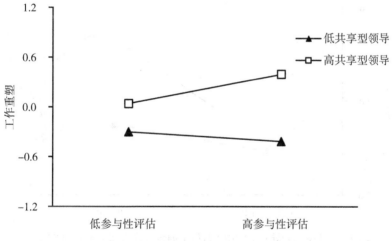

图 4-5　共享型领导对参与性评估与工作重塑之间关系的调节效应

②共享型领导对多元包容型人力资源管理实践及其维度与员工创新行为直接关系的调节效应检验。检验调节作用前，我们需要对多元包容型人力资源管理实践及其维度和共享型领导进行中心化处理。根据温忠麟（2012）①的逐步回归法，进行调节效应检验。结果如表 4-13 所示，中心化后的多元包容型人力资源管理实践（$\beta = 0.126$，$p < 0.01$）、个性化配置（$\beta = 0.094$，$p < 0.05$）、包容性发展（$\beta = 0.173$，$p < 0.001$）、参与性评估

①　温忠麟，刘红云，侯杰泰. 调节效应和中介效应分析［M］. 北京：教育科学出版社，2012.

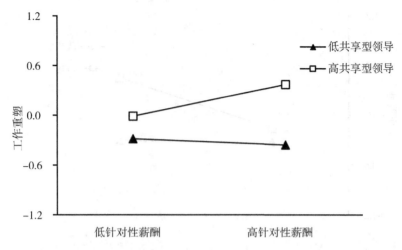

图 4-6 共享型领导对针对性薪酬与工作重塑之间关系的调节效应

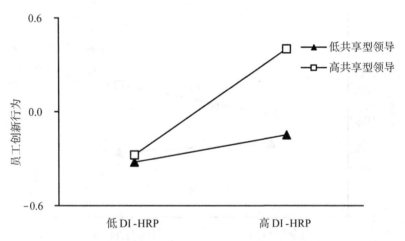

图 4-7 共享型领导对 DI-HRP 与员工创新行为之间关系的调节效应

($\beta=0.128$，$p<0.01$）及针对性薪酬（$\beta=0.121$，$p<0.01$）与共享型领导的交互项对员工创新行为有显著正向影响。中心化后的多元性选拔与共享型领导的交互项对员工创新行为的影响不显著（$\beta=0.067$，n. s. ）。假设 H6、H6b、H6c、H6d、H6e 得到验证，不支持 H6a。此外，为了清晰的观察共享型领导的调节作用，本研究实施简单斜率检验并作出了共享型领导的调节效应图。如图 4-7 至图 4-11 所示，在高水平共享型领导下，多元包容型人力资源管理实践、个性化配置、包容性发展、参与性评估及针对性薪酬对员工创新行为的影响更强；而在低水平共享型领导下，这些影响更弱。

表 4-13　共享型领导对 DI-HRP 及其维度与员工创新行为关系的调节效应检验

自变量	员工创新行为												
	M1	M2	M3	M4	M5	M6	M7	M8	M9	M10	M11	M12	M13
性别	-0.303**	-0.350**	-0.308**	-0.303**	-0.306**	-0.304*	-0.316**	-0.309**	-0.344**	-0.327**	-0.310***	-0.315**	-0.318**
年龄	0.138	0.122	0.134	0.128	0.135	0.136	0.165	0.172	0.168	0.189	0.193	0.179	0.180
婚否	0.035	0.113	0.053	0.058	0.079	0.072	0.093	0.089	0.151	0.138	0.121	0.118	0.130
学历	-0.027	-0.017	0.009	-0.024	-0.034	-0.007	-0.029	-0.018	-0.002	0.001	-0.009	-0.009	0.005
工龄	0.000	0.023	-0.001	0.012	0.020	0.014	0.002	-0.001	0.012	-0.007	-0.008	0.002	0.003
异地工作	0.000	-0.003	0.000	-0.002	-0.003	-0.001	-0.003	-0.002	-0.003	-0.003	-0.002	-0.003	-0.002
行业	0.010	0.010	0.015	0.009	0.006	0.010	0.009	0.012	0.012	0.014	0.010	0.010	0.012
规模	0.097*	0.082	0.062	0.056	0.084	0.077	0.058	0.075	0.065	0.055	0.050	0.065	0.066
多元性选拔	0.232***			0.206									
个性化配置		0.239***											
包容性发展			0.243***										
参与性评估				0.206***									
针对性薪酬					0.226***								
DI-HRP						0.274***							
共享型领导							0.245***						

续表

自变量	员工创新行为												
	M1	M2	M3	M4	M5	M6	M7	M8	M9	M10	M11	M12	M13
多元性选拔 * 共享型领导								0.067					
个性化配置 * 共享型领导									0.094*				
包容性发展 * 共享型领导										0.173***			
参与性评估 * 共享型领导											0.128**		
针对性薪酬 * 共享型领导												0.121**	
DI-HRP * 共享型领导													0.126**
R^2	0.100	0.103	0.105	0.090	0.098	0.122	0.107	0.129	0.133	0.160	0.142	0.137	0.154
F	4.155***	4.323***	4.383***	3.684***	4.059***	5.190***	4.498***	4.523***	4.667***	5.787***	5.040***	4.853***	5.562***

注：（1）DI-HRP 代表多元包容型人力资源管理实践。（2） * 是指 $p<0.05$， ** 是指 $p<0.01$， *** 是指 $p<0.001$。

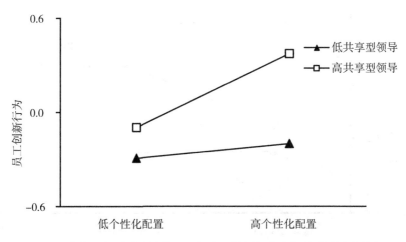

图 4-8　共享型领导对个性化配置与员工创新行为之间关系的调节效应

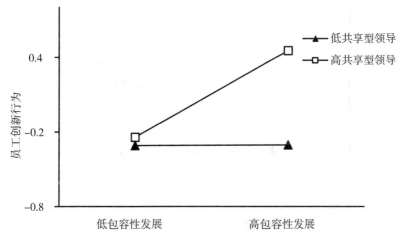

图 4-9　共享型领导对包容性发展与员工创新行为之间关系的调节效应

③有调节的中介效应检验。本研究采用 Hayes（2013）①的 PROCESS
分析插件检验共享型领导是否调节工作重塑在多元包容型人力资源管理实
践及其维度与员工创新行为之间的间接效应。结果如表 4-14 所示，在高、
中、低水平共享型领导下，多元包容型人力资源管理实践、个性化配置、

———————————

① Hayes A F. Introduction to mediation, moderation, and conditional process analysis: A
regression-based approach［J］. Journal of Educational Measurement, 2013, 51（3）: 335-337.

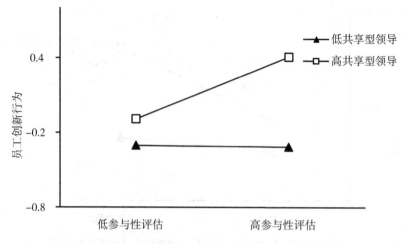

图 4-10　共享型领导对参与性评估与员工创新行为之间关系的调节效应

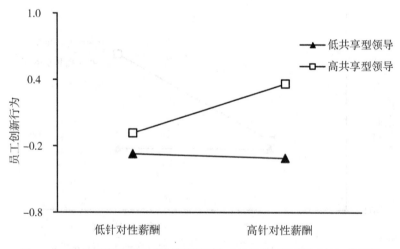

图 4-11　共享型领导对针对性薪酬与员工创新行为之间关系的调节效应

包容性发展、参与性评估及针对性薪酬通过工作重塑对员工创新行为有条件的间接效应的差值显著，95%置信区间不包含零。因此 H7、H7b、H7c、H7d、H7e 得到数据支持。在不同水平共享型领导下，多元性选拔通过工作重塑对员工创新行为有条件的间接效应的差值不显著，95%置信区间包含零，不支持 H7a。

表 4-14　有调节的中介效应分析

路径		Effect	BootSE	BootLLCI	BootULCI
多元性选拔-工作重塑-员工创新行为	低	0.012	0.026	−0.044	0.061
	中	0.035	0.019	0.000	0.075
	高	0.057	0.027	0.013	0.117
	Index	0.022	0.018	−0.008	0.064
个性化配置-工作重塑-员工创新行为	低	0.003	0.030	−0.058	0.058
	中	0.033	0.022	−0.011	0.078
	高	0.063	0.027	0.014	0.121
	Index	0.030	0.017	0.000	0.068
包容性发展-工作重塑-员工创新行为	低	0.003	0.025	−0.048	0.052
	中	0.042	0.022	0.003	0.089
	高	0.082	0.030	0.029	0.146
	Index	0.039	0.017	0.009	0.075
参与性评估-工作重塑-员工创新行为	低	−0.016	0.024	−0.066	0.029
	中	0.017	0.020	−0.022	0.059
	高	0.050	0.025	0.005	0.103
	Index	0.033	0.014	0.008	0.063
针对性薪酬-工作重塑-员工创新行为	低	−0.010	0.028	−0.074	0.041
	中	0.022	0.022	−0.023	0.065
	高	0.054	0.026	0.005	0.108
	Index	0.032	0.016	0.004	0.066
DI-HRP-工作重塑-员工创新行为	低	0.012	0.029	−0.050	0.066
	中	0.044	0.024	−0.001	0.094
	高	0.077	0.030	0.026	0.142
	Index	0.033	0.016	0.006	0.068

4.4.6　数据分析结果

通过对 347 名员工的三阶段匹配数据进行实证分析，数据分析结果如表 4-15 所示。

表 4-15　数据分析结果汇总

假设	假设具体内容	检验结果
H1	多元包容型人力资源管理实践正向影响员工创新行为	支持
H1a-e	(a)多元性选拔、(b)个性化配置、(c)包容性发展、(d)参与性评估以及(e)针对性薪酬正向影响员工创新行为	支持
H2	多元包容型人力资源管理实践正向影响工作重塑	支持
H2a-e	(a)多元性选拔、(b)个性化配置、(c)包容性发展、(d)参与性评估以及(e)针对性薪酬正向影响工作重塑	支持
H3	工作重塑正向影响员工创新行为	支持
H4	工作重塑中介多元包容型人力资源管理实践对员工创新行为的影响	支持
H4a-e	工作重塑中介(a)多元性选拔、(b)个性化配置、(c)包容性发展、(d)参与性评估以及(e)针对性薪酬对员工创新行为的影响	支持
H5	共享型领导调节多元包容型人力资源管理实践对工作重塑的影响，且当共享型领导水平越高时，多元包容型人力资源管理实践对工作重塑的影响越大	支持
H5a-e	共享型领导调节(b)个性化配置、(c)包容性发展、(d)参与性评估以及(e)针对性薪酬对工作重塑的影响，且当共享型领导水平越高时，这些影响越大	支持 H5b-e，不支持 H5a
H6	共享型领导调节多元包容型人力资源管理实践(DI-HRP)对员工创新行为的影响，且当共享型领导水平越高时，多元包容型人力资源管理实践对员工创新行为的影响越大	支持
H6a-e	共享型领导调节(b)个性化配置、(c)包容性发展、(d)参与性评估以及(e)针对性薪酬对员工创新行为的影响，且当共享型领导水平越高时，这些影响越大	支持 H6b-e，不支持 H6a
H7	共享型领导调节多元包容型人力资源管理实践(DI-HRP)与员工创新行为间经由工作重塑的中介效应，且在高水平共享型领导下该中介效应更强	支持
H7a-e	共享型领导调节(b)个性化配置、(c)包容性发展、(d)参与性评估以及(e)针对性薪酬与员工创新行为间经由工作重塑的中介效应，且在高水平共享型领导下，这些中介效应更强	支持 H7b-e，不支持 H7a

4.5　结果讨论

4.5.1　研究总结

综合以上实证分析结果，本研究得出如下结论：

（1）中国情境下多元包容型人力资源管理实践及其各维度显著正向影响员工创新行为。本研究探究了多元包容型人力资源管理实践及其各维度与员工创新行为之间的关系。实证分析结果表明，多元包容型人力资源管理实践及其各维度显著正向影响与员工创新行为。本研究通过界定多元包容型人力资源管理实践的内涵，考察其对员工创新行为的影响，响应了Tang 等（2015）[①]的号召，丰富了组织包容实践相关的研究。以往关于"包容"主题的研究主要集中于包容型领导、包容性创新、包容感、组织包容氛围和包容性增长，有关包容性人力资源实践的相关研究很少。本研究通过探讨多元包容型人力资源管理实践及其各维度与员工创新行为的关系，为企业实现包容管理，释放多元化竞争优势以促进员工创新提供方向。

（2）工作重塑是多元包容型人力资源管理实践及其各维度与员工创新行为关系的内在机制。本研究基于工作重塑的视角，探讨了多元包容型人力资源管理实践及其各维度影响员工创新行为的内在作用机制。这一内在关系的验证打开了人力资源实践影响员工创新行为的"黑箱"，为促进员工创新提供新的途径。以往有关人力资源实践影响员工创新行为的内部机制探讨主要集中于内部人身份感知、心理资本、组织支持、心理安全感等变量，本研究通过以工作重塑作为中介变量，考察多元包容型人力资源管理实践及其各维度影响员工创新行为的过程，丰富了人力资源实践影响员工创新行为的视角，同时补充了工作重塑相关文献。

（3）共享型领导调节多元包容型人力资源管理实践及其各维度（除多元性选拔）对工作重塑和员工创新行为的影响。本研究探讨了共享型领导在多元包容型人力资源管理实践与工作重塑和员工创新行为关系中的调节作用，认为在共享型领导水平较高的情况下，多元包容型人力资源管理实

---

① Tang N Y, Jiang Y, Chen C Y, et al. Inclusion and inclusion management in the Chinese context: An exploratory study[J]. The International Journal of Human Resource Management, 2015, 26(6): 856-874.

践与工作重塑和员工创新行为之间的正向关系增强。研究结果表明,在高水平的共享型领导下,多元包容型人力资源管理实践及其各维度(除多元性选拔)与工作重塑和员工创新行为之间的正向关系增强。本研究响应了赵富强等(2015)①的号召,将领导风格作为人力资源实践影响员工行为的边界条件,明确了多元包容型人力资源管理实践及其各维度作用于工作重塑和员工创新行为的边界条件。进一步证实了张勇等(2014)②的研究成果,即人力资源实践和领导风格是影响工作场所结果变量的两大核心因素,他们都对员工的态度、行为和绩效产生影响。相互之间成为对方影响作用的边界。将两者都加以考虑能够全面反映组织情境因素对员工的影响。

4.5.2　理论贡献

(1)界定了中国情境下多元包容型人力资源管理实践内涵结构,设计了相应测量量表,丰富了导向型人力资源实践理论研究,同时为后续实证研究提供了工具基础。以往有关多元包容型人力资源管理实践的内涵并不清晰,在确定多元包容和人力资源实践本质的基础上,将其定义为"组织为尊重和认可员工的多元化身份,平等对待多元化员工,鼓励员工参与管理和决策以释放员工多元化价值,而实施的包括招聘选拔、培训开发和绩效评估等一系列相互联系、影响和补充的人力资源活动"。本研究丰富了人力资源实践相关文献。同时扩展了组织包容实践的研究视角,为组织进行多元化包容研究奠定基础。

(2)揭示了中国情境下人力资源实践及其各维度影响员工创新行为的工作重塑内在机理,从而丰富了人力资源实践机制研究。本研究以资源保存理论为理论基础,基于工作重塑的中介视角探讨了多元包容型人力资源管理实践及其各维度影响员工创新行为的内在机制。既有研究,主要集中于探讨工作繁荣、心理资本、组织支持感、内部人身份感知等在其中的中介作用,本研究基于工作重塑的视角,不仅丰富了人力资源实践影响员工创新行为的路径,同时也丰富了工作重塑的研究视角。

(3)明确了中国情境下人力资源实践及其各维度影响员工创新行为的共享型领导边界条件,从而丰富了人力资源实践作用机制的情景条件研

---

① 赵富强,杨淑媛,陈耘,张光磊.工作-家庭平衡型人力资源管理实践对员工绩效的影响:工作繁荣与真实型领导的作用[J].中国人力资源开发,2017(9):81-96.

② 张勇,龙立荣,贺伟.绩效薪酬对员工突破性创造力和渐进性创造力的影响[J].心理学报,2014,46(12):1880-1896.

究。以往大多数研究主要将人格特质或工作特征作为边界条件，探讨人力资源实践对员工创新行为的影响作用。人力资源实践和领导风格作为影响员工态度、行为和绩效的两个关键因素，将两者都加以考虑能更加全面地反映组织情境因素对员工的影响。本研究创新性地将共享型领导作为其边界条件，扩展了人力资源实践影响员工创新行为的研究视角。

4.5.3　管理启示

（1）构建中国情境下多元包容型人力资源管理实践，释放员工多元化潜在价值。在经济全球化进程加速的时代，企业面临着顾客多元化、产品多元化以及市场多元化的现状。为了有效应对多元化给企业带来的挑战，企业员工多元化形成一种趋势。员工多元化不仅包含国籍、语言、年龄等表层多元化，还包括价值观、兴趣、信仰等深层多元化。多元化如若管理不当，不仅会削弱员工的积极性，导致较高的离职率，还会进一步影响到企业绩效。与此同时，人力资源多元化作为异质性的人力资源资源又能有效应对顾客多元化及市场多元化带来的挑战，提高企业的竞争力。研究结果表明，多元包容型人力资源管理实践能充分发挥员工多元化优势，提高员工资源存量，降低员工创新的压力，在促进员工创新方面具有重要影响。因此企业需要将"多元包容"思想融入企业人力资源实践，以促进员工积极态度、行为的形成与发生。例如在工作配置方面，注重对员工进行授权，采用弹性工作制和其他较为灵活的办公方式。招聘选拔方面，在招聘过程中不因员工的性别、肤色、学历、地域、年龄等歧视求职者，重视员工多元化特征；在培训方面，企业不仅需要根据员工的个性化需求制订差异化和个性化的培训方案，还需要为员工提供有关包容价值观的培训。在绩效评估方面，员工绩效评估指标的确定应征求员工本人的意见，员工参与自身绩效评价的过程；在薪酬调整与确定时应该充分重视员工的反馈和意见，坚持公平公正的原则。

（2）营造良好的员工工作重塑外部环境。通过本研究的分析可以了解到，当企业实施多元包容型人力资源管理实践时，员工感受到更多的机会、能力和动机来进行工作重塑。通过对相关文献的梳理和总结发现，工作重塑对工作投入、个人绩效、员工满意度、个人-职位匹配、幸福感等结果变量也具有积极的影响。因此企业应该为员工工作重塑创造良好的环境，例如企业营造自主的工作环境，避免对员工不必要的干涉和监控。采用弹性工作制、工作丰富化和工作扩大化等措施，让员工有更多的机会尝试不同的工作内容和工作方式，为员工该如何进行工作重塑提供方向。与此同时，在工作中尽量给予员工更多的自主权和控制权以激发员工的工作热情和兴趣，增强其工作重塑的内部动机，提高工作重塑的水平。

（3）提高领导者权利共享意识，倡导共享型领导风格。本研究的研究结论显示共享型领导在影响人力资源实践实施效果方面起着重要的作用，能够增强多元包容型人力资源管理实践对员工积极行为的影响。共享型领导作为重要的组织情境因素，对员工形成积极的态度和行为产生重要影响。在知识集成的时代，任务的复杂性以及时间的紧迫性使得以往垂直型的领导方式难以高质量地完成工作任务。因此，自我管理型、虚拟的团队成为当前工作团队的最佳选择。为了能够更好地适应环境变化，企业管理者应该提高领导的共享型水平，促进员工表现出更多积极行为。具体来说，鼓励团队成员共享领导权力、共担领导责任，促进企业目标的有效达成；团队成员之间相互协作，相互学习；在工作中鼓励员工尝试新的方式和方法来提高自身绩效。

4.5.4　研究展望

虽然本研究通过实证研究得出了一系列有益结论与启示，但存在如下局限：

（1）数据收集方法局限。在本研究中，多元包容型人力资源管理实践、共享型领导、工作重塑与员工创新行为这四个变量均使用员工自我报告的数据，无可避免地存在主观认知偏差，尽管本研究分为三个时间点测量研究变量，在一定程度上减轻了共同方法偏差对本研究的影响，并且共同方法偏差检验说明本研究不存在严重的共同方法偏差。但自我报告法仍旧无法消除其影响。因而未来需要采取配对法或客观数据收集，从而使研究结论更为可靠与准确。

（2）理论视角研究局限。本研究仅从资源保存视角解释多元包容型人力资源管理实践及其各维度影响员工创新行为的内在机制和边界条件。而多元包容型人力资源管理实践及其各维度影响员工创新行为的路径应不止一条，因而未来研究可以选择其他变量，从社会交换以及信息加工等其他理论视角探讨多元包容型人力资源管理实践及其各维度对员工创新行为的影响。

（3）研究变量选择局限。本研究基于工作重塑的中介和共享型领导风格的调节视角，探讨了多元包容型人力资源管理实践及其各维度影响员工创新行为的内在机制与边界条件，而多元包容型人力资源管理实践及其各维度也可通过其他中介机制在其他情景条件下影响员工创新行为，未来研究可以进一步探讨多元包容型人力资源管理实践及其各维度影响员工创新行为其他内在作用机理与边界条件，如心理资本、组织支持感、心理所有权和工作繁荣等中介变量，以及服务型领导、包容型领导和变革型领导等其他风格的调节作用。

（4）国内文化情景局限。鉴于中西方文化差异，组织对"包容"的理解有所不同。未来研究可以从多个国家和地区收集数据，对多元包容型人力资源管理实践产生前因及影响结果进行跨文化比较分析。

（5）研究层次设计局限。多元包容型人力资源管理实践这一变量在本研究中为员工感知的，但是员工感知的人力资源实践与组织实施的人力资源实践之间存在差异，未来可以在组织层次进一步探讨多元包容型人力资源管理实践对组织绩效影响。

本 章 小 结

在经济全球一体以及国内五化协同的当代社会，劳动力多元化是经济全球化进程中工作场所的一个显著特征。多元化员工如果管理不当，随之可能造成员工之间的猜忌、歧视、敌意及冲突，最终制约员工和组织绩效提升。与此同时，中国情境下，市场多样性使得外部环境的动态性以及竞争的不确定性日趋加强。企业想要在复杂多变的市场环境下寻求生存与发展，创新成为企业的最佳选择。员工创新是企业创新的基础。多元化员工作为企业异质性的人力资源，员工间知识、经验上的差异能够有效激发员工创新。如何应对员工多元化激增所带来的管理挑战，在规避多元化弊端的同时最大限度促进员工创新。究竟何种人力资源实践能够有效规避多元化的弊端，释放多元化员工的竞争优势，驱动员工创新成为亟待解决的首要问题。然而，企业人力资源实践政策的顺利实施离不开领导的支持，共享型领导作为组织情境因素，能够有效保障多元包容型人力资源管理实践的实施效果。同时，员工创新是资源消耗的风险性行为，通过工作重塑，员工获得了丰富的创新资源，进而促进创新。

基于此，本研究对中国情境下多元包容型人力资源管理实践的概念进行了界定，确定了多元包容型人力资源管理实践的构成。此外，以资源保存理论为理论基础，探究了多元包容型人力资源管理实践及其各维度对员工创新行为的影响作用。同时，探讨了工作重塑在这一关系中的中介作用，以及共享型领导对中介作用和直接作用的调节效应。

本研究以 347 名企业员工为样本，实证研究得出如下结论：(1)多元包容型人力资源管理实践及其各维度显著正向影响员工创新行为；(2)工作重塑在多元包容型人力资源管理实践及其各维度与员工创新行为关系中起中介作用；(3)共享型领导调节多元包容型人力资源管理实践及其各维度(除多元性选拔)对工作重塑和员工创新行为的影响。

本研究理论贡献如下：(1)界定了多元包容型人力资源管理实践内涵结构，设计了相应测量量表，丰富了导向型人力资源实践理论研究，同时为后续实证研究提供了工具基础；(2)揭示了人力资源实践影响员工创新行为的工作重塑内在机理，从而丰富了人力资源实践机制研究；(3)明确了人力资源实践影响员工创新行为的共享型领导边界条件，从而丰富了人力资源实践作用机制的情景条件研究。

本研究通过实证研究得出上述有益结论，但仍然存在以下局限：(1)数据收集局限。本研究变量测量采用员工自我报告法收集数据，无可避免地存在主观认知偏差，尽管多时间点测量而有所减轻共同方法偏差影响，且共同方法偏差检验说明共同方法偏差并不严重，但仍旧无法消除其影响，因而未来需要采取配对法或客观数据收集，从而使研究结论更为可靠与准确；(2)理论视角局限。本研究仅从资源保存视角探究多元包容型人力资源管理实践及其各维度影响员工创新行为的内在机制和边界条件，但其影响员工创新行为的路径应不止一条，因而未来研究可以选择其他变量，从社会交换以及信息加工等其他理论视角探讨多元包容型人力资源管理实践对员工创新行为的影响；(3)变量选择局限。本研究基于工作重塑的中介和共享型领导风格的调节视角，探讨多元包容型人力资源管理实践及其各维度影响员工创新行为的内在机制与边界条件，而多元包容型人力资源管理实践也可通过其他中介机制在其他情景条件下影响员工创新行为，因而未来研究可以进一步探讨其他内在作用机理与边界条件；(4)文化情景局限。本研究均在中国情境下展开，鉴于中西方文化差异，组织对"包容"的理解有所不同，因而未来研究可以从多个国家和地区收集数据，对多元包容型人力资源管理实践产生前因及影响结果进行跨文化比较分析；(5)层次设计局限。本研究多元包容型人力资源管理实践采用员工感知的，但员工感知的人力资源实践与组织计划或团队实施的人力资源实践之间存在差异，因而未来可以在组织或团队层次进一步探讨多元包容型人力资源管理实践对个体创新行为的影响。

附：问卷量表

多元包容型人力资源管理实践量表（DI-HRP）

维度一　多元性选拔

1. 公司招聘选拔不因性别、民族、宗教、籍贯及方言等而歧视
2. 公司招聘选拔不会因性格不同与专业背景而影响录用与晋升
3. 公司招聘选拔会根据具体岗位需求而采用灵活招聘选拔方式
4. 公司招聘选拔制度科学严谨、过程规范透明，结果公平公正

维度二　个性化配置

1. 公司工作分配会考虑岗位要求、自身诉求与特长
2. 公司经常采取工作轮换的方式不断提升员工素质
3. 公司工作安排允许对员工有一定工作授权与自治
4. 公司工作安排注重与员工的沟通交流与问题反馈

维度三　包容性发展

1. 公司培训方案会考虑岗位要求、员工需求与职业发展
2. 公司会根据员工不同需求制定差异化个性化培训方案
3. 公司会提供多元化（如性别、民族、文化、宗教、籍贯、方言、性格、专业以及残疾等）方面的包容尊重与换位思考的培训
4. 公司为不同员工设置多种职业发展渠道

维度四　参与性评估

1. 公司绩效评估指标的确定都会征求部门主管与员工意见
2. 公司绩效评估指标内容均与员工岗位工作内容息息相关
3. 公司会根据员工具体岗位特征选择合适评估流程与方式
4. 公司绩效评估注重结果反馈、问题诊断及优化建议征求

维度五　针对性薪酬

1. 与其他公司同类岗位相比，我的薪酬公平合理

2. 与公司其他同级岗位相比，我的薪酬公平合理

3. 我可以根据自己的需求选择薪酬种类与发放形式

4. 公司会让(性别、民族、专业等)不同多元化利益主体参与薪酬方案制定

工作重塑

1. 我尝试提升自己的学习、工作能力mA

2. 在工作过程中我努力让自己变得更专业

3. 我努力从工作中获取新的知识和技能

4. 我在工作中最大程度地发挥自己的能力

5. 在工作中，我对自己如何开展工作有决策权

6. 我努力减少工作给自己带来的心理压力

7. 我尽量不让工作对我的情绪造成负面影响

8. 如果别人影响了我的工作情绪，我会尽量减少与其交流

9. 当某人的想法不切实际时，我会减少与他的接触

10. 在工作中，我尽量不让自己做艰难的决定

11. 我会协调好自己的工作，尽量避免长期陷入紧张状态

12. 遇到困难时，我会向上级寻求援助

13. 我会询问上级对我的工作表现是否满意

14. 在工作中，我希望上级能够鼓励我

15. 我会询问周边人有关我工作表现的看法

16. 在工作中，拿不定主意的时候，我会征求同事的意见

17. 当我对某个项目很有兴趣时，我会主动申请加入

18. 当出现新鲜事物时，我会争取第一个去学习和实践

19. 在工作的淡季，我会努力学习相关知识，为开展新项目做准备

20. 即使承担额外的工作没有奖励，我也会积极参与

21. 在工作中，我尝试主动挑战困难的任务

共享型领导

1. 在工作中，团队成员希望我工作注重质量

2. 团队成员希望我在工作中具有良好的工作表现

3. 团队成员希望我能高效率地完成工作

4. 团队成员期望我不断尝试新方法以提升工作业绩

5. 团队成员希望我以高绩效标准来完成自己的工作

6. 我们团队成员在工作中会自觉学习新的知识和技能

7. 我们团队成员学习在问题中寻找机会

8. 我们团队经常通过集体讨论的方式提升团队的智力

9. 我们团队成员经常训练各自的特长

10. 我们将工作当作学习过程

11. 我们团队成员彼此合作默契，相互信任

12. 我们团队成员具备较高的合作精神和意识

13. 我们团队成员之间分工明确，相互合作

14. 我们团队成员努力消除彼此之间的冲突以利于团队协作

15. 在工作中，我们善于同其他成员合作

16. 我们与领导者共享领导权力

17. 我们与领导者共同承担领导责任

18. 在团队里，我们有施展领导才能的平台

19. 我们将领导看作我们的同事

20. 团队的领导职能在不同的情形下由不同的团队成员承担

员工创新行为

1. 在工作中，我会积极地寻找新的方法、技术或流程

2. 在工作中，我经常产生一些创意的点子或想法

3. 当我有新颖想法时，我会向别人沟通和推销我的想法

4. 为了实现创意与构想，我会努力争取所需资源

5. 对于创新性构想，我会积极主动地制定计划去落实

6. 总的来说，我觉得自己是一个富有创新和创造的人

第5章 DI-HRP 与创新绩效：工作繁荣和 共享型领导的作用

5.1 问题提出

5.1.1 多元融合下创新绩效提升

随着经济全球化的发展，消费需求日益多样，跨界整合如火如荼，动态竞争日益复杂（赵富强、张光磊、陈耘，2015）[①]，中国情境下组织唯有不断创新方能求得生存（Scott & Bruce，1994）[②]。而组织创新源于员工的创新绩效，包括引入新思想、获取新知识、提出新创意、改进现流程以及寻找新技术等（姚明晖、李元旭，2014）[③]，同时也是竞争优势的关键（Yuan & Woodman，2010）[④]。与此同时，劳动力的跨区域流动日益频繁，组织劳动力构成日益多元，其在带给组织多元异质知识与激发创新的同时，也为组织带来诸多融合冲突与管理挑战（赵富强等，2017）[⑤]。因此，中国情境多元融合背景下，如何提升员工创新绩效，成为学界与业界共同关注的热点话题。

---

① 赵富强，张光磊，陈耘. 支持性人力资源实践与组织绩效的研究[J]. 科学学研究，2015 (9)：1405-1413.

② Scott S G, Bruce R A. Determinants of Innovative Behavior: A Path Model of Individual Innovation in the Workplace[J]. Academy of Management Journal, 1994, 37(3): 580-607.

③ 姚明晖，李元旭. 包容性领导对员工创新行为作用机制研究[J]. 科技进步与对策，2014 (10)：6-9.

④ Yuan F, Woodman R W. Innovative behavior in the workplace: the role of performance and image outcome expectation[J]. Academy of Management Journal, 2010, 53(2): 323-342.

⑤ 赵富强，杨淑媛，陈耘，张光磊. 工作-家庭平衡型人力资源管理实践对员工绩效的影响：工作繁荣与真实型领导的作用[J]. 中国人力资源开发，2017, 35(9)：45-60.

5.1.2　创新绩效需 DI-HRP 支持

众所周知，员工创新绩效离不开组织人力资源实践的支持。根据资源保存理论，HRP 可提升员工创新能力、激发创新动机与提供创新机会，从而影响其创新态度、行为与绩效（Hobfoll，2002）[1]；同时，组织给予的人力资源实践支持让员工感到组织对其能力的欣赏、价值的尊重、对作的认可、发展的投资以及福祉的关心，因而会激发其更为积极的热情、更有责任的担当、更为自愿的奉献、更为主动的沟通以及更为激情的创新等回馈组织（Shore，Shore，1995）[2]。多元背景下，组织更需要理解、尊重和欣赏工作场所劳动力种族、性别、文化以及性取向等方面的多元差异，重视个体差异与独特贡献（Lirio，Lee & Williams，2010）[3]，公正平等对待员工，鼓励参与决策管理（Holvino，Ferdman & Merrill-Sands，2004）[4]，帮助其适应组织，宽容非故意差错以及容忍不同观点（Tang，Jiang & Chen，2015）[5]，这样才能使组织获得更好发展（Roberson，2004）[6]。有效的人力资源实践是员工创新绩效的关键与组织持续创新的保障，因而求同用异、百花齐放和创新致胜的多元包容型人力资源管理实践受到学界与业界的广泛关注。而既有相关研究主要集中于包容性氛围（Nishii，2012）[7]、包容性感知（Jansen，Otten & Zee，2014）[8]以及包容型领导（Tang，Zheng & Chen，2017）[9]等方面，但对多元包容型人力资源管

[1]　Hobfoll S E. Social and psychological resources and adaptation [J]. Review of General Psychology, 2002, 6(4): 307-324.

[2]　Shore L M, Shore T H. Perceived organizational support and organizational justice [M]. Organizational politics, justice and support, 1995.

[3]　Lirio P, Lee M D, Williams M L, et al. The inclusion challenge with reduced-load professionals: The role of the manager[J]. Human Resource Management, 2010, 47(3): 443-461.

[4]　Holvino E, Ferdman B M, Merrill-Sands D. Creating and sustaining diversity and inclusion in organizations: Strategies and approaches[J]. The Psychology and Management of Workplace Diversity, 2004, 8(2): 245-276.

[5]　Tang N, Jiang Y, Chen C, et al. Inclusion and inclusion management in the Chinese context: an exploratory study[J]. International Journal of Human Resource Management, 2015, 26(6): 856-874.

[6]　Roberson Q M. Disentangling the meanings of diversity and inclusion in organizations[J]. Group & Organization Management, 2004, 31(2): 212-236.

[7]　Nishii L H. The benefits of climate for inclusion for gender-diverse groups [J]. Academy of Management Journal, 2012, 56(6): 1754-1774.

[8]　Jansen W S, Otten S, Zee Kivd, et al. Inclusion: Conceptualization and measurement[J]. European Journal of Social Psychology, 2014, 44(4): 370-385.

[9]　Tang N, Zheng X, Chen C. Managing Chinese diverse workforce: toward a theory of organizational inclusion[J]. Nankai Business Review International, 2017, 8(1): 39-56.

理实践缺乏深入探索。

5.1.3　工作发挥桥梁作用

员工的有效工作行为源于其积极工作状态(Avey et al.，2009)①，而工作繁荣是员工积极工作状态的核心表现之一(Walumbwa，Muchiri & Misati，2016)②，是员工体验到"活力"和"学习"的积极状态，其中"活力"代表热情状态(Nix，Ryan & Manly，1999)③，而"学习"代表获取知识的能力(Carver，1998)④。根据 Spreitzer 等(2005)⑤的工作繁荣社会嵌入模型，部门情境特征(包括参与决策、信任和尊重等)和工作资源(包括知识、情感和关系等)等影响工作繁荣，多元包容型人力资源管理实践通过尊重、信任、欣赏、认可以及关心多元化员工，为其提供参与决策的机会和职业发展的培训以及用武之地等资源支持，从而促进员工的工作繁荣，而工作繁荣可提高员工对组织的忠诚度、满意度以及成就感(Porath，Spreitzer，Gibson & Granett，2012)⑥，可有效促进员工的创新思维、行为与绩效(吴江秋、黄培伦、严丹，2015)⑦。因而工作繁荣可能在多元包容型人力资源管理实践与员工创新绩效之间起着很好的桥梁与中介作用。

5.1.4　共享型领导促进创新绩效转化

研究发现，人力资源实践与领导风格的匹配可进一步发挥其作用(赵

---

① Avey J B, Luthans F, Jensen S M. Psychological capital：A positive resource for combating employee stress and turnover[J]. Human Resource Management, 2009, 48(5)：677-693.

② Walumbwa F O, Muchiri M K, Misati E. Fired up to perform：A multilevel examination of antecedents and consequences of thriving at work [R]. Annual Meeting of Academy of Management, 2016.

③ Nix G A, Ryan R M, Manly J B, et al. Revitalization through self-regulation：The effects of autonomous and controlled motivation on happiness and vitality[J]. Journal of Experimental Social Psychology, 1999, 35(3)：266-284.

④ Carver C S. Resilience and Thriving：Issues, Models, and Linkages[J]. Journal of Social Issues, 1998, 54(2)：245-266.

⑤ Spreitzer G, Porath C L, Gibson C B. Toward human sustainability：How to enable more thriving at work[J]. Organizational Dynamics, 2012, 41(2)：155-162.

⑥ Porath C, Spreitzer G, Gibson C, Granett F G. Thriving at work：Towards its measurement, construct validation, and theoretical refinement[J]. Journal of Organizational Behavior, 2012, 33(2)：250-275.

⑦ 吴江秋，黄培伦，严丹. 工作繁荣的产生及其对创新绩效的影响——来自广东省高科技企业的实证研究[J]. 软科学, 2015(7)：110-113.

富强等，2017)①。共享型领导是旨在实现群体和/或组织目标的成员间相互影响的动态过程(Pearce & Conger，2003)②，成员间共同设定目标、制定决策、设置目标和配置资源等，共同识别、分析和诊断问题，相互支持、倾听和鼓励，相互建议、学习与指导等 (Hiller，Day & Vance，2003)③，因而其可通过与人力资源实践的匹配与协同，共同诱发团队成员的创新绩效(Hoch，2013)④。

5.1.5　DI-HRP 影响创新绩效模型构建

本研究将工作繁荣与共享型领导分别作为研究模型的中介与调节变量，揭示内在机理的黑箱机制与边界条件。主要贡献如下：一方面，探究工作繁荣作为内部机制，揭示多元包容型人力资源管理实践对员工创新绩效的影响，深化作用机制，丰富相关研究。另一方面，深刻揭示多元包容型人力资源管理实践影响机制的边界条件，从而有利于多元化员工创新绩效激发的管理决策、规则构建和情景设计。

5.2　理论基础与研究假设

5.2.1　最优区分理论

(1)最优区分理论的核心思想。最优区分理论(Optimal Distinctiveness Theory)最早由社会心理学家 Brewer 在 1991 年提出，其核心思想为社会个体同时面临两种竞争性需求，既希望可以归属于某个社会群体，也希望能够与群体内外成员有所区分，即强调个体如何在遵从规范的强烈压力中塑造独特性(Uniqueness)。⑤ 社会认同来自于验证与他人相似的人类需求和

---

① 赵富强，杨淑媛，陈耘，张光磊. 工作-家庭平衡型人力资源管理实践对员工绩效的影响：工作繁荣与真实型领导的作用[J]. 中国人力资源开发，2017，35(9)：45-60.

② Pearce C L，Conger J A. All those years ago：The historical underpinnings of shared leadership[M]//Pearce C L，Conger J A. Shared leadership：Reframing the hows and whys of leadership. Thousand Oaks，CA：Sage，2003：1-18.

③ Hiller N J，et al. Collective enactment of leadership roles and team effectiveness：A field study[J]. The Leadership Quarterly，2006，17：387-397.

④ Hoch J E. Shared leadership and innovation：The role of vertical leadership and employee integrity[J]. Journal of Business & Psychology，2013，28(2)：159-174.

⑤ Brewer M B. The social self：On being the same and different at the same time[J]. Personality and social psychology bulletin，1991，17(5)：475-482.

对独特个性化的对抗性需求之间的一种基本张力。个体需要与他人有一定程度的相似性和差异性，并通过保持自我和相关他人之间某种中间程度的相似性来满足这些需求。社会认同理论提供如何调和这些冲突的驱动力视角。社会认同可以被看作同化和分化于他人之间的妥协，其中去个性化（即求同）需求在群体内得到满足，而独特性（即存异）需求则通过群体间比较得到满足。青春期的同龄人群体提供了典型案例。每个同龄人都发展出外表和行为的相似风格，使个别青少年能够与他们的同龄人打成一片，同时"像拇指一样黏着"他们的父母。团体身份使我们在同一时间内既相同又不同。

最优区分理论在组织管理领域的主要含义是，独特性本身是群体极其重要的特征，与群体成员的地位或评价无关。为了保证忠诚度，群体不仅要满足成员在群体内的归属需求（Needs for Affiliation and Belonging），还必须保持清晰的边界，将他们与其他群体区分开来。换句话说，群体必须保持独特性才能生存——有效的群体不能过于庞大或过于异质。过于包容或定义不清的群体会失去成员的忠诚度，或者分裂成不同的派别或分裂群体。这种基于社会认同功能观的模型是对立过程模型的变种，这种模型在情感和获得性动机理论中已被证明是有用的。其中，同化需求（Needs for Assimilation）和分化需求（Needs for Differentiation）被表示为对立的力量，而不是一个相似性-不相似性的双线性连续体。假设在一个特定的社会环境或参考框架内，一个人可以沿着社会独特性-包容性（Social Distinctiveness-inclusiveness）维度进行分类，其范围从一个极端的独特性（即在社会环境中把个体与任何其他人区分开来的特征）到另一个极端的社会环境中的完全融合（去个性化）。自我分类的包容性水平越高，自我概念的去个性化程度就越高。沿着包容性维度的每一个点都与同化和分化的竞争需求的特定激活水平有关。对社会同化驱动力的唤醒与包容性水平成反比。当自我分类变得更加个性化时，对集体认同的需要就会变得更加强烈。相比之下，分化需求的唤起与包容性水平正相关，当自我分类变得更加去个性化时，对个人身份的需求就会加强。高度个性化使人容易受到孤立和侮辱（即使在正面价值的维度上表现出色，也会产生社会距离和潜在的排斥）。然而，完全去个性化为比较性评价或自我定义提供了无用的基础。因此，在社会环境中感到不舒服，因为大家要么太独特，要么太没有特色。

在这个模型中，平衡或最优区分是通过与包容性水平的分类认同来实现的，在这个水平上分化需求和同化需求的激活程度完全相等。与规模过大或包容性过强的群体联系，应该留下自我与该群体身份进一步分化(差异化)的残余动机，而过强的个体独特性应该让个人寻求被纳入更大的集体中。偏离最优区分的任何一个方向——过多或过少的个人化都会促使个人达到相同平衡，在平衡中社会认同感最强，群体忠诚度最强。

最优区分的基本原则体现在以下假设中：①当包容性水平解决了自我分化(差异化)需求和与他人同化需求之间的冲突时，社会认同在社会群体或类别中最强；②最优区分独立于群体成员的评价意义，尽管在其他条件相同的情况下，个人会喜欢积极的群体身份而不是消极的身份；③一个特定社会身份的独特性依赖于背景，取决于参考框架，在这个框架内，可能的社会身份在某一特定时间被定义，范围可以从特定社会集会的参与者到整个人类；④类别独特性或包容性的最佳水平是同化和分化对立动力的相对强度的函数。对任何个人来说，两种需求的相对强度由文化规范、个体社会化和最近经验决定。该假设使模型与强调自我定义的文化差异理论一致(Martin et al. , 1983)①。然而，除了作为一种文化理想，不可能有任何社会存在个体化极端或同化极端是最佳的。

随着最优区分理论的进一步发展，其逐渐被应用到战略管理领域研究中。Deephouse (1999)②提出"求同还是存异"问题，指出企业面临同化与分化的矛盾需求。"求同"即对一致性的追求，源于制度理论和资源依赖理论的合法化机制，企业需要与既有行业规范、期望和实践保持一致，以建立合法性，进而获取资源支持；"存异"即对差异化的追求，源于竞争战略理论的竞争机制，企业需要寻求与同行业其他企业差异化的战略定位，以塑造其独特性，进而赢得竞争优势。"战略相似性"指企业战略中一致性和独特性的相对强度。高战略相似性可能使企业面临较强的竞争压力，但可以有效避开合法性挑战；低战略相似性使竞争压力减弱，但可能损害合法性并阻碍资源获取。因此，"求同"与"存异"之间存在明显张力，而主张适度的战略相似性战略平衡的思想可帮助企业平衡一致性与差异化压力实现最优绩效。

(2)最优区分理论在本研究中的应用。基于最优区分理论，本研究认

---

① Martin J, Feldman M S, Hatch M J, et al. The uniqueness paradox in organizational stories [J]. Administrative science quarterly, 1983, 9: 438-453.

② Deephouse D L. To be different, or to be the same? It'sa question (and theory) of strategic balance[J]. Strategic management journal, 1999, 20(2): 147-166.

为，多元包容型人力资源管理实践通过尊重异质性员工差异，认可价值，包容错误，宽容失败，发挥员工独特优势来提高求同存异能力、激发百家争鸣动机以及提供百花齐放机会，从而同时满足员工归属性和独特性的需求。一方面，DI-HRP 将多元视为战略资源，旨在避免歧视性雇用，形成接受雇员之间差异的包容性氛围。虽然来自不同文化背景的员工拥有不同技能、观点和社会网络，但组织认同各自差异，尊重每位员工的价值观，传达组织对员工的接纳和内部人态度，使员工归属于所在组织。此外，组织通过多元包容型人力资源实践为员工提供正确认知自身价值以及与他人沟通磨合的平台，使其目标、价值观、态度等与组织中其他成员相似，进一步满足其"求同"的需求。另一方面，多元包容型人力资源管理实践注重每个员工的独特价值贡献并给予相应回报，通过提供多元化培训发挥个体独特竞争优势，并允许员工参与个性化绩效指标的制定，满足个体"求异"的独特性需求。当个体认识到自己与群体中其他成员在某些特征相似、归属于特定社会群体并具有区分于群体内外其他成员的独特个性时，个体的社会认同感和群体忠诚度最强，从而付出额外的时间、精力和注意力资源用于从事创造性活动，如新产品研发、服务改进和工作流程设计。此外，当个体认识到作为群体成员带给自身的情感和价值意义时，会努力实现工作目标并与他人建立友好合作关系，帮助组织成员解决问题。

综合而言，最优区分理论基于"求同"和"存异"矛盾需求之间的张力为分析和预测个体行为提供了理论视角，进而为解释多元包容型人力资源管理实践如何提高创新绩效提供了理论支持。

5.2.2　DI-HRP 与员工创新绩效

人力资源实践通过规则框架改变资源配置、组织支持、意义建构以及交换关系等，从而影响员工的工作能力、激发员工工作动机以及提供员工工作机会，因而有效的人力资源实践可以提升员工的创新能力、激发员工的创新动机以及提供员工创新的机会，增加员工创新行为，进而提升组织创新绩效（Fredrickson，1998）[①]。多元包容型人力资源管理实践是指组织为实现战略目标、提高组织绩效和获取竞争优势而采取的尊重员工差异、

---

① Fredrickson B L. What good are positive emotions [C]. Review of General Psychology, 1998：300-319.

认可员工价值、包容员工错误、发挥员工潜能、鼓励员工参与以及促进员工协同等的提升多元包容能力、激发多元包容动机和提供多元包容机会的一系列相互独立、相互联系和相互补充的活动、职能和过程，包括多元性选拔、个性化配置、包容性发展、参与性评估、针对性薪酬等（Den Hartog，2007；Edmondson，2006；Beal，Cohen，Burke & Mclendon，2003；Chrobot-Mason & Thomas，2002）①②③④。个体多元异质知识的碰撞是其创新绩效的前提（赵富强、张光磊、陈耘，2015）⑤，因而对其创新绩效尤为重要（Amabile，Conti & Coon，1996）⑥。首先，组织创新来源于组织的知识获取与储备，而招聘选拔对于知识的获取起着至关重要的作用（Subramaniam，Youndt，2005）⑦；组织通过多元性选拔中广泛的招聘选拔渠道、精心的招聘选拔方式以及严格的招聘选拔程序，可以全面了解求职者的创新能力，快速找到并锁定具有创造力的求职者（Koch et al.，2005）⑧，从而让组织创新有较为雄厚的资源基础。其次，多元包容型人力资源管理实践通过包容性发展的培训开发对员工知识的储备至关重要，可满足其多元包容的培训需求，提高其专业知识技能，培养其发散思维，促进其创造性解决问题的能力，同时多样性职业发展对其创新动机激发与能力提升有着至关重要的影响（Subramaniam，Youndt，2005）。再次，个性化配置可激发员工的创新动机、提高创新能力以及提供创新机会，同时

① Den Hartog D N, De Hoogh A H, Keegan A E. The interactive effects of belongin- gness and charisma on helping and compliance[J]. Journal of Applied Psychology, 2007, 92(4): 1131-1139.

② Edmondson A C. Making it safe: The effects of leader inclusiveness and professional status on psychological safety and improvement efforts in health care teams[J]. Journal of Organizational Behavior, 2006, 27(7): 941-966.

③ Beal D J, Cohen R R, Burke M J, Mclendon C L. Cohesion and performance in groups: a meta-analytic clarification of construct relations[J]. Journal of Applied Psychology, 2003, 88 (6): 989-1004.

④ Chrobot-Mason D, Thomas K M. Minority employees in majority organizations: The inter-section of individual and organizational racial identity in the workplace [J]. Human Resource Development Review, 2002, 1(3): 323-344.

⑤ 赵富强，张光磊，陈耘. 支持性人力资源实践与组织绩效的研究[J]. 科学学研究，2015 (9): 1405-1413.

⑥ Amabile T M, Conti R, Coon H, et al. Assessing the work environment for creativity[J]. Academy of Management Journal, 1996, 39(5): 1154-1184.

⑦ Subramaniam M, Youndt M A. The Influence of Intellectual Capital on the Types of Innovative Capabilities[J]. Academy of Management Journal, 2005, 48(3): 450-463.

⑧ Koch M J, Mcgrath R G. Improving labor productivity: Human resource management policies do matter[J]. Strategic Management Journal, 2015, 17(5): 335-354.

多样化工作设计有助于激发员工的创新绩效(Shalley, Gilson, 2004)①。工作授权通过赋予员工更多的自治权, 让员工选择喜欢的工作方式, 从而诱发其创新行为(Amabile, Conti & Coon, 1996; Zhou, 1998)②③。第五, 参与性评估与反馈的内容和方式也会对员工的创新绩效产生影响。当员工认为绩效评估的内容能够为他将来的工作提供建设性意见与支持的时候, 员工工作的内部动机提高, 进而促进创新绩效(Shalley, Perrysmith, 2001)④; 绩效评估可以让员工清楚认识到与目标间差距, 从而使员工创新行为更具方向性; 绩效反馈能为员工工作提供改进意见时会激发员工的创造力(Zhou, 2003)⑤。最后, 针对性薪酬不仅可以吸引和保留优秀创新人才, 同时也会推动其更为积极地参与组织创新(张勇、龙立荣, 2013)⑥。因此, 本研究提出如下假设:

H1: 多元包容型人力资源管理实践与员工创新绩效显著正相关。

H1a: 多元性选拔与员工创新绩效显著正相关。

H1b: 个性化配置与员工创新绩效显著正相关。

H1c: 包容性发展与员工创新绩效显著正相关。

H1d: 参与性评估与员工创新绩效显著正相关。

H1e: 针对性薪酬与员工创新绩效显著正相关。

5.2.3　工作繁荣的中介作用

(1)多元包容型人力资源管理实践与工作繁荣

根据工作繁荣社会嵌入模型, 个体能够感知到组织信任、组织尊重,

---

① Shalley C E, Gilson L L. What leaders need to know: A review of social and contextual factors that can foster or hinder creativity[J]. Leadership Quarterly, 2004, 15(1): 33-53.

② Amabile T M, Conti R, Coon H, et al. Assessing the work environment for creativity[J]. Academy of Management Journal, 1996, 39(5): 1154-1184.

③ Zhou J. Feedback valence, feedback style, task autonomy, and achievement orientation: Interactive effects on creative performance[J]. Journal of Applied Psychology, 1998, 83(2): 261-276.

④ Shalley C E, Perrysmith J E. Effects of social-psychological factors on creative performance: The role of informational and controlling expected evaluation and modeling experience[J]. Organ Behav Hum Decis Process, 2001, 84(1): 1-22.

⑤ Zhou J. When the presence of creative coworkers is related to creativity: Role of supervisor close monitoring, developmental feedback, and creative personality [J]. Journal of Applied Psychology, 2003, 88(3): 413.

⑥ 张勇, 龙立荣. 绩效薪酬对雇员创造力的影响: 人-工作匹配和创造力自我效能的作用[J]. 心理学报, 2013, 45(3): 363-376.

其易体验到工作繁荣（Spreitzer，Sutcliffe & Dutton，2005）①。研究发现，自由裁量权（谷智馨，2015）②、信息共享（Spreitzer，Sutcliffe & Dutton，2005）③、管理参与（Wallace，Butts & Johnson，2016）④、多元包容（Spreitzer，Porath & Gibson，2012）⑤和信任尊重（谷智馨，2015）⑥等的组织氛围会对工作繁荣产生重要影响。当员工被强迫工作时，其不会体验到工作繁荣，而被给予自治权时，其会主动创造学习机会，从而促进工作繁荣（Edmondson，1999）⑦。绩效反馈通过提供绩效目标以及当前绩效的有关信息，使员工能够更为客观地评价自己，让其进一步明确创新的方向，使其创新行为更为接近组织目标，从而提升其工作繁荣（Spreitzer，Porath & Gibson，2012）。多元包容型人力资源管理实践对员工的多样性培训和投资可以培养组织整体的学习氛围和文化，激发员工的学习热情，提高员工学习的能力和意愿，员工会主动寻求信息和知识，从而进一步提高员工的工作繁荣（Sung & Choi，2014）⑧；多元包容型人力资源管理实践的针对性薪酬福利和包容性培训开发显著影响员工的心理安全感（王丹，关莹，宫晶晶，2017）⑨，当员工被给予资源和奖励时，会增加员工的心理安全感，员工心理安全感水平越高，员工越愿意与其他成员进行知识共享，提高其学习热情。基于此，本研究提出：

① Spreitzer G，Sutcliffe K，Dutton J，et al. A socially embedded model of thriving at work[J]. Organization Science，2005，16(5)：537-549.
② 谷智馨. 基本心理需要的满足对员工工作繁荣的影响[J]. 科技创新与生产力，2015(1)：40-42.
③ Spreitzer G，Sutcliffe K，Dutton J，et al. A socially embedded model of thriving at work[J]. Organization Science，2005，16(5)：537-549.
④ Wallace J C，Butts M M，Johnson P D，et al. A multilevel model of employee innovation：Understanding the effects of regulatory focus，thriving，and employee involvement climate[J]. Journal of Management，2016，42(4)：982-1004.
⑤ Spreitzer G，Porath C L，Gibson C B. Toward human sustainability：How to enable more thriving at work[J]. Organizational Dynamics，2012，41(2)：155-162.
⑥ 谷智馨. 基本心理需要的满足对员工工作繁荣的影响[J]. 科技创新与生产力，2015(1)：40-42.
⑦ Edmondson A. Psychological safety and learning behavior in work teams[J]. Administrative Science Quarterly，1999，44(2)：350-383.
⑧ Sun Y S，Jin N C. Do organizations spend wisely on employees? Effects of training and development investments on learning and innovation in organizations[J]. Journal of Organization Behavior，2014，35(3)：393-412.
⑨ 王丹，关莹，宫晶晶. 人力资源管理、心理安全感与矿工安全行为的关系研究[J]. 中国安全科学学报，2017(12)：126-139.

H2：多元包容型人力资源管理实践与工作繁荣显著正相关。

H2a：多元性选拔与工作繁荣显著正相关。

H2b：个性化配置与工作繁荣显著正相关。

H2c：包容性发展与工作繁荣显著正相关。

H2d：参与性评估与工作繁荣显著正相关。

H2e：针对性薪酬与工作繁荣显著正相关。

（2）工作繁荣对员工创新绩效的影响

众所周知，员工行为源于心理状态，工作繁荣是个体同时体验到"活力"和"学习"的一种表现（Spreitzer, Sutcliffe & Dutton, 2005）①，是员工的积极工作状态的体现，其中"活力"是工作热情状态（Nix, Ryan & Manly, 1999）②，"学习"则是获取知识的能力（Carver, 1998）③。工作繁荣的员工主动寻求学习机会、减少缺勤和减轻压力（Avey, Luthans & Jensen, 2009）④，激发员工的主动性，而员工的主动性是促进员工创新绩效的不竭动力与源泉（Sonnentag & Frita, 2007）⑤。工作繁荣可帮助员工更好地适应工作环境，为其创新绩效提供动力，可促进自身知识的提高与职业发展的成功（Carmeli, Spreitzer, 2011）⑥。研究发现，工作繁荣是创新的催化剂，其中学习是创新的基础，活力是产生创新的情感资源（赵富强、杨淑媛、陈耘、张光磊, 2017）⑦。当员工干中学时，其处于认识问题和实施改进措施的理想位置，可帮助其获得专业领域知识，找到新的解决方式，从而为其创新绩效奠定基础（Amabile, Conti & Coon, 1996）⑧；个体学习能力较强，擅长在提出创新想法，完成创造性工作（陶咏梅，康

① Spreitzer G, Sutcliffe K, Dutton J, et al. A socially embedded model of thriving at work[J]. Organization Science, 2005, 16(5): 537-549.

② Nix G A, Ryan R M, Manly J B, et al. Revitalization through self-regulation: The effects of autonomous and controlled motivation on happiness and vitality[J]. Journal of Experimental Social Psychology, 1999, 35(3): 266-284.

③ Carver C S. Resilience and Thriving: Issues, Models, and Linkages[J]. Journal of Social Issues, 1998, 54(2): 245-266.

④ Avey J B, Luthans F, Jensen S M. Psychological capital: A positive resource for combating employee stress and turnover[J]. Human Resource Management, 2009, 48(5): 677-693.

⑤ Sonnentag S, Fritz C. The recovery experience questionnaire: Development and validation of a measure assessing recuperation and unwinding at work[J]. Journal of Occupational Health Psychology, 2007, 12(3): 204-221.

⑥ Carmeli A, Spreitzer G M. Trust, Connectivity, and Thriving: Implications for Innovative Behaviors at Work[J]. Journal of Creative Behavior, 2011, 43(3): 169-191.

⑦ 赵富强, 杨淑媛, 陈耘, 张光磊. 工作-家庭平衡型人力资源管理实践对员工绩效的影响: 工作繁荣与真实型领导的作用[J]. 中国人力资源开发, 2017, 35(9): 45-60.

⑧ Amabile T M, Conti R, Coon H, et al. Assessing the work environment for creativity[J]. Academy of Management Journal, 1996, 39(5): 1154-1184.

宇，2013)①。另一方面，活力会促进员工的创新绩效(Kark et al.，2009)②。当员工在工作中体验到活力时，其会产生积极情绪，同时建立心理和社会资源(Fredrickson，Losada，2005)③，从而拓展其认知思维，进而创造性地解决问题。某种程度上，工作繁荣的学习能有效解决个体创新能力与机会的知识资源问题，而活力可有效激发个体创新动机与意愿的心理资源问题，两者的有机结合可共同触发个体创新行为。基于此，本研究提出：

H3：工作繁荣与员工创新绩效显著正相关。

(3)工作繁荣的中介作用

研究发现，部门情境和工作资源会对工作繁荣产生重要影响，当个体可自主决策、自由裁量、信息共享和尊重信任时，其工作繁荣水平提高(Sprertzer，Sutcliffe & Dutton，2005)④。而多元包容型人力资源管理实践作为员工工作最为重要的社会环境，其通过授予员工参与权力，提高员工创新绩效。此外，多元包容型人力资源管理实践公平对待员工、允许员工参与决策以及包容员工差异化观念，因而可使员工求同存异兼收并蓄的同时，提升其积极情绪和工作繁荣状态，从而整合利用其多元异质知识，诱发更多的创新绩效，使其百花齐放、百家争鸣(Ten，Bakker，2012)⑤。基于此，本研究提出假设：

H4：工作繁荣在多元包容型人力资源管理实践与员工创新绩效关系中有中介作用。

H4a：工作繁荣在多元性选拔与员工创新绩效关系中有中介作用。

H4b：工作繁荣在个性化配置与员工创新绩效关系中有中介作用。

H4c：工作繁荣在包容性发展与员工创新绩效关系中有中介作用。

H4d：工作繁荣在参与性评估与员工创新绩效关系中有中介作用。

H4e：工作繁荣在针对性薪酬与员工创新绩效关系中有中介作用。

---

① 陶咏梅，康宇. 基于组织承诺的组织创新气氛与个体创新行为关系研究[J]. 工业技术经济，2012(6)：145-150.

② Kark R，Carmeli A. Alive and creating：The mediating role of vitality in the relationship between psychological safety and creative work involvement[J]. Journal of Organizational Behavior，Forthcoming，2009，30：785-804.

③ Fredrickson B L，Losada M F. Positive affect and the complex dynamics of human flourishing [J]. American Psychologist，2005，60(7)：678-686.

④ Spreitzer G，Sutcliffe K，Dutton J，et al. A socially embedded model of thriving at work[J]. Organization Science，2005，16(5)：537-549.

⑤ Ten Brummelhuis L L，Bakker A B. A resource perspective on the work-home interface：the work-home resources model[J]. American Psychologist，2012，67(7)：545-556.

5.2.4　共享型领导调节作用

领导者是员工创新行为诱发与组织创新变革的关键，是引进新观念、制定新目标以及鼓励下属主动创新的原动力。研究发现，授权型领导、包容型领导和变革型领导等对员工创新绩效均有影响（Carmeli，Atwater & Levi，2011）[①]。共享型领导作为一种新兴领导方式，是为实现团队共同目标而根据外部环境变化及团队成员特长在不同阶段选择不同成员担当领导角色的群体动态交互影响过程（刘博逸，2012）[②]。人力资源实践能否影响员工行为、态度和绩效取决于其对人力资源实践的感知和解读，而领导方式直接影响其组织支持感，即员工会根据领导的行为和方式来解读组织实施的人力资源实践，从而做出应对措施（张璐、胡君辰、吴泳臻，2015）[③]。共享型领导鼓励团队成员参与决策和信息广泛共享，其与多元包容型人力资源管理实践匹配互补而相得益彰，从而充分发挥员工的主观能动性，进而诱发更多员工创新绩效（Joshi，Pandey & Han，2009）[④]。尤其在人力资源实践提供的资源不足时，高水平共享型领导的支持就显得尤为重要。基于此，本研究提出以下假设：

H5：共享型领导调节多元包容型人力资源管理实践与员工创新绩效之间的正相关关系，当共享型领导水平越高时，其相关关系也越强。

H5a：共享型领导调节多元性选拔与员工创新绩效之间的正相关关系，当共享型领导水平越高时，该关系越强。

H5b：共享型领导调节个性化配置与员工创新绩效之间的正相关关系，当共享型领导水平越高时，该关系越强。

H5c：共享型领导调节包容性发展与员工创新绩效之间的正相关关系，当共享型领导水平越高时，该关系越强。

H5d：共享型领导调节参与性评估与员工创新绩效之间的正相关关

① Carmeli A，Atwater L，Levi A. How leadership enhances employees' knowledge sharing：The intervening roles of relational and organizational identification[J]. The Journal of Technology Transfer，2011，36(3)：257-274.

② 刘博逸. 共享领导的概念内涵、内容结构、绩效水平与实施策略[J]. 理论探讨，2012(1)：162-166.

③ 张璐，胡君辰，吴泳臻. 真实型领导对下属追随力的影响机制：信任与领导-成员交换的作用[J]. 中国人力资源开发，2015(21)：55-64.

④ Joshi A，Pandey N，Han G. Bracketing team boundary spanning：An examination of task-based，team-level，and contextual antecedents[J]. Journal of Organizational Behavior，2009，30(6)：731-759.

系，当共享型领导水平越高时，该关系越强。

H5e：共享型领导调节针对性薪酬与员工创新绩效之间的正相关关系，当共享型领导水平越高时，该关系越强。

研究表明，自我决定、信息共享、决策参与、多元包容和信任尊重等组织支持感会对个体工作繁荣产生重要影响（谷智馨，2015）[1]。多元包容型人力资源管理实践通过个性化配置、多元性选拔、包容性培训发展、参与性评估以及针对性薪酬管理，可以让员工感知到自我授权、管理参与、价值尊重、工作认可、个性包容以及信息透明，因而可以提升工作繁荣（Spreitzer，Porath & Gibson，2012）[2]。共享型领导通过充分授权以及权责共享等方式使领导权在不同团队成员之间转移，形成团队成员共同承担领导职责的局面，其通过赋予员工更多的领导权和工作意义充分调动员工的工作积极性，从而激发员工的心理授权、安全氛围、决策参与、换位思考、相互信任以及彼此尊重，因而可有效提升个体工作繁荣（张红丽、冷雪玉、程豹，2015）[3]。由此可推断多元包容型人力资源管理实践与共享型领导的有机协同，可进一步提升个体的工作繁荣。因此，本研究提出：

H6：共享型领导正向调节多元包容型人力资源管理实践与工作繁荣之间的相关关系，当共享型领导水平越高时，其相关关系也越强。

H6a：共享型领导调节多元性选拔与工作繁荣之间的相关关系，当共享型领导水平越高时，该关系越强。

H6b：共享型领导调节个性化配置与工作繁荣之间的相关关系，当共享型领导水平越高时，该关系越强。

H6c：共享型领导调节包容性发展与工作繁荣之间的相关关系，当共享型领导水平越高时，该关系越强。

H6d：共享型领导调节参与性评估与工作繁荣之间的相关关系，当共享型领导水平越高时，该关系越强。

H6e：共享型领导调节针对性薪酬与工作繁荣之间的相关关系，当共享型领导水平越高时，该关系越强。

共享型领导不仅能满足员工需求，同时也是对其能力的肯定，使其产

---

① 谷智馨. 基本心理需要的满足对员工工作繁荣的影响[J]. 科技创新与生产力，2015（1）：40-42.

② Spreitzer G，Porath C L，Gibson C B. Toward human sustainability：How to enable more thriving at work[J]. Organizational Dynamics，2012，41（2）：155-162.

③ 张红丽，冷雪玉，程豹. 共享领导对团队成员创新绩效的影响：自我效能感的中介作用[J]. 领导科学，2015（4z）：43-45.

生更多的心理资源,因而会有更大的动机与意愿表现出更多积极创新绩效。高水平共享型领导下,员工不但会表现出更多的主动创新行为,而且还会通过积极心理状态如自我效能感、责任心以及组织承诺等间接影响员工创新绩效(梅会英,2011;苏方国、赵曙明,2005;马璐、王丹阳,2016)①②③。当团队实施共享型领导时,团队成员间知识共享水平提高,从而个体创新能力增强(王坤、袁静,2012)④;共享型领导强调团队成员间知识共享,自觉学习新知识和新技能,要求员工在高效高质完成工作的基础上,通过不断创新提高工作业绩,同时共享型领导鼓励团队合作,提升员工的合作精神,诱发员工的创新行为(韩宏稳、杨世信,2016)⑤。依存,共享型领导可影响个体的积极工作状态,而工作繁荣是个体重要的积极工作状态,由此推断共享型领导可影响个体工作繁荣作用的发挥。基于此,本研究提出:

H7:共享型领导调节多元包容型人力资源管理实践通过工作繁荣对员工创新绩效的影响,且在共享型领导水平越高,其间接作用越强。

H7a:共享型领导调节多元性选拔通过工作繁荣对员工创新绩效的影响,且在共享型领导水平越高,其间接作用越强。

H7b:共享型领导调节个性化配置通过工作繁荣对员工创新绩效的影响,且在共享型领导水平越高,其间接作用越强。

H7c:共享型领导调节包容性发展通过工作繁荣对员工创新绩效的影响,且在共享型领导水平越高,其间接作用越强。

H7d:共享型领导调节参与性评估通过工作繁荣对员工创新绩效的影响,且在共享型领导水平越高,其间接作用越强。

H7e:共享型领导调节针对性薪酬通过工作繁荣对员工创新绩效的影响,且在共享型领导水平越高,其间接作用越强。

综上所述,多元包容型人力资源管理实践对员工创新绩效有调节中介作用的概念模型如图 5-1 所示。

---

① 梅会英. 共享领导风格对员工创新行为的影响机制研究[D]. 成都:西南财经大学,2011.
② 苏方国,赵曙明. 组织承诺、组织公民行为与离职倾向关系研究[J]. 科学学与科学技术管理,2005,26(8):111-116.
③ 马璐,王丹阳. 共享型领导对员工主动创新行为的影响[J]. 科技进步与对策,2016,33(22):131-136.
④ 王坤,袁静. 共享领导与团队绩效关系的多元统计研究[J]. 技术经济与管理研究,2012(10):53-56.
⑤ 韩宏稳,杨世信. 共享型领导对团队创造力的影响及内在机制研究[J]. 现代管理科学,2016(1):118-120.

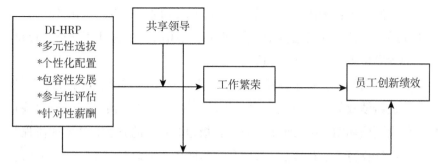

图 5-1　多元包容型人力资源管理实践对员工创新绩效影响机制

5.3　研 究 方 法

5.3.1　研究样本

本研究选取北京、上海、武汉等城市的 37 家高新技术企业的研发部员工为调查对象，涉及电子信息技术、生物医药、先进制造与自动化等行业。创新性是高新技术企业基本特点，因而研发员工创新绩效是企业生存和发展的基石。为规避同源方差，采取时点收集，t_0：多元包容型人力资源管理实践和共享型领导；t_1：工作繁荣；t_2：创新绩效。有效问卷为552 份。样本分布，男性占 55.70%；年龄在 36~55 岁占 44.90%；本科占50.10%；企业规模在 200 人及以下占 37.70%，201~500 人占 15.40%，501~1000 人占 11.70%，1000 人及以上占 35.10%。

5.3.2　测量工具

多元包容型人力资源管理实践(DI-HRP)：本研究采取赵富强等(2020)的 5 维度 20 题项多元包容型人力资源管理实践量表，示例题项"公司招聘选拔不因性别、民族、宗教、籍贯及方言等而歧视"。进一步进行验证性因子分析，五因子模型拟合指标如下：$\chi^2/\text{df} = 2.73$，NFI = 0.902，CFI = 0.935，IFI = 0.935，TLI = 0.923，RMSEA = 0.081，Cronbach's α 值为 0.945。

工作繁荣：采用 Porath 等(2012)[①]等编制的 10 题项量表，示例："工作中，我坚持向领导或同事学习" Cronbach's α 为 0.939。

---

① Porath C，Spreitzer G，Gibson C，Granett F G. Thriving at work：Towards its measurement，construct validation，and theoretical refinement[J]. Journal of Organizational Behavior，2012，33(2)：250-275.

共享型领导：采用 Hiller 等(2006)[①]的 25 题项量表，包含计划组织、解决问题、支持关怀及培养指导等四维，由团队员工对其领导进行评价。共享型领导量表 Cronbach's α 值为 0.957。

员工创新绩效：员工创新绩效的测量采用 Scott 和 Bruce(1994)[②]开发的员工创新绩效量表。量表由单一维度 6 题项组成，由员工进行自我评价，代表题项如"1. 在工作中，我会积极地寻找新的方法、技术或流程"。量表采用李克特 5 点计分法，"1"代表"非常不符合"，"5"代表"非常符合"，量表 Cronbach's α 值为 0.949。

控制变量：由于影响员工创新绩效的因素很多，本研究尽量选择关键人口统计学变量进行控制，主要包括：性别状况、民族状况、年龄状况、学历状况和企业规模。本研究所有控制变量均为编码测量，其中性别状况（男性编码为 1，女性编码为 2），其余控制变量均为两个以上分类（分别编码为 1，2，…）。

5.4　研究结果

5.4.1　同源方差检验

由于条件和资源所限，本研究问卷调查均采用自我报告法测量，所有变量测量均由同一被试完成，因而数据收集可能存在共同方法偏差问题。本研究采用 Harman 单因素检验，未经旋转的因子分析抽取出 9 个特征值大于 1 的因子，累计解释变异量 72.306%，其中第一个因素的特征值为 21.683，解释变异量为 38.720%，没有超过 50% 的判断标准，说明各变量内部结构清晰，不存在严重的共同方法偏差问题。为更进一步检验共同方法偏差问题，这里依据 Podsakoff 等(2012)[③]的建议，采用更严格的统

---

① Hiller N J, Day D V, Vance R J. Collective enactment of leadership roles and team effectiveness: A field study[J]. The Leadership Quarterly, 2006, 17: 387-397.

② Scott S G, Bruce R A. Determinants of innovative behavior: A path model of individual innovation in the workplace[J]. The Academy of Management Journal, 1994, 37(3): 580-607.

③ Podsakoff P M, MacKenzie S B, Podsakoff N P. Sources of method bias in social science research and recommendations on how to control it[J]. Annual Review of Psychology, 2012, 63: 539-569.

计方法，即在理论因子结构上加上一个所有测量项目负载的加入共同方法偏差（CMV）因子（Podsakoff，MacKenzie & Podsakoff，2012），加入 CMV 因子后拟合指标见表 2-的五因子模型拟合结果，与加入 CMV 因子前相比，$\Delta \chi^2/\mathrm{df}$ 为 0.023，ΔCFI 为 0.006，ΔRMR 为 0.004，ΔTLI 与 ΔRMSEA 均为 0，没有得到较大改善。因此，本研究共同方法偏差问题并不严重。

5.4.2　区分效度检验

为检验关键变量"多元包容型人力资源管理实践""共享型领导""工作繁荣""员工创新绩效"之间的区分效度，本研究采用 AMOS 24.0 对关键变量进行验证性因素分析。表 5-1 显示，四因子模型拟合得比其他模型要好，表明测量模型有较好的区分效度。

表 5-1　验证性因子分析结果

	χ^2/df	TLI	CFI	RMR	RMSEA
五因子模型	3.318	0.949	0.964	0.018	0.071
四因子模型	3.295	0.949	0.958	0.022	0.071
三因子模型	6.335	0.882	0.899	0.053	0.108
两因子模型	7.551	0.855	0.874	0.052	0.119
单因子模型	25.374	0.461	0.529	0.115	0.230

注：DI-HRP 代表多元包容型人力资源管理实践，五因子模型为 DI-HRP、共享型领导、工作繁荣、员工创新绩效和 CMV 因子，四因子模型为 DI-HRP、共享型领导、工作繁荣、员工创新绩效，三因子模型为 DI-HRP、共享型领导+工作繁荣、员工创新绩效，两因子模型为 DI-HRP+共享型领导+工作繁荣、员工创新绩效，单因子模型为 DI-HRP+共享型领导+工作繁荣+员工创新绩效。

5.4.3　描述性统计与相关性分析

各研究变量的均值、标准差、相关系数如表 5-2 所示。根据表 5-2，除了多元包容型人力资源管理实践及其各维度与共享型领导之间的相关系数高以外，各主要变量的相关系数在 0.326~0.537，各主要变量间显著正相关，结果与研究假设基本一致，从而奠定了研究基础。

表 5-2　变量的描述性统计与相关性分析

Variables	Means	SD	1	2	3	4	5	6	7	8	9	10	11	12	13
1 性别	1.440	0.496	1												
2 年龄	2.280	0.739	-0.219**	1											
3 学历	2.050	0.740	-0.103*	0.05	1										
4 民族	1.230	1.433	0.047	-0.074	0.023	1									
5 企业规模	2.450	1.298	0.026	-0.111**	0.237**	0.014	1								
6 多元性选拔	3.869	0.819	0.032	-0.072	-0.067	-0.017	-0.04	1							
7 个性化配置	3.536	0.894	0.068	-0.022	-0.096*	-0.025	-0.002	0.637**	1						
8 包容性发展	3.554	0.934	0.01	-0.06	-0.101*	-0.005	0.043	0.686**	0.742**	1					
9 参与性评估	3.678	0.889	0.018	-0.04	-0.067	-0.01	0.095*	0.696**	0.702**	0.772**	1				
10 针对性薪酬	3.411	0.948	0.025	-0.076	-0.083	0	-0.014	0.632**	0.681**	0.770**	0.746**	1			
11 DI-HRP	3.610	0.785	0.035	-0.062	-0.095*	-0.013	0.02	0.827**	0.860**	0.910**	0.895**	0.880**	1		
12 工作繁荣	4.017	0.638	-0.054	0.112**	-0.016	-0.042	-0.001	0.466**	0.420**	0.431**	0.433**	0.429**	0.497**	1	
13 共享型领导	3.796	0.734	0.029	-0.072	-0.051	0.005	0.078	0.636**	0.684**	0.744**	0.735**	0.727**	0.807**	0.510**	1
14 创新绩效	3.881	0.696	-0.107*	0.058	0.02	-0.03	0.078	0.326**	0.343**	0.370**	0.330**	0.351**	0.394**	0.537**	0.373**

注：DI-HRP 代表多元包容型人力资源管理实践，$*p<0.05$，$**p<0.01$，$***p<0.001$，后表同。

5.4.4　假设检验

（1）直接效应检验。本研究利用多元回归分析检验假设。结果如表5-3所示。在控制了性别、年龄、民族、学历、企业规模等变量以后，多元包容型人力资源管理实践及其五个维度（多元性选拔、个性化配置、包容性发展、参与性评估、针对性薪酬）显著正向影响员工创新绩效（$\beta = 0.356$、0.287、0.231、0.279、0.258、0.265，$p < 0.001$），支持 H1、H1a、H1b、H1c、H1d、H1e。如表 5-4 所示，多元包容型人力资源管理实践及其五个维度与工作繁荣显著正相关（$\beta = 0.413$、0.373、0.304、0.301、0.317、0.296，$p < 0.001$），支持 H2、H2a、H2b、H2c、H2d、H2e。工作繁荣对员工创新绩效存在显著正向影响（$\beta = 0.582$，$p < 0.001$）。因此，H3 得到数据支持。

表 5-3　多元回归分析结果

变量	员工创新绩效						
	M1	M2	M3	M4	M5	M6	M7
1. 性别	−0.140*	−0.146*	0.057**	−0.133**	−0.140*	−0.141*	−0.147**
2. 年龄	0.043	0.065	0.039	0.060	0.050	0.067	0.062
3. 民族	−0.012	0.005	0.039	0.029	0.017	0.015	0.026
4. 学历	−0.011	−0.008	0.019	−0.010	−0.009	−0.011	−0.008
5. 企业规模	0.048*	0.054*	0.022*	0.034	0.027	0.048*	0.039
6. 多元性选拔		0.287***					
7. 个性化配置			0.231***				
8. 包容性发展				0.279***			
9. 参与性评估					0.258***		
10. 针对性薪酬						0.265***	
DI-HRP							0.356***
R^2	0.021	0.134	0.145	0.159	0.128	0.150	0.180
F	2.311***	14.044***	15.347***	17.188***	13.328***	15.981***	19.979***

表5-4　多元回归分析结果

变量	员工创新绩效									工作繁荣			
	M1	M2	M3	M4	M5	M6	M7	M8	M9	M10	M11	M12	M13
1. 性别	-0.115	-0.120*	-0.131*	-0.116*	-0.118*	-0.119*	-0.123*	-0.050	-0.074	-0.034	-0.043	-0.043	-0.051
2. 年龄	-0.011	0.002	-0.003	0.005	-0.003	0.007	0.007	0.121***	0.093***	0.111***	0.100**	0.119**	0.114**
3. 民族	0.002	0.007	0.014	0.019	0.011	0.012	0.017	-0.003	0.010	0.019	0.011	0.005	0.019
4. 学历	-0.003	-0.003	-0.002	-0.004	-0.003	-0.004	-0.003	-0.010	-0.009	-0.013	-0.012	-0.013	-0.011
5. 企业规模	0.042*	0.045*	0.041*	0.037	0.036	0.043*	0.040*	0.017	0.005	-0.005	-0.016	0.010	0.000
6. 工作繁荣	0.582***	0.526***	0.510***	0.499***	0.526***	0.507***	0.484***						
7. 多元性选拔		0.092**						0.373***					
8. 个性化配置			0.121***						0.304***				
9. 包容性发展				0.129***						0.301***			
10. 参与性评估					0.092**						0.317***		
11. 针对性薪酬						0.115***						0.296***	
12. DI-HRP							0.157***						0.413***
R^2	0.301	0.310	0.321	0.325	0.312	0.321	0.324	0.242	0.195	0.207	0.207	0.207	0.270
F	39.163***	34.933***	36.674***	12.379***	35.264***	36.694***	37.267***	28.945***	21.979***	23.673***	23.778***	23.754***	33.587***

（2）中介效应检验。根据温忠麟等（2006）①的步骤，对工作繁荣在多元包容型人力资源管理实践及其五个维度与员工创新绩效之间是否存在中介作用进行检验。如表 5-4 所示，加入工作繁荣后，多元包容型人力资源管理实践及其五个维度（多元性选拔、个性化配置、包容性发展、参与性评估、针对性薪酬）对员工创新绩效的正向影响显著降低，说明工作繁荣在多元包容型人力资源管理实践及其五个维度与员工创新绩效之间发挥部分中介作用。为进一步检验工作繁荣的中介作用，本研究使用 PROCESS 程序实施 Bootstrapping 分析来生成间接效应 95％偏差校正置信区间（CI）。如表 5-5 所示，多元包容型人力资源管理实践及其五个维度（多元性选拔、个性化配置、包容性发展、参与性评估、针对性薪酬）通过工作繁荣对员工创新绩效的间接效应 95％置信区间不包含零，说明工作繁荣的中介效应是显著的，因而 H4、H4a、H4b、H4c、H4d、H4e 得到验证。

表 5-5　中介效应检验

路　　径	Effect	Boot SE	BootLLCI	BootULCI
多元性选拔-工作繁荣-员工创新绩效	0.019	0.026	0.147	0.248
个性化配置-工作繁荣-员工创新绩效	0.155	0.022	0.113	0.201
包容性发展-工作繁荣-员工创新绩效	0.015	0.021	0.110	0.193
参与性评估-工作繁荣-员工创新绩效	0.167	0.024	0.123	0.216
针对性薪酬-工作繁荣-员工创新绩效	0.150	0.020	0.110	0.191
DI-HRP-工作繁荣-员工创新绩效	0.200	0.027	0.148	0.256

（3）调节效应检验。共享型领导在多元包容型人力资源管理实践及其维度和员工创新绩效之间的调节作用验证前，需进行数据中心化处理（减去其均值），然后根据温忠麟（2006）调节效应验证法，采用逐步回归对调节作用进行验证。

---

① 温忠麟，侯杰泰，张雷 . 有中介的调节变量和有调节的中介变量[J]. 心理学报，2006（3）：448-452.

　　检验结果如表 5-6 所示，中心化后的多元包容型人力资源管理实践（$\beta=0.168$，$p<0.001$）、多元性选拔（$\beta=0.142$，$p<0.001$）、个性化配置（$\beta=0.151$，$p<0.001$）、包容性发展（$\beta=0.214$，$p<0.001$）、参与性评估（$\beta=0.171$，$p<0.001$）及针对性薪酬（$\beta=0.180$，$p<0.001$）与共享型领导的交互项显著正向预测员工创新绩效。其调节效应如图 5-2 至图 5-7 所示。在高水平共享型领导下，多元包容型人力资源管理实践、多元性选拔、个性化配置、包容性发展、参与性评估及针对性薪酬对员工创新绩效的影响更强；而在低水平共享型领导下，这些影响更弱。因此，H5、H5a、H5b、H5c、H5d、H5e 得到数据支持。

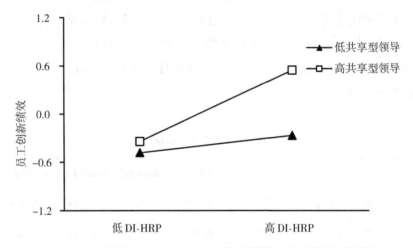

图 5-2　共享型领导对 DI-HRP 与员工创新绩效之间关系的调节效应

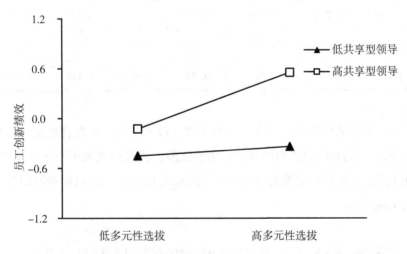

图 5-3　共享型领导对多元性选拔与员工创新绩效之间关系的调节效应

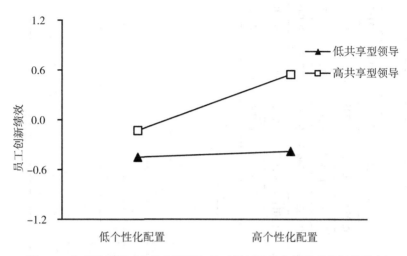

图 5-4 共享型领导对个性化配置与员工创新绩效之间关系的调节效应

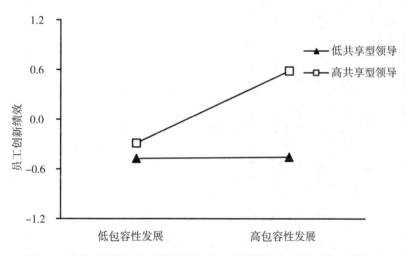

图 5-5 共享型领导对包容性发展与员工创新绩效之间关系的调节效应

如表 5-7 所示，中心化后的多元包容型人力资源管理实践（$\beta = 0.089$，$p < 0.001$）、多元性选拔（$\beta = 0.056$，$p < 0.05$）、个性化配置（$\beta = 0.064$，$p < 0.05$）、包容性发展（$\beta = 0.136$，$p < 0.001$）、参与性评估（$\beta = 0.105$，$p < 0.001$）及针对性薪酬（$\beta = 0.108$，$p < 0.001$）与共享型领导的交互项显著正向影响工作繁荣。

表 5-6　共享型领导对 DI-HRP 与员工创新绩效之间关系的调节效应回归分析

自变量	员工创新绩效												
	M1	M2	M3	M4	M5	M6	M7	M8	M9	M10	M11	M12	M13
1. 性别	-0.204*	-0.238**	-0.189*	-0.197*	-0.198*	-0.210*	-0.203*	-0.205*	-0.239*	-0.211*	-0.203*	-0.207**	-0.215**
2. 年龄	0.078	0.050	0.077	0.063	0.082	0.077	0.082	0.113*	0.099	0.113	0.117*	0.119*	0.115*
3. 民族	-0.014	-0.013	-0.017	-0.018	-0.017	-0.014	-0.018	0.026	0.043	0.046	0.037	0.045	0.048
4. 学历	0.007	0.007	0.007	0.008	0.006	0.007	0.004	-0.012	-0.011	-0.013	-0.018	-0.014	-0.012
5. 企业规模	-0.003	-0.004	-0.004	-0.004	-0.004	-0.004	-0.004	0.050	0.042	0.039	0.036	0.047	0.045
多元性选拔	0.332***												
个性化配置		0.352***											
包容性发展			0.374***										
参与性评估				0.334***									
针对性薪酬					0.357***								
DI-HRP						0.400***							
共享型领导							0.380***						
多元性选拔*共享型领导								0.142***					

续表

自变量	员工创新绩效												
	M1	M2	M3	M4	M5	M6	M7	M8	M9	M10	M11	M12	M13
个性化配置 * 共享型领导									0.151***				
包容性发展 * 共享型领导										0.214***			
参与性评估 * 共享型领导											0.171***		
针对性薪酬 * 共享型领导												0.180***	
DI-HRP * 共享型领导													0.168***
R^2	0.125	0.138	0.155	0.127	0.142	0.175	0.158	0.214	0.215	0.256	0.228	0.231	0.245
F	12.979***	14.558***	16.623***	13.179***	15.015***	19.212***	17.047***	18.445***	18.614***	23.375***	20.074***	20.337***	21.978***

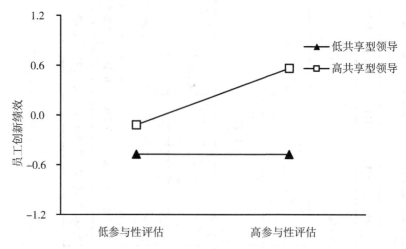

图 5-6   共享型领导对参与性评估与员工创新绩效之间关系的调节效应

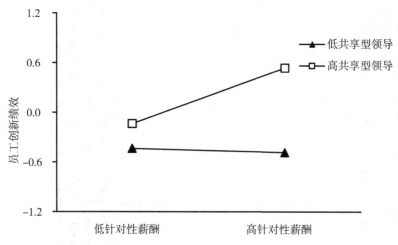

图 5-7   共享型领导对针对性薪酬与员工创新绩效之间关系的调节效应

共享型领导在多元包容型人力资源管理实践及其各维度与工作繁荣之间的调节效应简单斜率图如图 5-8 至图 5-13 所示。在高水平共享型领导下，多元包容型人力资源管理实践、多元性选拔、个性化配置、包容性发展、参与性评估及针对性薪酬对工作繁荣的影响更强；而在低水平共享型领导下，这些影响更弱。因此，H6、H6a、H6b、H6c、H6d、H6e 得到支持。

表 5-7　共享型领导对 DI-HRP 与员工创新绩效之间关系的调节效应回归分析

自变量	工作繁荣												
	M1	M2	M3	M4	M5	M6	M7	M8	M9	M10	M11	M12	M13
1. 性别	-0.074	-0.113	-0.053	-0.064	-0.064	-0.079	-0.072	-0.076	-0.093	-0.077	-0.071	-0.074	-0.080
2. 年龄	0.182***	0.143**	0.174**	0.160**	0.182**	0.177**	0.187***	0.202***	0.185***	0.198***	0.199***	0.202***	0.198***
3. 民族	-0.023	-0.022	-0.028	-0.028	-0.028	-0.024	-0.028	0.015	0.024	0.026	0.025	0.027	0.031
4. 学历	0.009	0.010	0.010	0.011	0.008	0.009	0.006	-0.018	-0.019	-0.021	-0.023	-0.021	-0.019
5. 企业规模	0.003	0.002	0.002	0.002	0.001	0.002	0.002	-0.006	-0.020	-0.024	-0.027	-0.018	-0.018
多元性选拔	0.476***												
个性化配置		0.424***											
包容性发展			0.438***										
参与性评估				0.439***									
针对性薪酬					0.437***								
DI-HRP						0.505***							
共享型领导							0.518***						
多元性选拔 * 共享型领导								0.056*					

续表

自变量	工作繁荣												
	M1	M2	M3	M4	M5	M6	M7	M8	M9	M10	M11	M12	M13
个性化配置 * 共享型领导									0.064*				
包容性发展 * 共享型领导										0.136***			
参与性评估 * 共享型领导											0.105***		
针对性薪酬 * 共享型领导												0.108***	
DI-HRP * 共享型领导													0.089***
R^2	0.246	0.200	0.212	0.214	0.211	0.275	0.287	0.326	0.300	0.322	0.316	0.312	0.322
F	29.715***	22.737***	24.498***	24.767***	24.255***	34.437***	36.574***	32.822***	29.151***	32.201***	31.317***	30.839***	32.251***

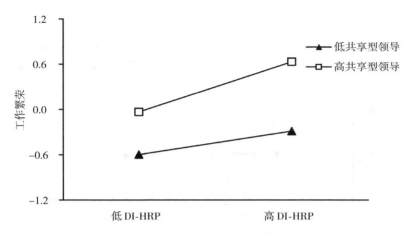

图 5-8　共享型领导对 DI-HRP 与工作繁荣之间关系的调节效应

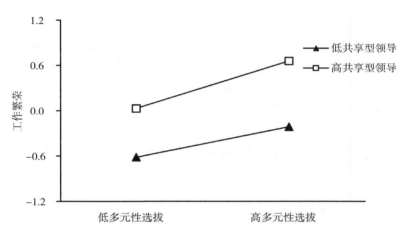

图 5-9　共享型领导对多元性选拔与工作繁荣之间关系的调节效应

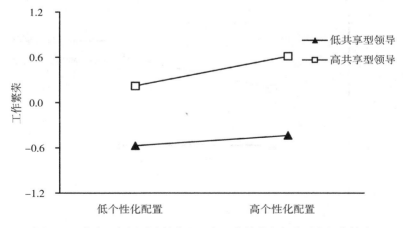

图 5-10　共享型领导对个性化配置与工作繁荣之间关系的调节效应

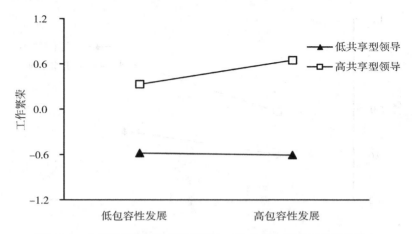

图 5-11   共享型领导对包容性发展与工作繁荣之间关系的调节效应

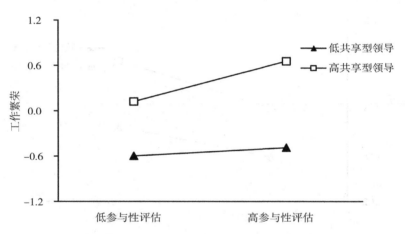

图 5-12   共享型领导对参与性评估与工作繁荣之间关系的调节效应

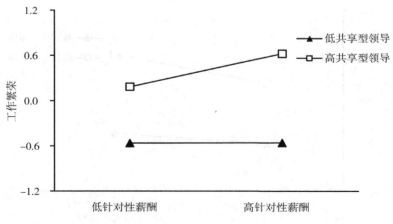

图 5-13   共享型领导对针对性薪酬与工作繁荣之间关系的调节效应

（4）被调节的中介效应检验结果。采用 Hayes（2013）①的 PROCESS 分析插件检验共享型领导是否调节工作繁荣在多元包容型人力资源管理实践及其维度与员工创新绩效之间的间接效应。结果如表 5-8 所示，在高、中、低水平共享型领导下，多元包容型人力资源管理实践及其五个维度通过工作繁荣对员工创新绩效间接效应的差值显著，95% 置信区间不包含零。因此，H7、H7a、H7b、H7c、H7d、H7e 得到支持。

表 5-8　被调节的中介效应检验

路径		Effect	Boot SE	BootLLCI	BootULCI
多元性选拔-工作繁荣-员工创新绩效	低	0.088	0.034	0.015	0.148
	中	0.122	0.028	0.062	0.170
	高	0.136	0.040	0.072	0.229
	Index	0.024	0.025	0.011	0.084
个性化配置-工作繁荣-员工创新绩效	低	0.029	0.036	−0.049	0.095
	中	0.057	0.029	0.004	0.117
	高	0.084	0.038	0.023	0.172
	Index	0.028	0.023	0.009	0.081
包容性发展-工作繁荣-员工创新绩效	低	−0.005	0.032	−0.077	0.051
	中	0.050	0.025	0.003	0.101
	高	0.104	0.038	0.040	0.191
	Index	0.055	0.025	0.015	0.111
参与性评估-工作繁荣-员工创新绩效	低	0.023	0.032	−0.043	0.083
	中	0.067	0.028	0.014	0.126
	高	0.111	0.039	0.044	0.196
	Index	0.044	0.022	0.007	0.093
针对性薪酬-工作繁荣-员工创新绩效	低	0.001	0.036	−0.079	0.063
	中	0.047	0.025	−0.003	0.097
	高	0.092	0.034	0.031	0.166
	Index	0.045	0.024	0.005	0.100

① Hayes A F. Introduction to mediation, moderation, and conditional process analysis：A regression-based approach［J］. Journal of Educational Measurement，2013，51（3）：335-337.

路径		Effect	Boot SE	BootLLCI	BootULCI
DI-HRP-工作繁荣-员工创新绩效	低	0.063	0.039	-0.021	0.134
	中	0.100	0.033	0.039	0.168
	高	0.136	0.041	0.066	0.227
	Index	0.036	0.023	0.001	0.090

注：$*p<0.05$，$**p<0.01$，$***p<0.001$，抽样数=2000。

5.4.5 数据分析结果

通过对 552 名员工的三阶段匹配数据进行实证分析，数据分析结果如表 5-9 所示。

表 5-9 数据分析结果汇总

假设	假设具体内容	检验结果
H1	多元包容型人力资源管理实践与员工创新绩效显著正相关	支持
H1a-e	(a)多元性选拔、(b)个性化配置、(c)包容性发展、(d)参与性评估以及(e)针对性薪酬与员工创新绩效显著正相关	支持
H2	多元包容型人力资源管理实践与工作繁荣显著正相关	支持
H2a-e	(a)多元性选拔、(b)个性化配置、(c)包容性发展、(d)参与性评估以及(e)针对性薪酬与工作繁荣显著正相关	支持
H3	工作繁荣与员工创新绩效显著正相关	支持
H4	工作繁荣在多元包容型人力资源管理实践与员工创新绩效关系中有中介作用	支持
H4a-e	工作繁荣在(a)多元性选拔、(b)个性化配置、(c)包容性发展、(d)参与性评估以及(e)针对性薪酬与员工创新绩效关系中有中介作用	支持
H5	共享型领导调节多元包容型人力资源管理实践与员工创新绩效之间的正相关关系，当共享型领导水平越高时，其相关关系也越强	支持

假设	假设具体内容	检验结果
H5a-e	共享型领导调节(a)多元性选拔、(b)个性化配置、(c)包容性发展、(d)参与性评估以及(e)针对性薪酬与员工创新绩效之间的正相关关系，当共享型领导水平越高时，这些关系也越强	支持
H6	共享型领导正向调节多元包容型人力资源管理实践与工作繁荣之间的相关关系，当共享型领导水平越高时，其相关关系也越强	支持
H6a-e	共享型领导调节(a)多元性选拔、(b)个性化配置、(c)包容性发展、(d)参与性评估以及(e)针对性薪酬与工作繁荣之间的相关关系，当共享型领导水平越高时，这些关系也越强	支持
H7	共享型领导调节多元包容型人力资源管理实践通过工作繁荣对员工创新绩效的影响，且在共享型领导水平越高，其间接作用越强	支持
H7a-e	共享型领导调节(a)多元性选拔、(b)个性化配置、(c)包容性发展、(d)参与性评估以及(e)针对性薪酬通过工作繁荣对员工创新绩效的影响，且在共享型领导水平越高，这些间接作用越强	支持

5.5　结果讨论

5.5.1　研究总结

本研究以工作繁荣为中介变量，以共享型领导为调节变量，通过实证研究揭示了多元包容型人力资源管理实践及其各维度对员工创新绩效影响的黑箱机制，考察了其黑箱机制发生的边界条件。研究发现：（1）中国情境下多元包容型人力资源管理实践及其各维度对员工创新绩效有正向促进作用。表明组织多元包容型人力资源管理实践如个性化配置、多元性选拔、包容性发展、参与性评估以及针对性薪酬管理等的有机协同，可以有效激发和促进员工创新绩效的出现与加强；（2）工作繁荣在多元包容型人力资源管理实践及其各维度和员工创新绩效之间起部分中介作用。说明员工的积极工作状态在人力资源实践对个体创新绩效的影响中起着很好的桥梁作用，员工积极工作状态的激发对其行为表现至关重要；(3)共享型领导调节多元包容型人力资源管理实践及其各维度对工作繁荣、员工创新绩效的直接效应以及其通过工作繁荣对员工创新绩效之间的间接作用。说明共享型领导对多元包容型人力资源管理实践有很好的互补作用，共享型领导水平越高，多元包容型人力资源管理实践对工作繁荣以及员工创新绩效的正向直接影响以及其通过工作繁荣的间接作用越强。

5.5.2　理论贡献

本研究揭示了中国情境下多元包容型人力资源管理实践对员工创新绩效的黑箱与边界，从而进一步拓展了多元包容型人力资源管理实践研究，其具体理论贡献如下：

(1)本研究提出并科学界定了中国情境下多元包容型人力资源管理实践的内涵构成，设计并验证了相关测量工具，从而丰富了中国情景下的导向性人力资源实践及其测量工具的研究。本研究在既有相关研究的基础上，对经济全球化下多元包容型人力资源管理实践内涵构成进行了科学界定，设计并验证了多元包容型人力资源管理实践的测量工具，从而丰富了中国情境下人力资源实践及其测量工具的研究。

(2)本研究把中国情境下多元包容型人力资源管理实践及其各维度、员工的工作繁荣与共享型领导进行模型构建，丰富了既有的研究。具体而言，多元包容型人力资源管理实践及其各维度有效激发员工的工作繁荣，提升其创新绩效；研究过程中，尽管工作繁荣的中介作用尤为重要，但共享型领导的调节作用也不容忽视；员工创新绩效由多元包容型人力资源管理实践与共享型领导的交互作用共同决定，在共享型领导下，多元包容型人力资源管理实践对员工创新绩效的影响作用更强，从而响应了景保峰等(2017)①的包容管理实践深化研究倡议。

(3)本研究检验了中国情境下多元包容型人力资源管理实践及其各维度通过工作繁荣对员工创新绩效的内部机制与边界条件，揭示了人力资源管理与领导风格的互补作用，从而深化和拓展了资源保存理论的应用。随着企业劳动力多元化的增加，有关包容管理的文献越来越多，但是有关包容管理实践的实证研究目前来说相对较少，虽然以往研究探讨了人力资源

---

① 景保峰，周霞. 包容研究前沿述评与展望[J]. 外国经济与管理，2017，39(12)：12-28.

实践与员工创新绩效之间的关系(王永跃等，2014)，从而拓展了多元包容型人力资源管理实践黑箱机制与边界条件的实证研究。

5.5.3 实践启示

本研究通过中国情境下多元包容型人力资源管理实践及其各维度对员工创新绩效影响的黑箱和边界条件的揭示，不仅拓展了多元包容型人力资源管理实践的理论研究，而且也为劳动力多元化情景下，组织求同用异、百家争鸣和百花齐放的管理实践提供有价值的启示。

第一，科学设计中国情境下多元包容型人力资源管理实践包，提升个体创新绩效。多元包容型人力资源管理实践通过个性化配置、多元性选拔、包容性发展、参与性评估和针对性薪酬等在使多元化员工求同存和平共处的同时，还能充分发挥其异质性知识优势百家争鸣百花齐放。多元包容型人力资源管理实践的组织应用帮助员工在传统人力资源模块中获得能力的增强、动机的提升与机会的增加。多元包容型人力资源管理实践帮助组织获取多元的异质性人才与知识，促进组织绩效的提升。

第二，培育开发多元化员工的工作繁荣状态，发挥管理实践效用。员工既受组织情景的影响，同时又对创新绩效等产生影响，因而可以起到很好的桥梁作用。当企业实施多元包容型人力资源管理实践时，可促进员工的工作繁荣，而工作繁荣可以充分催化、转化与发挥多元包容型人力资源管理实践对创新绩效的作用。因此，组织在实施多元包容型人力资源管理实践的同时关注员工的工作繁荣状态，一方面是对多元包容型人力资源管理实践在组织中应用的检验，另一方面工作繁荣作为员工发展的积极状态，需要更好地被激发、被关注以促进员工与组织的长足发展。

第三，转变领导共享风格匹配多元包容实践，形成资源互补协同。随着经济全球化发展、科技的日新月异以及跨界整合的发展，越来越多工作需要团队合作方能完成，共享型领导让团队成员共享领导权力，共担领导责任，能有效激发团队成员的领导潜能，改善团队成员与领导之间的关系，且能与管理实践有机互补、匹配与协同，从而有效激发成员的创新动机、态度与行为。因此，领导者作为组织的代言人，共享型领导既是对多元包容型人力资源管理实践的支持，同时也为组织的异质性管理资源进行了丰富，帮助组织更好地多元化发展。

5.5.4 研究展望

尽管本研究揭示了中国情境下多元包容型人力资源管理实践影响员工

创新绩效的黑箱机制与边界条件，但仍存在以下不足：

（1）本研究自我报告法收集数据受调查者的主观感知评价，虽然本研究采取纵向研究在不同时点收集数据，但仍不可避免存在同源偏差。此外，多元包容型人力资源管理实践和共享型领导本质上高度相关，由于领导是组织的化身，组织人力资源实践的实施多通过领导来实现，加上两变量同一时点同一个体的感知评价数据采集，不可避免产生共同方法偏差。未来研究可采用配对法进行变量的测量，保证结论的科学性、严谨性。

（2）本研究采用员工感知的多元包容型人力资源管理实践，考察其对员工创新绩效的影响，尽管可以保证水平和因果的一致性，但人力资源实践的实施与员工感知的还是存在一定差异。此外，员工感知的人力资源实践不仅受到组织和部门层面因素的影响，还受到组织氛围以及领导和同事的影响（Jiang et al.，2017），因而未来研究可以探讨组织计划的以及部门实施的多元包容型人力资源管理实践对员工态度、行为和绩效的影响。

（3）本研究基于调查样本局限，研究变量与模型均需进一步拓展和完善。本研究基于资源保存视角，以多元包容型人力资源管理实践为前因变量、工作繁荣为中介变量、共享型领导为调节变量以及员工创新绩效为结果变量，考察多元包容型人力资源管理实践对员工创新绩效的内在作用机制。尽管其在一定程度上揭示了包容性人力资源实践对员工创新绩效的影响机理与边界条件，但多元包容型人力资源管理实践的内涵构成与测量工具，还有待多地域、多行业、多部门、多层次等大样本的拓展，以提升其科学性、合理性、可行性与普适性。此外，多元包容型人力资源管理实践对创新绩效的影响还可能有其他影响路径与边界条件，因而未来研究可以纳入其他中介与调节变量，来进一步考察其黑箱机制与边界条件。

（4）本研究是在中国情境下进行的研究，但是由于中西方文化情景不同，多元包容型人力资源管理实践的内涵、构成与理解可能有所不同（Tang，Jiang & Chen，2015）①，因而未来可以进行多元包容型人力资源管理实践的跨文化研究，从而使研究结论更具拓展性和普适性。

---

① Tang N，Jiang Y，Chen C，et al. Inclusion and inclusion management in the Chinese context：an exploratory study［J］. International Journal of Human Resource Management，2015，26（6）：856-874.

本 章 小 结

随着国际经济全球化与国内五化协同的发展，组织中劳动力构成日益多元化，劳动力多元化在带给组织异质性知识和创新激发机遇的同时，也为组织带来诸多管理困难与融合冲突的挑战，因而求同用异、百花齐放和创新致胜的多元包容型人力资源管理实践内涵构成、黑箱机制与边界条件成为学界与业界亟待解决的问题。基于此，本研究基于社会交换与资源保存理论，界定了中国情境下多元包容型人力资源管理实践的内涵，揭示了通过工作繁荣对员工创新绩效的影响机理，考察了共享型领导在其间的调节作用。

本研究通过对 37 家企业 461 个有效样本的实证分析发现：（1）多元包容型人力资源管理实践及其各维度正向影响员工创新绩效；（2）工作繁荣在多元包容型人力资源管理实践及其各维度对员工创新绩效的影响间起中介作用；（3）共享型领导调节多多元包容型人力资源管理实践及其各维度对工作繁荣和员工创新绩效的直接影响以及其通过工作繁荣对员工创新绩效的间接作用。

本研究理论贡献如下：（1）本研究提出并科学界定了多元包容型人力资源管理实践的内涵构成，设计并验证了相关测量工具，从而丰富了中国情景下的导向性人力资源实践及其测量工具的研究；（2）本研究把多元包容型人力资源管理实践及其各维度、员工的工作繁荣与共享型领导以及员工创新绩效等研究领域进行有机结合，从而丰富了既有变量及其相互影响机制的研究；（3）本研究检验了多元包容型人力资源管理实践及其各维度通过工作繁荣对员工创新绩效的影响机制和共享型领导的边界条件，揭示了人力资源实践与领导风格的资源互补作用，从而深化和拓展了资源保存理论的应用。

本研究通过实证研究得出上述有益结论，但仍然存在以下局限：（1）收集方法局限。本研究自我报告法收集数据受调查者的主观感知评价，虽然本研究采取纵向研究在不同时点收集数据，但仍不可避免存在同源偏差，未来可采用配对法进行测量，从而保证研究结论的科学性、严谨性和有效性；（2）感知评价局限。本研究采用员工感知的多元包容型人力资源管理实践，考察其对员工创新绩效的影响，尽管可以保证水平和因果的一致性，但人力资源实践实施与员工感知的存在一定差异的，因而未来研究可以探讨组织计划的以及部门实施的多元包容型人力资源管理实践对员工态度、行为和绩效的影响;(3)模型样本局限。本研究基于资源保存视角,以多元包容型人力资源管理实践为前因变量、工作繁荣为中介变量、共享型领导为调节变量以及员工创新绩效为结果变量,考察多元包容型人力资源管理实践对员工创新绩效的内在作用机制,但多元包容型人力资源管理实践的内涵构成与测量工具,还有待多地域、多行业、多部门、多层次等大样本的拓展,以提升其科学性、合理性、可行性与普适性,同时多元包容型人力资源管理实践对创新绩效的影响还可能有其他影响路径与边界条件,因而未来研究可以纳入其他中介与调节变量,来进一步考察其黑箱机制与边界条件;(4)文化情景局限。本研究是在中国情境下进行的研究,但是由于中西方文化情景不同,多元包容型人力资源管理实践的内涵、构成与理解可能有所不同,因而未来研究可以进行多元包容型人力资源管理实践的跨文化研究,从而使研究结论更具拓展性和普适性。

附：问卷量表

多元包容型人力资源管理实践量表（DI-HRP）

维度一　多元性选拔

1. 公司招聘选拔不因性别、民族、宗教、籍贯及方言等而歧视
2. 公司招聘选拔不会因性格不同与专业背景而影响录用与晋升
3. 公司招聘选拔会根据具体岗位需求而采用灵活招聘选拔方式
4. 公司招聘选拔制度科学严谨、过程规范透明，结果公平公正

维度二　个性化配置

1. 公司工作分配会考虑岗位要求、自身诉求与特长
2. 公司经常采取工作轮换的方式不断提升员工素质
3. 公司工作安排允许对员工有一定工作授权与自治
4. 公司工作安排注重与员工的沟通交流与问题反馈

维度三　包容性发展

1. 公司培训方案会考虑岗位要求、员工需求与职业发展
2. 公司会根据员工不同需求制定差异化个性化培训方案
3. 公司会提供多元化（如性别、民族、文化、宗教、籍贯、方言、性格、专业以及残疾等）方面的包容尊重与换位思考的培训
4. 公司为不同员工设置多种职业发展渠道

维度四　参与性评估

1. 公司绩效评估指标的确定都会征求部门主管与员工意见
2. 公司绩效评估指标内容均与员工岗位工作内容息息相关
3. 公司会根据员工具体岗位特征选择合适评估流程与方式
4. 公司绩效评估注重结果反馈、问题诊断及优化建议征求

维度五　针对性薪酬

1. 与其他公司同类岗位相比，我的薪酬公平合理

2. 与公司其他同级岗位相比，我的薪酬公平合理

3. 我可以根据自己的需求选择薪酬种类与发放形式

4. 公司会让(性别、民族、专业等)不同多元化利益主体参与薪酬方案制定

工作繁荣

1. 我工作中，会主动学习和了解相关信息或知识

2. 随着时间推移，我在工作中学到越来越多的东西

3. 工作中，我的知识、技能、经验和能力不断提高

4. 工作中，我坚持向领导或同事学习

5. 工作中，我的素质得到了较大提升

6. 工作中，我感觉自己精力充沛

7. 工作中，我感到自己充满能量

8. 工作中，我觉得自己很有活力

9. 工作中，我能保持清醒的头脑和灵活的思维

10. 工作中，我总是踌躇满志，充满信心和期待

共享型领导

1. 我可以计划团队工作如何完成

2. 我可以根据团队任务分配资源

3. 我可以参与设定团队任务目标

4. 我可以通过条理化使任务执行流畅

5. 我可以决定团队工作应该如何完成

6. 我可以为团队工作提供建设性建议

7. 当问题出现时，我会提供最佳解决方案

8. 当问题出现时，我会快速诊断问题所在

9. 当问题出现时，我会利用团队技能解决问题

10. 当问题出现时，我会提出有效解决方案

11. 我可以在问题发生前识别这些问题所在

12. 当问题出现时，我会不断改进解决方案

13. 当问题出现时，我会快速有效解决问题

14. 我会为需要帮助的同事提供支持

15. 我会对其他同事工作表现出耐心

16. 我会在其他同事沮丧时鼓励他们

17. 我会聆听其他同事的抱怨和问题
18. 我会促进团队形成有凝聚力氛围
19. 我与其他同事之间相处谦恭有礼
20. 我会和其他同事交换工作建议
21. 我可以帮助其他同事提升技能
22. 我会从其他成员那里进行学习
23. 我愿意成为团队新人积极榜样
24. 我会指导低绩效同事工作提升
25. 同事学习新技能我会提供帮助

员工创新绩效

1. 在工作中，我会积极地寻找新的方法、技术或流程
2. 在工作中，我经常产生非常具有创意的点子或想法
3. 当我有新的想法时，我会向他人沟通推销我的想法
4. 为了实现我的创意与构想，我会努力争取所需资源
5. 对于创新性构想，我会积极主动地制定计划去落实
6. 整体而言，我是个寻求新方法创造性解决问题的人

第6章 员工乡愁与工作绩效：即时通讯与情绪耗竭的作用

6.1 问题提出

6.1.1 中国情境下员工乡愁

随着经济全球化发展，越来越多的个体选择跨国外派、跨省务工背井离乡以寻求发展机遇（Du，Derks，Bakker & Lu，2018）①。五化协同发展的中国特色进一步加剧了这一现象。日渐庞大的跨国、跨省的异乡群体，也在逐步引起社会学者们的注意。众所周知，异乡人都对自己的家乡有一份难以割舍的情怀，在新的环境中，异乡人不仅需要面对排斥与挤兑，更多的是忍受孤独与寂寞，思乡情绪更上心头（Hendrickson，Rosen & Aune，2011；Firth，Chen，Kirkman & Kim，2014；Gruman，Saks & Zweig，2006）②③④，其会由于缺少安全感而倍感孤独和思念家乡——乡

① Du D, Derks D, Bakker A B, et al. Does homesickness undermine the potential of job resources? A perspective from the work-home resources model[J]. Journal of Organizational Behavior, 2018, 39(3): 369-396.

② Hendrickson B, Rosen D, Aune R K. An analysis of friendship networks, social connectedness, homesickness, and satisfaction levels of international students[J]. International Journal of Intercultural Relations, 2011, 35(3): 281-295.

③ Firth B M, Chen G, Kirkman B L, Kim K. Newcomers abroad: Expatriate adaptation during early phases of international assignments[J]. Academy of Management Journal, 2014, 57(1): 280-300.

④ Gruman J A, Saks A M, Zweig D I. Organizational socialization tactics and newcomer proactive behaviors: An integrative study[J]. Journal of Vocational Behavior, 2006, 69(1): 90-104.

愁(Stroebe, Schut & Nauta, 2015)①，更容易感到孤独和出现情绪压力，加上与家乡亲朋好友保持友谊的困难性，会消耗其相当多的生理和心理资源(Shaffer, Kraimer, Chen & Bolino, 2012)②，因而情绪消极和生理不适(Bruck & Allen, 2003)③，产生工作倦怠、情绪耗竭、积极性差、效率低下等问题(Eurelings-Bontekoe, Vingerhoets & Fontijn, 1994; Halbesleben, Neveu, Paustian-Underdahl & Westman, 2014)④⑤。

6.1.2　乡愁缓解与即时通讯

"寄书西飞鸿，赠尔慰离析"(李白《淮南卧病书怀寄蜀中赵徵君蕤》)，在古代通过鸿雁传书是异乡人乡愁的写照。现如今，即时通讯得到广泛应用，其为异乡人排除乡愁的同时，扮演了人际沟通、娱乐消遣的角色(Jokisaari & Nurmi, 2005)⑥，在人们工作生活中扮演着重要的角色(梁栩彬、甘春梅，2017)⑦，使广大用户体验到虚拟与现实之间交往的效率和便利，从而成为人们日常生活的主要沟通方式 (Jokisaari & Nurmi, 2005)⑧。即时通讯使异乡人更容易构建人际关系的同时，还可以更好缓解思乡之愁，进一步提升心理安全感，避免绩效的降低(Lu, Du, Xu &

① Stroebe M, Schut H, Nauta M. Homesickness: A systematic review of the scientific literature[J]. Review of General Psychology, 2015, 19(2): 157-171.

② Shaffer M A, Kraimer M L, Chen Y P, Bolino M C. Choices, challenges, and career consequences of global work experiences a review and future agenda[J]. Journal of Management, 2012, 38(4): 1282-1327.

③ Bruck C S, Allen T D. The relationship between Big Five personality traits, negative affectivity, type A behavior, and work-family conflict[J]. Journal of Vocational Behavior, 2003, 63(3): 457-472.

④ Eurelings-Bontekoe E H, Tolsma A, Verschuur M J, Vingerhoets A J J M. Cons-truction of a homesickness questionnaire using a female population with two types of self-reported homesickness: Preliminary results[J]. Personality and Individual Differences, 1996, 20(4): 415-421.

⑤ Halbesleben J R, Neveu J P, Paustian-Underdahl S C, Westman M. Getting to the "COR" understanding the role of resources in conservation of resources theory [J]. Journal of Management, 2014, 40(5): 1334-1364.

⑥ Jokisaari M, Nurmi J E. Company matters: Goal-related social capital in the transition to working life[J]. Journal of Vocational Behavior, 2005, 67(3): 413-428.

⑦ 梁栩彬，甘春梅. 移动社交媒体沉迷的影响因素研究: 以微信为例[J]. 情报理论与实践, 2017, 40(1): 93-97.

⑧ Jokisaari M, Nurmi J E. Company matters: Goal-related social capital in the transition to working life[J]. Journal of Vocational Behavior, 2005, 67(3): 413-428.

Zhang，2017）①，同时便于其及时获取工作相关信息（陈瑞君、秦启文，2018）②，其使用强度正向影响员工满意度（LePine，LePine & Jackson，2014）③，且能显著提升工作绩效（Jokisaari & Nurmi，2014）④。在即时通讯交往中，人们不受时空限制，可随时随地与家人沟通，极大缓解员工乡愁情绪，建立员工的心理安全感，从而缓解其所造成的情绪耗竭和绩效降低（Lu，Du，Xu & Zhang，2017）⑤。因而即时通讯应可缓解乡愁对工作绩效的影响，但既有相关研究的关注度尚且不够。

6.1.3　员工乡愁的既有研究

既有关于中国情境下乡愁的研究主要是针对个体的外部环境开展的，如员工的工作特征、员工所在组织的组织支持以及员工的工作家庭平衡等方面（Kraimer，Bolino & Mead，2016）⑥。乡愁与员工绩效之间的研究有学者指出，需要通过广泛培训、参与决策以及优化环境等人力资源实践进行提高，但就目前的实施情况来看成效均不尽人意（Combs，Liu，Hall & Ketchen，2006）⑦，本研究认为，主要原因是忽略异乡工作员工独特的心理诉求——乡愁及其作用机制（Kraimer et al.，2016）⑧，而既有乡愁对绩效作用机理与边界条件的相关研究还甚为少见，乡愁对员工工作绩效的影

① Lu C Q, Du D Y, Xu X M, Zhang R F. Revisiting the relationship between job demands and job performance: The effects of job security and traditionality[J]. Journal of Occupational and Organizational Psychology, 2017, 90(1): 28-50.

② 陈瑞君，秦启文. 情绪劳动与抑郁及焦虑的关系：情绪耗竭的中介作用[J]. 心理科学，2011，34(3)：676-679.

③ LePine J A, LePine M A, Jackson C L. Challenge and hindrance stress: Relation-ships with exhaustion, motivation to learn, and learning performance[J]. Journal of Applied Psychology, 2004, 89(5): 883-891.

④ Jokisaari M, Nurmi J E. Company matters: Goal-related social capital in the transition to working life[J]. Journal of Vocational Behavior, 2005, 67(3): 413-428.

⑤ Lu C Q, Du D Y, Xu X M, Zhang R F. Revisiting the relationship between job demands and job performance: The effects of job security and traditionality[J]. Journal of Occupational and Organizational Psychology, 2017, 90(1): 28-50.

⑥ Kraimer M, Bolino M, Mead B. Themes in expatriate and repatriate research over four decades: What do we know and what do we still need to learn[J]. Annual Review of Organizational Psychology and Organizational Behavior, 2016, 3(1): 83-109.

⑦ Combs J, Liu Y M, Hall A, Ketchen D. How much do high-performance work practices matter? A meta-analysis of their effects on organizational performance[J]. Personnel Psychology, 2006, 59(3): 501-528.

⑧ Kraimer M, Bolino M, Mead B. Themes in expatriate and repatriate research over four decades: What do we know and what do we still need to learn[J]. Annual Review of Organizational Psychology and Organizational Behavior, 2016, 3(1): 83-109.

响究竟如何？如果与西方结果不同，其作用机制和边界条件如何？既有研究缺乏系统解答。

6.1.4　情绪耗竭影响乡愁缓解

心理应激理论指出，心理状态不同的个体，其行为方式也存在着很大差异性（赵富强、黄颢宇、陈耘、张秋红，2018）①，情绪耗竭是个体工作所需资源不足而导致的情感库存缺乏状态（LePine，LePine & Jackson，2004）②，其情感资源急需得以补充，其个体耗竭越高其对资源的需求程度越高（陈耘、陈凯佳、赵富强、张秋红，2019）③。因而情绪耗竭与组织目标完成和组织绩效的实现以及个体绩效水平的提升都存在显著相关（Bakker，Demerouti & Sanz-Vergel，2014；Allen，Johnson，Saboe，Cho，Dumani & Evans，2012）④⑤，情绪耗竭程度越高，个体乡愁缓解对通讯工具的使用越频繁（Fritz & Sonnentag，2006）⑥，因而乡愁通过通讯工具使用对工作绩效的间接作用应该越强。

6.1.5　乡愁影响绩效模型构建

基于资源保存理论，本研究从中国情境视角出发，探究异乡人乡愁情绪对工作绩效的影响机制及边界条件。即时通讯能否转乡愁为动机化包袱为动力；不同情绪耗竭状态，其黑箱机制作用是否有所区别（概念模型见图 6-1），以期对员工乡愁的缓解作出贡献。

---

① 赵富强，黄颢宇，陈耘，张秋红. 工作-家庭平衡型人力资源管理实践对工作绩效的影响：工作-家庭关系的中介作用与心理资本的调节作用[J]. 中国人力资源开发，2018，35(11)：124-140.

② LePine J A, LePine M A, Jackson C L. Challenge and hindrance stress：Relationships with exhaustion, motivation to learn, and learning performance[J]. Journal of Applied Psychology, 2004, 89(5)：883-891.

③ 陈耘，陈凯佳，赵富强，张秋红，胡伟. 中国情境下乡愁的影响效果与影响因素[J]. 中国人力资源开发，2019，36(4)：45-60.

④ Bakker A B, Demerouti E, Sanz-Vergel A I. Burnout and work engagement：The JD-R approach[J]. Annual Review of Organizational Psychology and Organizational Behavior, 2014, 1(1)：389-411.

⑤ Allen T D, Johnson R C, Saboe K N, Cho E, Dumani S, Evans S. Dispositional variables and work-family conflict：A meta-analysis[J]. Journal of Vocational Behavior, 2012, 80：17-26.

⑥ Sonnentag S, Fritz C. The recovery experience questionnaire：Development and validation of a measure assessing recuperation and unwinding at work[J]. Journal of Occupational Health Psychology, 2007, 12(3)：204-221.

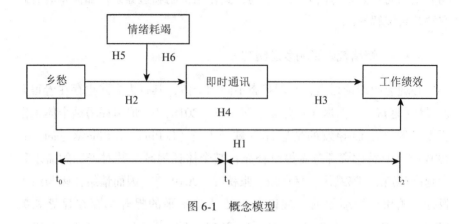

图 6-1　概念模型

6.2　研究假设

6.2.1　员工乡愁与工作绩效

个体心理资本和自尊等资源有助个体外部资源的获取(Hobfoll, 2001)①。个体总是积极吸取外部资源，防止内部资源的流失，这种流失对自身的发展是一种威胁(Hobfoll, 2002)②。研究发现，个体动机性资源对员工成功具有促进作用(Chen, Kirkman & Kim, 2014)③。异乡工作者离开家乡的根本行为动机在于提升家庭生活的富裕水平，承担养家糊口的责任，寻求家庭物质生活更大的满足(萧洪恩、马丹, 2011)④，其行为动机包括对工作中存在困难的挑战、对自身技能的提升以及职业素养的培训

①　Hobfoll S E. The Influence of Culture, Community, and the Nested-self in the Stress Process: Advancing Conservation of Resources Theory[J]. Journal of Applied Psychology, 2001, 50 (3): 337-421.

②　Hobfoll S E. Social and psychological resources and adaptation [J]. Review of General Psychology, 2002, 6(4): 307-324.

③　Firth B M, Chen G, Kirkman B L, Kim K. Newcomers abroad: Expatriate adaptation during early phases of international assignments[J]. Academy of Management Journal, 2014, 57(1): 280-300.

④　萧洪恩, 马丹. 第一生产力的文化转向及其当代价值[J]. 江汉论坛, 2011, 000(003): 51-54.

等(Shaffer, Kraimer, Chen & Bolino, 2012)①。因此，乡愁作为异乡工作者的心理幸福感指标之一(Greenberg, Stiglin, Finkelstein & Berndt, 1993)②，可促进个体在工作中不断进步，面对困难勇往直前，关注自身的发展，进而产生有益于组织的行为和结果，如工作绩效提升(He & Wong, 2004)③。乡愁对工作绩效的促进会进一步提升地域异质性员工在工作所在地的城市认同，具体而言，乡愁促进工作绩效的提升，使得异乡工作者具有了在工作城市生活的物质资本，物质资本的积累促使其可以将家庭成员转移到工作所在地，以缓解思乡情绪，因此在一定程度上而言，乡愁与工作绩效的关系是相互促进的。基于此，我们提出假设1：

H1：乡愁对工作绩效有显著正向影响。

6.2.2 即时通讯的中介作用

(1)乡愁与即时通讯

即时通讯逐步成为人们生活的必不可少的组成部分，不仅能带给个体最新的社会信息，还不断构建个体的人际网络，改变着个体的交流方式(Chesley, 2006)④，将传统的面对面交流转变为语音、视频等新兴的沟通方式将传统的一对一交流模式，升级到一对多，多对多的个体间沟通(Jokisaari & Nurmi, 2005)⑤。在信息传播方面，比传统交流方式更具时效性、互动性，能够更加全面把握个体的日常生活与信息互动(Lu, Du, Xu & Zhang, 2017)⑥，无论是坐在餐馆、坐上公交或地铁还是课堂或教室，痴迷于在线游戏、陶醉于微信与QQ以及浸淫于社交等的人们随处可

① Shaffer M A, Kraimer M L, Chen Y P, Bolino M C. Choices, challenges, and career consequences of global work experiences a review and future agenda[J]. Journal of Management, 2012, 38(4): 1282-1327.

② Greenberg P E, Stiglin L E, Finkelstein S N, Berndt E R. Depression: A neglected major illness[J]. Journal of Clinical Psychiatry, 1993, 54(11): 419-424.

③ He Z L, Wong P K. Exploration vs. exploitation: An empirical test of the ambidexterity hypothesis[J]. Organization Science, 2004, 15(4): 481-494.

④ Chesley N. Families in a high-tech age-Technology usage patterns, work and family correlates, and gender[J]. Journal of Family Issues, 2006, 27(5): 587-608.

⑤ Jokisaari M, Nurmi J E. Company matters: Goal-related social capital in the transition to working life[J]. Journal of Vocational Behaviour, 2005, 10(8): 159-166.

⑥ Lu C Q, Du D Y, Xu X M, Zhang R F. Revisiting the relationship between job demands and job performance: The effects of job security and traditionality[J]. Journal of Occupational and Organizational Psychology, 2017, 90(1): 28-50.

见(李蒙翔、顾睿、尚小文等，2010)①，进而缓解人们的乡愁情绪
(Middleton，2007)②。即时通讯可以通过多种方式，如视频、语音等多方
式实时沟通(朱晓庆，2015)③，其在不断改变人们的工作方式，逐渐成为
现代工作场所的标准配置(Boswell & Olson-Buchanan，2007)④，使得沟通
交流变得更加便捷有效。研究表明，异乡人与亲人朋友在交流沟通方面存
在困难，加上人是群居而生的，需要社会依恋与社会支持，由此一来，更
容易产生乡愁情绪，更难适用面对的困难(Shaffer，Kraimer，Chen &
Bolino，2012)⑤，长期的异地生活会造成工作家庭的失衡问题(谢雅萍，
2008)⑥。此外，即时通讯工具能够用于同事间社交活动，获取组织支
持、社交支持、情感支撑等，从而能够更快融入新的组织环境(Zoonen，
Toni & Verhoeven，2014)⑦，获得更高工作满意度。

H2：乡愁与即时通讯显著正相关。

(2)即时通讯与工作绩效

个体的信息收集、情感支持以及自我需求的实现可以通过即时通讯得
以满足，从而使个体有更多的资源进行内部资源整合，舒缓工作压力，提
升工作绩效，获得组织认同。这对与面对新环境的新员工至关重要
(Gruman，Saks & Zweig，1997)⑧。对于处在异乡的新环境中的员工来说，
即时通讯工具的存在缓解了其情感需求，能在任何时间，任何地点进行亲
人朋友之间的情感交流，不仅帮助员工平衡好内心的思乡之情，还可以有
效减少其工作家庭冲突问题，为异乡工作者节省内部资源，有利于员工在

① 李蒙翔，顾睿，尚小文，等．移动即时通讯服务持续使用意向影响因素研究[J]．管理
科学，2010，23(5)：72-83.

② Middleton C A. Illusions of balance and control in an always-on environment：A case study of
BlackBerry users[J]. Journal of Media & Cultural Studies，2007，21(2)：165-178.

③ 朱晓庆．即时通讯工具的发展对人际交往的影响分析[D]．成都：成都理工大学，2015.

④ Boswell W R，Olson-Buchanan J B. The use of communication technologies after hours：The role
of work attitudes and work-life conflict[J]. Journal of Management，2007，33(4)：592-610.

⑤ Shaffer M A，Kraimer M L，Chen Y P，Bolino M C. Choices，challenges，and career
consequences of global work experiences a review and future agenda[J]. Journal of Management，
2012，38(4)：1282-1327.

⑥ 谢雅萍．企业家人力资本与企业绩效关系的实证研究[J]．广西大学学报(哲学社会科学
版)，2008，30(1)：26-31.

⑦ Zoonen，Ward van，Verhoeven，Joost W M，Elving，Wim J L. Understanding work-related
social media use：An extension of theory of planned behavior[J]. Journal of Management，
2014，8(5)：286-301.

⑧ Gruman J A，Saks A M，Zweig D I. Organizational socialization tactics and newcomer proactive
behaviors：An integrative study[J]. Journal of Vocational Behavior，2006，69(1)：90-104.

工作领域的绩效提升与创新产出（Moqbel et al.，2013）[①]。众所周知，异乡员工不仅承担家庭的经济责任，同时具有一定的角色责任，他们需要扮演好父母、子女以及配偶等角色（Wang，Waldman & Zhang，2014）[②]，即使通讯能够很好平衡角色间的责任划分，缓解家庭工作冲突，进而得到家庭工作支持，获取情感支撑（Frone，2003）[③]。异乡员工从家庭获取情感支持，他们会将工作中获取的资源与信息与家人共享，提升工作的意义与工作价值感（Vroom，1964）[④]，这成为他们继续努力的情感动力（Rothbard & Edwards，2003）[⑤]。基于责任视角，异乡工作者从工作领域获取到的物质资源，会补贴到家庭领域，由此一来，既强化了员工在家庭里的角色认同，同时会刺激员工在工作领域更加努力工作，在工作领域投入更多的时间资源，以提升组织内的角色认同（Rothbard & Edwards，2003）。

H3：即时通讯与工作绩效正相关。

（3）即时通讯的中介作用

异乡工作者对家的思念是与亲人的陪伴有直接关系的（Eurelings-Bontekoe，Tolsma，Verschuur & Vingerhoets，1996）[⑥]，即时通讯的存在一方面可以保证异乡人与家人朋友的联系，减少乡愁激发工作动机，同时与同事进行社交活动，减少孤独寂寞，缓解适应障碍；另一方面，可与同事信息交流、知识共享与协同合作，即乡愁员工通过即时通讯工具与家人朋友快速沟通，获取家庭的情感支持，同时扩大与身边人的交际网络，有助于知识的共享与交流（李昳、张向前，2018）[⑦]，从而提高企业员工沟通交流效率，加强员工间的凝聚力，进而提高员工的工作绩效（吴恙，

① Moqbel M，Nevo S，Kock N. Organizational members' use of social networking sites and job performance An exploratory study[J]. Information technology & people，2013，26(3)：240-264.

② Wang D，Waldman D A，Zhang Z. A meta-analysis of shared leadership and team effectiveness[J]. Journal of Applied Psychology，2014，99(2)：181-184.

③ Frone M R. Work-family balance[M]. Wa shinton，DC：American Psychological Association，2003.

④ Vroom，Victor H. Work and motivation[M]. New York：Wiley. Work and Motivation，1964.

⑤ Rothbard N P，Edwards J R. Investment in work and family roles：A test of identity and utilitarian motives[J]. Personnel Psychology，2003，3(6)：56-69.

⑥ Eurelings-Bontekoe E H，Tolsma A，Verschuur M J，Vingerhoets A J J M. Cons-truction of a homesickness questionnaire using a female population with two types of self-reported homesickness：Preliminary results[J]. Personality and Individual Differences，1996，20(4)：415-421.

⑦ 李昳，张向前. 组织内部社交媒体使用影响员工工作绩效的过程机制研究：基于深度访谈的探索性分析[J]. 科技与经济，2018，031(001)：91-95.

2017)①。因此，即时通讯不仅可以保障异乡人从家庭处获取情感支持，同时还有助于增强与同事间的交流互动，获取工作领域的资源支持。基于此，即时通讯在工作家庭领域都起着至关重要的作用，在维持与亲朋好友的情感交流中，缓解乡愁情绪，有利于解决工作家庭冲突，并激发异乡人的努力工作动机，对工作绩效的提高有积极影响。

H4：即时通讯中介乡愁对工作绩效的影响。

6.2.3 情绪耗竭的调节作用

情感、生理资源被消耗是情绪耗竭的过程，在这个过程中个体无法保证有充足的精力来应对工作中的困难，而产生的身体疲劳、精神倦怠的情绪状态(Shirom, 1989)②，伴随着身体不适、精神抑郁、情感枯竭、心理焦虑等现象(Demerout, Taris & Bakker, 2007)③。造成这种现象往往是由于高需求、强压力的工作内容(LePine, LePine & Jackson, 2004)④。当个体应对精力无法满足工作需求时就会产生情绪耗竭(Shirom, 1989)，个体会想方设法寻求情感、工具与资源等支持，以防止进一步恶化(Maslach, Christina, Schaufeli, Wilmar & Leite, 2001)⑤。人们会依赖于积极社交来帮助其补足其情绪资源，治愈情绪资源损失(Dutton, 2001)⑥。个体往往会保存自身内部资源，并防止资源流失，以应对资源损耗(Hobfoll, 1989)⑦。即时通讯不仅能随时与远在家乡的亲朋好友取得联系，还可以丰富日常生活，获取信息资源，满足情感需求。因而，对于异乡工作者来说，当情绪耗竭程度越高，其情感需求也会更加强烈，对即时通讯的使用

① 吴恙. 社会交换论视域下中学师生冲突的探析[J]. 时代教育, 2017, 000(004): 22, 24.

② Shirom A. Burnout in Work Organizations[M]//Cooper C L, Robertson I. International review of industrial-organizational psychology. New York: Wiley, 1989.

③ Demerouti E, Taris T W, Bakker A B. Need for recovery, home-work interference and performance: Is lack of concentration the link[J]. Journal of Vocational Behavior, 2007, 71(2): 204-220.

④ LePine J A, LePine M A, Jackson C L. Challenge and hindrance stress: Relationships with exhaustion, motivation to learn, and learning performance[J]. Journal of Applied Psychology, 2004, 89(5): 883-891.

⑤ Maslach C, Schaufeli W B, Leiter M P. Job burnout[J]. Annual Review of Psychology, 2001, 52(1): 397-422.

⑥ Dutton W J E. Crafting a job: Revisioning employees as active crafters of their work[J]. The Academy of Management Review, 2001, 26(2): 179-201.

⑦ Hobfoll S E. Conservation of resources: A new attempt at conceptualizing stress[J]. American Psychologist, 1989, 44(3): 513-529.

频率也会更高。

H5：情绪耗竭调节乡愁与即时通讯间关系，情绪耗竭程度越更高，乡愁与即时通讯使用间关系越强。

对于异乡工作者而言，高的情绪耗竭会促使其更加强烈的使用即时通讯，以获取资源的补充，由于即时通讯带来的与亲人朋友的情感资源以及与同事交流的信息资源，都能够为异乡工作者提供良好的资源补充。加上即时通讯可以有效缓解与身边同事交流的尴尬局面、可以拉近与同事之间的距离，因此有利于异乡工作者更快地适应新的工作环境，并获取同事支持与组织认可，有利于提升自我效能感。因此，即时通讯与同事支持与组织认同之间存在显著的联系，而这些联系是通过非正式的形成产生的。同时，即时通讯能够为异乡工作者建立社交网络，增强情感自信，产生工作与生活的自我效能感，有利于工作场所的绩效表现。

基于此，我们提出以下假设。

假设 H6：情绪耗竭调节乡愁通过即时通讯对工作绩效的影响，当情绪耗竭程度越高，乡愁对工作绩效的间接作用越强。

6.3　研 究 方 法

6.3.1　数据收集

本研究以北京、上海、广州、深圳等地多家企业的异乡员工为调研对象收集数据，涵盖工程建筑、教育、酒店、金融等不同行业。为规避同源方差(Podsakoff, MacKenzie & Podsakoff, 2012)①，我们采取以下方法进行数据收集：(1)多时点收集数据。T1：乡愁和情绪耗竭，有效问卷396份；T2：个体工作绩效，有效问卷320份。(2)差异化问卷测量方式。采用正反向及差异计分法进行数据测量。(3)差异化问卷。采用同意、认可等方式进行数据收集，并更具员工反应，适当调整数据收集方式。

在样本中，男性占59%；已婚员工占72.5%；年龄 36～55 岁占46.56%；本科占56.56%；工龄在 3 年及以下员工占27.81%，3～5 年占

---

① Podsakoff P M, MacKenzie S B, Podsakoff N P. Sources of method bias in social science research and recommendations on how to control it [J]. Annual Review of Psychology, 2012, 63: 539-569.

14.68%，6~10 年占 17.81%，11 年及以上占 39.68%；异地工作者占 83.21%；跨专业工作者占 61.33%，企业规模在 200 人及以下占 43.43%，201~500 人占 10.93%，501~1000 人占 10.93%，1000 人及以上占 34.68%。

6.3.2　测量工具

①乡愁：基于 Stroebe 等（2002）[①]编制的五维度 22 题项量表。通过专家讨论与初试样本检验，确定为五维度 20 题项量表，代表题项如"我经常想念自己的父母"。Cronbach's α 为 0.93。

②即时通讯：采用 Fender（2010）[②]的 10 题项量表，代表题项如"手机沟通帮助我满足工作和家庭要求"。Cronbach's α 为 0.92。

③工作绩效：采用赵富强等（2017）[③]的两维 19 题项量表。代表题项如"我总能克服困难实现自己的工作目标"。Cronbach's α 为 0.96。

④情绪耗竭：采用 Maslach（2001）[④]等的 9 题项的量表，代表题项如"我的工作让我感到情绪衰竭"等，Cronbach's α 为 0.97。

⑤控制变量：既有研究发现，性别、年龄、学历、性格以及任职年限等变量会影响到员工的工作绩效，因而把其作为控制变量。

6.3.3　统计方法

本研究采用 Amos 24.0 进行因子分析以检验量表的区分效度；采用 SPSS 25.0 进行因子与回归分析，并对假设进行验证。

6.4　研究结果

6.4.1　共同方法偏差检验

由于数据均采用自评方式进行收集，因而可能存在共同方法偏差。本

---

① Stroebe M, van Vliet T, Hewstone M, Willis H. Homesickness among students in two cultures: Antecedents and consequences[J]. British Journal of Psychology, 2002, 93: 147-168.

② Fender C M. Electronic tethering: Perpetual wireless connectivity to the organization [M]. Philadelphia, PA: Drexel University, 2010.

③ 赵富强，杨淑媛，陈耘，张光磊. 工作-家庭平衡型人力资源管理实践对员工绩效的影响：工作繁荣与真实型领导的作用[J]. 中国人力资源开发，2017(9): 81-96.

④ Maslach C, Schaufeli W B, Leiter M P. Job burnout[J]. Annual Review of Psychology, 2001, 52(1): 397-422.

研究采用 Harman 单因素予以检验。抽取未经旋转的因子出 9 个特征值大于 1 的因子，累计解释变异量 75.595%，说明不存在严重的共同方法偏差问题。进一步，研究采用共同方法潜因子法检验共同方法偏差（Podsakoff et al.，2012），验证性因子分析模型拟合指标为：$\Delta \chi^2 / df = 0.49$，$\Delta NFI = 0.01$，$\Delta CFI = 0.02$，$\Delta IFI = 0.02$，$\Delta RMSEA = 0.001$，没有较大改善，因而共同方法偏差问题并不严重。

本研究利用 Amos 24.0 进行验证性因子分析。从表 6-1 中可以看出，四因子拟合效果最好，四因子代表乡愁、情绪耗竭、即时通讯和工作绩效四个不同构念。

表 6-1　验证性因子分析结果（$N = 320$）

模型	χ^2 / df	CFI	IFI	NFI	RMSEA
四因子模型	5.02	0.92	0.92	0.89	0.08
三因子模型	7.31	0.81	0.81	0.78	0.11
两因子模型	10.00	0.69	0.69	0.67	0.14
单因子模型	15.85	0.51	0.51	0.48	0.14

6.4.2　效度检验

根据表 6-2，各变量载荷均在 0.56 和 0.97 之间，AVE 在 0.524 和 0.783 之间，组合信度大于 0.767，满足载荷和 AVE 大于 0.5 及信度大于 0.7 的阈值要求，说明测量模型稳定性较好。

表 6-2　聚敛效度分析

维度	题　　项	因子载荷	AVE	组合信度
乡愁	X1：我会经常想念自己的父母	0.88		
	X2：我会经常想念自己的家人	0.90		
	X3：我会经常想念自己的家庭	0.89		
	X4：我能感受到家人对我的思念	0.83		
	X5：我希望能够遇见家乡的熟人	0.78		
	X6：我希望能够见到熟悉的面孔	0.83		
	X7：我想念我信任的人，并希望与其交谈	0.68		

维度	题　　项	因子载荷	AVE	组合信度
乡愁	X8：我会经常想念自己的朋友	0.60	0.62	0.89
	X9：我觉得原来的环境条件比这里好	0.74		
	X10：我会对离开熟悉的环境感到遗憾	0.78		
	X11：我会持续不断地思念家乡	0.59		
	X12：我会反复回忆过去的情形	0.58		
	X13：我会感受到孤独寂寞	0.81		
	X14：我会感受到缺乏关爱	0.84		
	X15：我会有一种与世隔绝的感觉	0.76		
	X16：我会有一种背井离乡的感觉	0.68		
	X17：我发现适应新的环境比较困难	0.85		
	X18：我在新的环境下会感到不舒服	0.88		
	X19：我在新的环境下容易迷失方向	0.88		
	X20：我感到适应新的风俗习惯困难	0.86		
情绪耗竭	V1：我的工作让我感到情绪衰竭	0.90	0.78	0.97
	V2：早起面对新一天工作，我感觉很疲倦	0.88		
	V3：工作中整天和人交往，使我精神紧张	0.89		
	V4：我的工作使我感受到精神疲惫	0.93		
	V5：与同事一起工作给我很大压力	0.88		
	V6：我的工作使我感到沮丧	0.90		
	V7：工作一天以后，我感觉很疲惫	0.85		
	V8：我觉得我的工作太辛苦	0.85		
	V9：我对工作感到无能为力	0.88		
即时通讯	M1：我会随时随地查看手机（QQ或微信等）信息	0.69		
	M2：无论走到哪里，我都会把手机放身边	0.79		
	M3：我会确保手机有电以免错过任何信息	0.86		
	M4：我会确保手机通信畅通避免无法联系	0.88		
	M5：手机沟通帮助我满足工作和家庭要求	0.86		
	M6：手机沟通可以帮我控制办公所花时间	0.64		

续表

维度	题　项	因子载荷	AVE	组合信度
即时通讯	M7：手机使我可随时随地与亲朋好友联系	0.79	0.60	0.94
	M8：手机使我随时随地追剧、娱乐及游戏	0.97		
	M9：手机使我随时随地寻求工作问题解决	0.62		
	M10：手机使我随时随地浏览新闻与阅读	0.58		
工作绩效	Y1：我常休息时间加班保证任务按时完成	0.97	0.52	0.77
	Y2：我认为完成自己的工作任务责无旁贷	0.84		
	Y3：我会主动克服困难坚持不懈完成任务	0.85		
	Y4：我会主动提出建设性方案供公司参考	0.56		
	Y5：我会积极维护公司形象澄清他人误解	0.74		
	Y6：我不假公济私利用职权谋取个人利益	0.79		
	Y7：为提升工作品质，我会努力充实自我	0.82		
	Y8：我会接受挑战性任务，从不挑肥拣瘦	0.69		
	Y9：当同事成功时，我会予以赞赏和祝贺	0.79		
	Y10：当同事困难时，我乐意协助解决困难	0.75		
	Y11：我不在背后批评上司或谈论同事隐私	0.64		
	Y12：只谈论那些对同事或团体有益的事情	0.68		
	Y13：工作中，我总能公平对待和帮助他人	0.61		
	Y14：我维护组织和谐不争权夺利钩心斗角	0.57		
	Y15：我总能克服困难实现自己的工作目标	0.68		
	Y16：我总能保质保量完成交办的工作任务	0.64		
	Y17：我总能创造性地完成自己的工作任务	0.82		
	Y18：我的任务完成得总是比同事更加出色	0.82		
	Y19：我总能在工作中提高自己的知识技能	0.66		

6.4.3　描述性统计与相关性分析

所有变量的均值、标准差及相关系数见表6-3。乡愁与员工工作绩效显著正相关（$r=0.11$，$p<0.01$），乡愁与即时通讯显著正相关（$r=0.35$，$p<0.01$），即时通讯工具和工作绩效，显著正相关（$r=0.34$，$p<0.01$）。

表 6-3　变量均值、标准差及相关系数

变量	M	SD	1	2	3	4	5	6	7	8	9
1. 性别	1.41	0.49	—								
2. 年龄	2.35	0.74	-0.28**	—							
3. 学历	2.06	0.72	-0.05	0.04	—						
4. 工龄	2.69	1.25	-0.22*	0.66	-0.02	—					
5. 异地	3.04	1.06	0.28**	0.46*	0.15*	0.38**	—				
6. 乡愁	3.131	0.61	-0.19**	0.06	0.01	0.01	0.02	0.62			
7. 即时通讯	3.7753	0.70	-0.05	-0.06	0.11	-0.05	-0.02	0.35**	0.60		
8. 情绪耗竭	2.5271	0.91	-0.19**	-0.01	0.04	-0.03	0.05	0.52**	0.16**	0.78	
9. 工作绩效	4.0577	0.55	0.01	0.05	0.03	0.04	-0.15*	0.11**	0.34**	-0.19**	0.52

注：＊表示 $p<0.05$，＊＊表示 $p<0.01$（双尾检验）。

6.4.4　假设检验

①主效应检验。本研究采用多元线性回归的数据分析，把性别、年龄、学历、性格和是否异地工作作为控制变量。回归分析结果见表 6-4。由模型 M4 可知，乡愁显著正向影响员工工作绩效（$\beta=0.12$，$p<0.05$），因而假设 H1 得到验证。

表 6-4　乡愁、即时通讯与工作绩效的回归模型分析结果

变量	即时通讯		工作绩效			
	模型 M1	模型 M2	模型 M3	模型 M4	模型 M5	模型 M6
性别	-0.09	0.02	0.05	0.08	0.07	0.07
年龄	-0.09	-0.14	-0.02	-0.03	0.01	0.01
学历	0.10	0.10	0.01	0.01	-0.02	-0.02
工龄	-0.01	0.00	0.01	0.01	0.01	0.01
异地	0.03	0.05	0.07*	0.09*	0.08*	0.08*
乡愁		0.36***		0.12*		0.00

续表

变量	即时通讯		工作绩效			
	模型 M1	模型 M2	模型 M3	模型 M4	模型 M5	模型 M6
即时通讯					0.34***	0.34***
ΔR^2		0.13***		0.015*	0.11***	0.10***
ΔF		45.95**		4.77*	40.79***	35.37***

注：* 表示 $p<0.05$，** 表示 $p<0.01$，*** 表示 $p<0.001$。

②中介效应检验。本研究借鉴温忠麟、侯杰泰(2005)[①]的三步中介回归分析法进行中介效应检验。根据表 6-4 模型 M2，乡愁对即时通讯有显著的正向影响($\beta=0.36$，$p<0.001$)，假设 H2 成立；模型 M5，即时通讯对员工的工作绩效有显著的正向影响($\beta=0.34$，$p<0.001$)，假设 H3 成立；模型 M6，乡愁对员工工作绩效影响不显著，假设 H4 得到验证。进一步，采用 bootstrap 方法进行中介效应检验，重复抽样 5000 次。结果显示，即时通讯的中介效应在 95%置信区间下 CI=[0.065，0.178]，区间不包含 0，表明通讯工具的中介效应显著。

③调节效应检验。根据温忠麟等(2012)[②]的建议，本研究采用逐步回归法对调节效应进行检验。调节效应检验结果，如表 6-5 模型 M9 所示，乡愁与情绪耗竭的交互项显著正向影响即时通讯($\beta=0.118$，$p<0.05$)。

表 6-5　情绪耗竭在乡愁与即时通讯间调节作用

变量	变量名称	即时通讯		
		模型 M7	模型 M8	模型 M9
控制变量	性别	-0.09	0.01	0.00
	年龄	-0.09	-0.12	-0.10
	学历	0.10	0.10	0.09
	工龄	-0.01	0.00	-0.01
	职务	-0.03	-0.05	-0.04
自变量	乡愁		0.43***	0.40***

① 温忠麟，侯杰泰，张雷. 调节效应与中介效应的比较和应用[J]. 心理学报，2005，37(2)：268-274.

② 温忠麟，刘红云，侯杰泰. 调节效应和中介效应分析[M]. 北京：教育科学出版社，2012.

变量	变量名称	即时通讯		
		模型 M7	模型 M8	模型 M9
调节变量	情绪耗竭		-0.03	-0.05
	乡愁×情绪耗竭			0.12^*
	R^2	0.02	0.15	0.16
	ΔR^2		0.13^{***}	0.01^*
	ΔF		23.06^{***}	5.02^*

注：$*$ 表示 $p<0.05$，$**$ 表示 $p<0.01$，$***$ 表示 $p<0.001$。

调节效应图如图 6-2 所示，高情绪耗竭时，乡愁对即时通讯的影响更强，低情绪耗竭时，影响较弱。因此，假设 H5 得到支持。

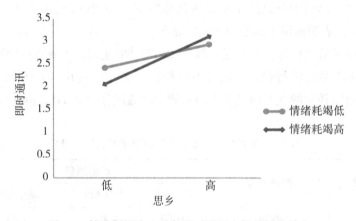

图 6-2　情绪耗竭在乡愁与即时通讯之间的调节效应

④被调节的中介效应。采用 Hayes（2013）[①]的 PROCESS 分析插件检验情绪耗竭是否调节即时通讯在乡愁与员工工作绩效之间的间接作用。结果见表 6-6，组间差异为（间接效应 = 0.031，95% CI = [0.007，0.068]）。因此，假设 H6 得到支持。

---

① Hayes A F. Introduction to mediation, moderation, and conditional process analysis：A regression-based approach[J]. Journal of Educational Measurement, 2013, 51(3)：33-49.

表 6-6　有调节的中介作用检验

	情绪耗竭	间接效应	95%CI	
			下限	上限
低水平情绪耗竭	−0.91	0.08	0.03	0.16
中水平情绪耗竭	0.00	0.11	0.06	0.19
高水平情绪耗竭	0.91	0.14	0.08	0.23

注：抽样数 = 2000；* 为 $p<0.05$，** 为 $p<0.01$，*** 为 $p<0.001$。

6.5　结果讨论

6.5.1　研究总结

本研究以乡愁对员工工作绩效的影响为研究主题，结合资源保存理论，对即时通讯的中介作用以及情绪耗竭的调节作用进行检验。实证分析得出以下结论：

①乡愁对工作绩效有显著正向影响。研究发现，异乡工作者会产生乡愁情绪，但并不会成为工作路上的绊脚石，同时还会给员工带来工作动力，因为远离家乡的员工背井离乡是为了衣锦还乡，其通常承担着养家糊口责任，努力工作是为了支持家庭，因而乡愁往往也是工作的一种动力，激励员工提高其工作绩效。

②即时通讯完全中介乡愁对工作绩效的影响。研究发现，乡愁与即时通讯显著正相关，即时通讯与工作绩效显著正相关，其完全中介乡愁对工作绩效的影响。远离家乡的员工通常没有家人朋友的陪伴，因而常常伴随回家的愿望，当员工感受到乡愁与适用性困难时，通常会借助即时通讯工具，以增强人与人之间的联系，保持情感交流，极大便捷了异乡工作者的沟通与交流，其可随时随地利用即时通讯工具与家人朋友保持交流与联系，获取情感与信息资源，因而有利于其工作绩效的提升。

③情绪耗竭显著调节乡愁对即时通讯的影响，同时显著调节其通过即时通讯对工作绩效的间接作用。说明乡愁员工情绪耗竭程度越高，对即使通讯工具的使用情感越强烈。此外，通过即时通讯使用还可以随时了解工作所需信息、知识、技术、经验等资源，从而有利于获得工作所需资源，

进而改善其工作绩效。

6.5.2　理论贡献

本研究不仅丰富了中国情境下乡愁、即时通讯、情绪耗竭与员工工作绩效等相关变量研究,而且进一步揭示了乡愁影响工作绩效的黑箱机制与边界条件研究。

首先,本研究发现,中国情境下乡愁对工作绩效有显著正向影响,从而丰富了异乡工作员工绩效的内部心理作用过程。由于全球化与五化协同的发展导致异乡工作人数的高速增长,乡愁成为一种常见的心理现象,会消耗员工生理/心理资源,诱发情绪耗竭从而使员工效率低下。但本研究发现,乡愁可以作为一种动机性资源,激发员工工作动机,提升员工工作绩效水平。

其次,即时通讯完全中介乡愁对工作绩效的影响,从而揭示了乡愁对工作绩效影响的作用机理。由于通讯技术的快速发展,即时通讯已经影响世界各地人群,一方面,管理者担心即时通讯工具导致效率下降,从而禁止其对即时通讯;另一方面,由于即时通讯工具可拓展员工知识技能,企业管理者希望其能够合理使用即时通讯工具提高工作绩效。本研究表明,对于身处异地的乡愁员工,首先,可通过即时通讯工具的合理使用,联系自己的亲人朋友,激发其工作动机,缓解工作家庭冲突,提升工作家庭促进,以提升工作绩效;其次,可通过即时通讯与同事建立良好社交关系,减少孤独寂寞和环境适应障碍;最后;还可通过即时通讯获取与工作相关的知识技术信息,提高工作绩效。

最后,中国情境下的乡愁对即时通讯及其通过即时通讯对工作绩效的间接作用被情绪耗竭所调节,从而丰富了乡愁对工作绩效内部机制与边界条件。基于资源保存理论,异乡工作者在感受到资源枯竭,会通过个体在感受到资源耗竭情况下,会通过即时通讯工具,改变自身的资源,弥补资源的损耗,从而提升工作绩效,为情绪耗竭研究提供了新的视角。

6.5.3　实践启示

通过揭示中国乡愁影响工作绩效的黑箱机制与边界条件,从而为企业通过员工即时通讯工具的合理使用以化乡愁为动力的管理实践提供了理论依据与决策参考。

首先,乡愁显著正向影响员工工作绩效。虽然异乡工作员工远离家乡亲人和朋友,但企业应当正看待异乡工作者的乡愁,其存在并不一定会是一种心理负担，相反，有时候它可以作为一种刺激源，激励员工努力工作，为家庭带来物质上的补充。惬意需要营造良好的组织文化与组织氛围，为员工提供乡愁的疏解途径，让员工感受到家的温暖，同时加大对家庭责任的教育，将这种刺激尽可能地转化为动力，提升组织绩效同时，关注员工心理健康。因此，组织需要对异地工作的员工进行更多的心理关注，帮助异地工作者以更好的方式缓解乡愁情绪，将乡愁转化为组织发展所需的驱动力。

其次，即时通讯的完全中介乡愁对员工工作绩效的影响。该研究结论指导企业在实践中可允许员工合理使用微信、QQ、视频通话以及电子邮件等即时通讯，随时随地了解亲朋好友的信息，能从亲人朋友那里得到情感资源，用以缓解乡愁情绪；从同事与组织中获取所需要的工作资源，补充自身所需的工作资源，提升工作场所的组织绩效。因此，组织中对员工的家庭生活需要多一些包容型关注，一方面可以帮助员工实现工作家庭平衡，有助于员工的家庭工作促进发展，另一方面，组织对员工的即时通讯行为予以尊重，如职场小憩，既可为个体带来资源上的恢复，同时有效缓解员工因乡愁而产生的资源耗竭。

最后，乡愁对即时通讯的直接作用以及其通过即时通讯对工作绩效的间接作用被情绪耗竭所调节。该结论提醒管理者为异乡工作者提供工具资源、时间资源、情感资源等，使得异乡工作者的情绪与资源得到补充，缓解资源耗竭带来的负面效应，提升工作积极性与工作效率。因此，组织需要对员工予以更对的帮助，如 EPA 的组织应用，帮助员工获取发展所需的内部资源。关注异地工作者的物质、情感等资源，帮助其在职场中展现更好的一面。

6.5.4　研究展望

尽管遵循科学方法和步骤，本研究探究乡愁与即时通讯、工作绩效以及情绪耗竭的作用机理，为企业正确认识员工乡愁、即时通讯以及提升绩效提供了理论依据和决策参考，然而由于认知、资源、能力和条件所限，仍有诸多地方有待改善。

①量表的局限性。本研究尽管对国外量表进行了回译等方式进行编辑，但由于中西文化的差异性，量表的适用仍存在局限性。国外量表是否契合中国文化背景仍有待考证，未来研究可开发中国本土化量表。

②样本的局限性。本研究的样本选取是国内外的务工、外派人员，主要包括广东、武汉、江苏等地，未来研究需要将样本更加广泛化，不仅局

限于外派与务工人员，还要将样本收集地扩大到全国。因此，未来研究需要将样本局限性考虑在研究内，使研究更具有普适性。

③研究变量与模型的局限性。本研究借鉴已有相关研究，在严格定义和分析基础上，选取既有变量进行模型构建，情绪耗竭作为调节变量研究缺乏足够的文献支撑，加上个体的特征不同，研究还需要结合个体的实际进行考量，另外，研究需要引入其他变量来丰富内在机制的解释与边界的界定。

④研究方法的局限性。本研究采用较为传统的自我报告法，同时对收集过程进行相应控制，也进行了共同方法偏差检验，尽管同源误差并不严重，但其仍不够精确，未来研究需要采取不同方法规避同源问题。

本 章 小 结

中国情境下城市化发展使异乡工作劳动力不断增长，对熟悉环境的思念与陌生环境的不适所形成的乡愁，西方情境下其是员工情绪耗竭和绩效下降的诱因，而背井离乡以衣锦还乡的中国情境下，乡愁究竟是绩效提升的动力还是下降的包袱，既有实证研究尚未发现。基于此，本研究旨在从资源保存理论视角，通过移动互联背景下即时通讯的中介作用揭示乡愁对工作绩效的影响机理，并考察不同情绪耗竭状态在其间的边界条件。

实证研究得出如下结论：①中国情境下乡愁与工作绩效显著正相关；②即时通讯中介乡愁对工作绩效的影响；③情绪耗竭调节乡愁对即时通讯和工作绩效的直接影响；④情绪耗竭显著调节乡愁通过即时通讯对工作绩效的间接作用。从而为企业通过合理利用即时通讯化乡愁包袱为工作动力的管理实践提供理论依据和决策参考。

本研究主要贡献如下：①中国情境下乡愁对工作绩效有显著正向影响，从而丰富了异乡工作员工绩效的内部心理作用过程；②中国情境下即时通讯完全中介乡愁对工作绩效的影响，揭示了乡愁对工作绩效影响的作用机理；③乡愁对即时通讯及其通过即时通讯对工作绩效的间接作用被情绪耗竭所调节，从而丰富了乡愁对工作绩效作用机制发生的边界条件。

本研究存在如下不足：①量表局限。尽管研究所用量表经过回译等方式将国外成熟量表进行处理，来测量中国情境下的变量，但由于文化不同，量表的普适性问题仍旧不能被忽略，未来研究需要开发出符合中国情境的量表，以期更符合国人的填答习惯。②样本局限。本研究主要选取国内外出务工人员、外派人员以及海外员工，尽管样本来源地尽可能地选择不同城市的务工人员，但由于不同城市的风俗习惯等方面的差异，对乡愁的影响也不尽相同，未来研究需要扩大样本量与样本来源，尽可能涵盖更多的领域。③方法局限。本研究采用传统自我报告法，同时对收集过程进行相应控制，也进行了共同方法偏差检验，尽管同源误差并不严重，但其仍在一定程度上对数据的精准性产生影响，从而影响研究结果，因此，未来研究需要更加客观的方式对数据进行收集，对同源方差进行规避。

附：问卷量表

乡 愁

1. 我会经常想念自己的父母
2. 我会经常想念自己的家人
3. 我会经常想念自己的家庭
4. 我能感受到家人对我的思念
5. 我希望能够遇见家乡的熟人
6. 我希望能够见到熟悉的面孔
7. 我想念我信任的人，并希望与其交谈
8. 我会经常想念自己的朋友
9. 我觉得原来的环境条件比这里好
10. 我会对离开熟悉的环境感到遗憾
11. 我会持续不断地思念家乡
12. 我会反复回忆过去的情形
13. 我会感受到孤独寂寞
14. 我会感受到缺乏关爱
15. 我会有一种与世隔绝的感觉
16. 我会有一种背井离乡的感觉
17. 我发现适应新的环境比较困难
18. 我在新的环境下会感到不舒服
19. 我在新的环境下容易迷失方向
20. 我感到适应新的风俗习惯困难

情绪耗竭

1. 我的工作让我感到情绪衰竭
2. 早起面对新一天工作，我感觉很疲倦
3. 工作中整天和人交往，使我精神紧张
4. 我的工作使我感受到精神疲惫
5. 与同事一起工作给我很大压力

6. 我的工作使我感到沮丧

7. 工作一天以后，我感觉很疲惫

8. 我觉得我的工作太辛苦

9. 我对工作感到无能为力

即时通讯

1. 我会随时随地查看手机（QQ 或微信等）信息

2. 无论走到哪里，我都会把手机放身边

3. 我会确保手机有电以免错过任何信息

4. 我会确保手机通信畅通避免无法联系

5. 手机沟通帮助我满足工作和家庭要求

6. 手机沟通可以帮我控制办公所花时间

7. 手机使我可随时随地与亲朋好友联系

8. 手机使我随时随地追剧、娱乐及游戏

9. 手机使我随时随地寻求工作问题解决

10. 手机使我随时随地浏览新闻与阅读

工作绩效

1. 我常休息时间加班保证任务按时完成

2. 我认为完成自己的工作任务责无旁贷

3. 我会主动克服困难坚持不懈完成任务

4. 我会主动提出建设性方案供公司参考

5. 我会积极维护公司形象澄清他人误解

6. 我不假公济私利用职权谋取个人利益

7. 为提升工作品质，我会努力充实自我

8. 我会接受挑战性任务，从不挑肥拣瘦

9. 当同事成功时，我会予以赞赏和祝贺

10. 当同事困难时，我乐意协助解决困难

11. 我不在背后批评上司或谈论同事隐私

12. 只谈论那些对同事或团体有益的事情

13. 工作中，我总能公平对待和帮助他人

14. 我维护组织和谐不争权夺利钩心斗角

15. 我总能克服困难实现自己的工作目标

16. 我总能保质保量完成交办的工作任务
17. 我总能创造性地完成自己的工作任务
18. 我的任务完成得总是比同事更加出色
19. 我总能在工作中提高自己的知识技能

第7章 DI-HRP 的乡愁纾解与绩效提升：依恋风格的调节作用

7.1 问题提出

7.1.1 员工乡愁及其影响

在中国，随着经济全球化不断发展和五化协同的不断推进，跨国家和跨地域作的劳动力流动急剧增长，加上人口结构的不断演化、工作方式的不断变化以及价值观的多元交织，工作场所劳动力性别、年龄、民族、教育以及文化等构成日益多元化，这种多元化不仅表现在性别、年龄、户籍等方面，还在价值观、社会认知等层面提现（Harrison, Price & Bell, 1998）[①]这些多元化在为组织带来异质性知识碰撞、创新激发、活力焕发、效率提升和思维转变等的同时（王晖，2015）[②]，也会由于不同背景劳动力文化、宗教、信仰以及价值观等的不同而会在企业内部形成非正式群体，从而为组织带来多元文化交织的冲突、歧视和矛盾等诸多挑战（唐宁玉、张凯丽，2015）[③]。中国情境下，由于这些跨文化异乡工作的劳动力对新环境的不适应，加上对故乡亲朋好友的思念，两者间的交互成为羁绊其发展而又挥之不去的乡愁。根据资源保存理论，员工的资源是有限的，当其把资源用于缓解乡愁时，就会相应减少用于工作领域的资源，从而降低其工作绩效。

[①] Harrison D A, Price K H, Bell M P. Beyond relational demography: Time and the effect of surface-and deep-level diversity on work group cohesion[J]. Academy of Management Journal, 1998, 41(1): 96-107.

[②] 王晖. 劳动力多元化背景下的人力资源管理[J]. 山西农经, 2015, 8(5): 94-95.

[③] 唐宁玉, 张凯丽. 包容性领导研究述评与展望[J]. 管理学报, 2015, 12(6): 932-938.

联合国 2013 统计表明，有 2.32 亿以上的务工人员前往非原籍国寻求职业发展（Greenhaus & Kossek，2014）①，跨文化、跨区域的劳动者成为乡愁的主要宿主（Derks，Bakker & Lu，2017）②，异乡工作者的乡愁情绪，可能会带来负面体验，甚至造成生理伤害（Van Tilburg，2006）③，从而导致任务绩效显著降低（Derks，Bakker & Lu，2017）[1]。尽管既有研究有对足球运动员（Khatija，Bahdur & Ricard，2017）④、士兵（Julie，Niziurski & Dorthe，2018）⑤以及学生（Faride，Saeid，2017；Thurber & Walton，2012；Scopelliti，Massimiliano，Tiberio & Lorenza，2010）⑥⑦⑧等的乡愁有所研究，但对工作领域的乡愁研究还不多见。借鉴既有的研究，结合中国的文化情境，乡愁是中国异乡者特有的思乡情绪，该情绪对于异地工作者的绩效具有较大的影响。基于此，本研究探索中国情境下工作领域的乡愁及其影响，以及如何化解乡愁。

7.1.2　员工乡愁纾解研究

多元化员工的有效管理已成为学术界和企业界共同关注的热点（Chrobot-Mason & Thomas，2002）⑨。有学者提出采用平等对待来降低组织内的冲突和歧视（唐宁玉、张凯丽，2015）⑩，与多样性管理相比，不仅

① Greenhaus J H, Kossek E E. The contemporary career: A work-home perspective[J]. Annual Review of Organizational Psychology and Organizational Behavior, 2014(1): 419-424.

② Du D Y, Derks D, Bakker A B, Lu C Q. Does homesickness undermine the potential of job resources? A perspective from the work-home resources model[J]. Journal of Organizational Behavior, 2017, 38(1): 1-17.

③ Van Tilburg M A L, Vingerhoets A J J M, Van Heck G L. Homesickness: A review of the literature[J]. Psychological Medicine, 1996, 26(5): 899-912.

④ Khatija, Bahdur, Ricard Pruna. The impact of homesickness on elite footballers[J]. Journal of Novel Physiotherapies, 2017, 1(4): 278-289.

⑤ Julie A, Niziurski, Dorthe Berntsen. A prospective study of homesickness in soldiers during military deployment[J]. Personality & Individual Differences, 2018, 120: 81-86.

⑥ Faride Alimoradi, Saeid Sadeghi, et al. Investigating the relationship of self-esteem and spirituality to homesickness among dormitory students of Razi University in Kermanshah[J]. Journal of Research on Religion and Health, 2017(1): 43-45.

⑦ Thurber C A, Walton E A. Homesickness and adjustment in university students[J]. Journal of American College Health, 2012, 60(5): 415.

⑧ Scopelliti, Massimiliano, Tiberio, Lorenza. Homesickness in University Students: The Role of Multiple Place Attachment[J]. Environment and Behavior, 2010, 42(3): 335-350.

⑨ Chrobot-Mason D, Thomas K M. Minority employees in majority organizations: The intersection of individual and organizational racial identity in the workplace[J]. Human Resource Development Review, 2002, 1(3): 323-344.

⑩ 唐宁玉，张凯丽. 包容性领导研究述评与展望[J]. 管理学报, 2015(12): 932-938.

强调公正公平，还强调差异化个体的组织融入和多样化员工的价值发挥
(Shore & Randel，2011)①，鼓励差异化个体表现自我，发挥多元化的积
极作用来提高绩效(Roberson，2006)②。包容性管理具有包容性、长远
性、全局性、发展性、持续性的特征，其坚持平等共享的原则，予以员工
人性化的关怀，将员工作为管理的核心，注重提高员工的幸福感，使企业
内部能够形成良好的文化氛围，以文化建企，以文化育人(高宏，
2013)③，其坚持员工之间的机会均等、分配公平和发展共享(邱国斌，
2013)④。

目前，既有相关研究主要关注于非正式组织支持的包容型领导风
格(Nembhard，Edmondson，2006；方阳春，2014；石冠峰、梁鹏，
2015)⑤⑥⑦、包容性增长(李刚，2011；赵跃先，2011)⑧⑨、包容性创新
(邢小强、周江华，2015)⑩、包容型管理(Midtsundstad，2011；高宏，
2012；刘建萍，2015)⑪⑫⑬等方面，而对正式化制度化组织支持——多元
包容型人力资源管理实践(Diverse-Inclusive Human Resource Practice，DI-

① Shore L M, Randel A E, Chung B G, et al. Inclusion and diversity in work groups: A review and model for future research[J]. Journal of Management, 2011, 37(4): 1262-1289.
② Roberson Q M. Disentangling the meanings of diversity and inclusion in organizations[J]. Group & Organizational Management, 2006, 31(2): 212-236.
③ 高宏. 基于物元模型的包容性人力资源管理效能评价[J]. 系统管理学报, 2013, 22(1): 128-132.
④ 邱国斌. 基于包容性人力资源管理内涵及特征下的新型物元模型效能评价方法分析[J]. 商, 2013(21): 87-87.
⑤ Nembhard I M, Edmondson A C. Making it safe: The effects of leader inclusiveness and professional status on psychological safety and improvement efforts in health care teams[J]. Journal of Organizational Behavior, 2006, 27(7): 941-966.
⑥ 方阳春. 包容型领导风格对团队绩效影响的实证研究——基于员工自我效能感的中介作用[J]. 科研管理, 2014(5): 152-160.
⑦ 石冠峰, 梁鹏. 中国情境下包容型领导风格如何影响员工建言行为[J]. 领导科学, 2015(10): 51-54.
⑧ 李刚. "包容性增长"的学源基础、理论框架及其政策指向[J]. 学术月刊, 2011, 43(8): 86-92.
⑨ 赵跃先. 对"包容性增长"的伦理解读[J]. 求实, 2011(10): 30-33.
⑩ 邢小强, 周江华. 包容性创新：研究综述及政策建议[J]. 科研管理, 2015, 36(9): 11-18.
⑪ Midtsundstad T. Inclusive workplaces and older employees: An analysis of companies' investment in retaining senior workers[J]. International Journal of Human Resource Management, 2011, 22(6): 1277-1293.
⑫ 高宏. 基于战略的包容性人力资源管理系统分析[J]. 上海管理科学, 2012, 34(1): 67-71.
⑬ 刘建萍. 基于战略的包容性人力资源管理研究[J]. 人力资源管理, 2015, 5(6): 45-48.

HRP)的相关研究目前缺乏最够的探索。基于此,本研究提出并界定中国情境下多元包容型人力资源管理实践的内涵构成,并探究其影响机制与边界条件。由于不同个体的特质个性尤其是依恋风格不同,因而不同个体的乡愁感知有所不同,多元包容型人力资源管理实践对乡愁以及个体绩效的影响也会因依恋风格而不同,而既有研究缺乏探索,为弥补以往研究空白,本研究将依恋风格纳入研究框架,考察其在多元包容型人力资源管理实践对乡愁与工作绩效影响间的调节作用。

7.1.3　DI-HRP 与乡愁纾解

面对多元化员工,如何告别美丽乡愁充分发挥其积极、主动性和创造性使企业能够立于不败之地——中国情境下的多元包容型人力资源管理实践应运而生,成为企业发挥多元化员工主观能动性的现实选择。而现实中虽然包容性相关的研究愈来愈多,如包容性文化、包容性领导以及包容性氛围等,但这都是非正式组织支持,而作为正式化制度化的组织指出——多元包容型人力资源管理实践的既有相关研究目前尚未发现。基于此,本研究旨在界定中国情景下多元包容型人力资源管理实践的内涵与构成,揭示多元包容型人力资源管理实践对多元化员工绩效的影响机理,与乡愁的中介与依恋风格的调节作用。本研究的概念模型,如图 7-1 所示。

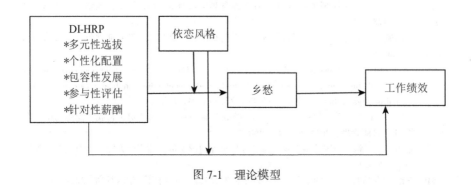

图 7-1　理论模型

7.2　研 究 假 设

7.2.1　DI-HRP 与工作绩效

基于多样化管理(Roberson,2006;Shore, Randel & Chung, 2011;唐

宁玉、张凯丽，2015）①②③与包容性管理实践（唐宁玉、张凯丽，2015；Midtsundstad，2011；高宏，2012；刘建萍，2015）④⑤⑥的既有研究，结合包容型领导风格（Nembhard & Edmondson，2006；方阳春，2014；石冠峰等，2015）⑦⑧⑨以及包容性创新（邢小强、周江华，2015）⑩等相关研究，本研究认为，多元包容型人力资源管理实践是指组织为实现战略目标、提高组织绩效和获取竞争优势而采取的尊重员工差异、认可员工价值、包容员工错误、发挥员工潜能、鼓励员工参与以及促进员工协同等的提升多元包容能力、激发多元包容动机和提供多元包容机会的一系列相互独立、相互联系和相互补充的活动、职能和过程。

　　研究表明，作为非正式组织支持和组织化身的包容型领导能够提高员工的团队凝聚力（程伟波，2014）⑪、心理安全感和组织承诺（刘冰、孙艳、齐蕾，2017）⑫；包容性文化可以营造相互尊重的工作氛围、促进员工之间的关系和谐以及提高团队合作精神（哈文，2009）⑬。而作为正式组织支持的多元包容型人力资源管理实践，其坚持员工之间的机会均等、分配公平和发展共享，并承认多元化的差异，因而可以最大化发挥个体在工作场

① Roberson Q M. Disentangling the meanings of diversity and inclusion in organizations[J]. Group & Organizational Management，2006，31（2）：212-236.
② Shore L M，Randel A E，Chung B G，et al. Inclusion and diversity in work groups：A review and model for future research[J]. Journal of Management，2011，37（4）：1262-1289.
③ 唐宁玉，张凯丽. 包容性领导研究述评与展望[J]. 管理学报，2015，12（6）：932-938.
④ Midtsundstad T. Inclusive workplaces and older employees：An analysis of companies' investment in retaining senior workers[J]. International Journal of Human Resource Management，2011，22（6）：1277-1293.
⑤ 高宏. 基于战略的包容性人力资源管理系统分析[J]. 上海管理科学，2012，34（1）：67-71.
⑥ 刘建萍. 基于战略的包容性人力资源管理研究[J]. 人力资源管理，2015（6）：45-48.
⑦ Nembhard I M，Edmondson A C. Making it safe：The effects of leader inclusiveness and professional status on psychological safety and improvement efforts in health care teams[J]. Journal of Organizational Behavior，2006，27（7）：941-966.
⑧ 方阳春. 包容型领导风格对团队绩效影响的实证研究——基于员工自我效能感的中介作用[J]. 科研管理，2014，8（5）：152-160.
⑨ 石冠峰，梁鹏. 中国情境下包容型领导风格如何影响员工建言行为[J]. 领导科学，2015（10）：51-54.
⑩ 邢小强，周江华. 包容性创新：研究综述及政策建议[J]. 科研管理，2015，36（9）：11-18.
⑪ 程伟波. 包容性领导对员工态度和行为影响的实证研究[D]. 长沙：中南大学，2014.
⑫ 刘冰，孙艳，齐蕾. 包容型领导对关系冲突的影响[J]. 财经问题研究，2017，9（4）：107-113.
⑬ 哈文. 包容性管理提升团队竞争力[J]. 视听界，2009，10（1）：39-41.

所的多元化的价值(Roberson, 2006)①。其中，多元性选拔不因性别、民族、宗教、籍贯及方言等而歧视求职者；个性化配置考虑岗位要求、员工诉求与员工特长，并给予员工一定程度授权与自治；包容性发展在培训开发过程中考虑员工兴趣、特长与理想；参与性评估考虑岗位工作实际与胜任要求，并注重员工、主管与相关部门参与；针对性薪酬为员工提供公平合理的薪酬结构。这些人力资源管理实践关注个体在工作过程中的归属感和幸福(邱国斌, 2013)②，因而可通过塑造良好的相互合作、公平公正的氛围来促进员工之间的关系和谐，提高员工凝聚力、团队合作精神和员工的归属感。因而多元包容型人力资源管理实践可以通过规则框架的设定为多元化提供正式化制度化组织资源支持，提升员工的工作绩效。基于此，本研究提出：

H1：多元包容型人力资源管理实践(DI-HRP)与员工的工作绩效显著正相关。

H1a：多元性选拔与员工的工作绩效显著正相关。

H1b：个性化配置与员工的工作绩效显著正相关。

H1c：包容性发展与员工的工作绩效显著正相关。

H1d：参与性评估与员工的工作绩效显著正相关。

H1e：针对性薪酬与员工的工作绩效显著正相关。

7.2.2   员工乡愁的中介作用

(1)多元包容型人力资源管理实践与员工乡愁

乡愁是个体由于和家乡或者依恋对象(如父母)的实际或预期的分离而导致的痛苦和功能性障碍(Thurber & Walto, 2007)③。当员工经历乡愁时更有可能体验到负面情绪，甚至身体疾病(Van Tilburg, 2006)④。社会支持是指，他人的指定性或一般性的支持行为 (Demaray, Michelle, Malecki,

---

① Roberson Q M. Disentangling the meanings of diversity and Inclusion in organizational management[J]. Group & Organization Management, 2004, 31(2): 212-236.

② 邱国斌. 基于包容性人力资源管理内涵及特征下的新型物元模型效能评价方法分析[J]. 商, 2013(21): 87-87.

③ Thurber C A, Walton E A. Preventing and treating homesickness [J]. Child & Adolescent Psychiatric Clinics of North America, 2007, 119(1): 192-201.

④ Van Tilburg M A L, Vingerhoets A J J M, Van Heck G L. Homesickness: A review of the literatures[J]. Psychological Medicine, 1996, 26(5): 899-912.

Christine，2002)①，这种行为可以提高个体的社会适应性，使其免受不利环境的伤害，因而可有效缓解乡愁(Roberson，2006)②。

多元包容型人力资源管理实践在工作配置、招聘选拔、培训开发、绩效薪酬、员工发展与参与等方面充分考虑员工的诉求，并包容认可员工间的性别、民族、宗教、籍贯、文化及方言等方面的差异，发挥其工作积极性和聪明才智的人力资源实践。其坚持多元化员工之间的机会均等、分配公平、发展共享、承认差异、认可差异，根据不同员工的需求、特点、处境予以不同的生理和心理上的支持，关注员工在工作中的归属感和幸福感(邱国斌，2013)③，因而让员工感到心理满足、舒适与愉悦，体验到公司温馨的感觉，从而提高其环境适应性；多元包容型人力资源管理实践对员工差异化包容，其在组织政策、组织文化以及组织氛围上体现的公平性、互帮互助、团结友爱以及舒适度，会让异乡工作的员工感到家的温暖与归属感，从而促进员工之间的关系和谐(哈文，2009)④，从而在一定程度上给予员工更多的情感与行为等父母的社会支持。根据社会支持理论，个体所拥有的社会支持越多，其就能够越好地应对来自环境的各种挑战(李强，1998)⑤，而多元包容型人力资源管理实践给予异乡员工的社会支持，使其能更好地应对陌生环境所带来的威胁和挑战，从而减少其乡愁。

基于此，本研究提出如下假设：

H2：多元包容型人力资源管理实践(DI-HRP)与员工的乡愁显著负相关。

H2a：多元性选拔与员工的乡愁显著负相关。

H2b：个性化配置与员工的乡愁显著负相关。

H2c：包容性发展与员工的乡愁显著负相关。

H2d：参与性评估与员工的乡愁显著负相关。

H2e：针对性薪酬与员工的乡愁显著负相关。

---

① Demaray，Michelle Kilpatrick，Malecki，Christine Kerres. Critical levels of perceived social support associated with student adjustment[J]. School Psychology Quarterly，2002，17(3)：213-241.

② Roberson Q M. Disentangling the meanings of diversity and inclusion in organizations[J]. Group & Organizational Management，2006，31(2)：212-236.

③ 邱国斌. 基于包容性人力资源管理内涵及特征下的新型物元模型效能评价方法分析[J]. 商，2013(21)：87-87.

④ 哈文. 包容性管理提升团队竞争力[J]. 视听界，2009，10(1)：39-41.

⑤ 李强. 社会支持与个体心理健康[J]. 天津社会科学，1998，8(1)：66-69.

（2）员工乡愁与工作绩效

资源分为情境资源和个体资源（Devasheesh & Alexandru，2018）[①]。乡愁是个体的痛苦及功能性障碍（Thurber & Walto，2007）[②]，且更有可能体验到负面情绪，更容易忧愁善感身患疾病（Van Tilburg，2006）[③]。因而他们更容易表现出消极倾向，减少对工作的投入与资源的获取（Poppleton，Briner & Kiefer，2008）[④]。既有研究表明，异乡工作者由于缺乏和朋友情人之间的情感交流，往往表现出孤独与压力，进而消耗情感与心理资源（Shaffer，Kraimer & Bolino，2012）[⑤]，同时，域内社会资源的有效利用，可能会阻碍员工从社会支持中获益，从而影响他们的任务绩效（Derks，Bakker & Lu，2017）[⑥]，而且还会使个体更多地将社会支持用于工作以外的目的，以排解其由于故乡眷恋而引起的压力。工作任务的完成与人际网络的构建密不可分，包括与同事的互动交流、理解聆听同事的建议、和同事一起工作并提出自己的见解（Jawahar，Stone & Kisamore，2007）[⑦]，而这一切的行为活动都需要额外消耗个体稀缺资源。而员工在经历乡愁时会不断消耗个体的时间、精力以及情感等稀缺资源，因而会自主减少角色外行为以保护不断被消耗的资源，将不多的资源用于工作上（赵富强、罗奎、张光磊、陈耘，2016）[⑧]。减少额外工作投入和人际交流等，会因为

① Devasheesh Bhave，Alexandru M. Lefter. The other side：Occupational interactional requirements and work-home enrichment[J]. Academy of Management Journal，2018，61(1)：139-164.

② Thurber C A，Walton E A. Preventing and treating homesickness[J]. Child & Adolescent Psychiatric Clinics of North America，2007，119(1)：192-201.

③ Tilburg A J J M. Vingerhoets. Psychological aspects of geographical moves：Homesickness and acculturation stress[J]. Tilburg the Netherlands：Tilburg University Press，2006，6(10)：35-48.

④ Poppleton S，Briner R B，Kiefer T. The roles of context and everyday experience in understanding work-non-work relationships：A qualitative diary study of white-and blue-collar workers[J]. Journal of Occupational and Organizational Psychology，2008，81(3)：481-502.

⑤ Shaffer M A，Kraimer M L，Chen Y P，Bolino M C. Choices，challenges，and career consequences of global work experiences a review and future agenda[J]. Journal of Management，2012，38(4)：1282-1327.

⑥ Du D Y，Derks D，Bakker A B，Lu C Q. Does homesickness undermine the potential of job resources? A perspective from the work-home resources model[J]. Journal of Organizational Behavior，2017，38(1)：1-17.

⑦ Jawahar I M，Stone T H，Kisamore J I. Role conflict and burnout：The direct and moderating effects of political skill and perceived organizational support on burnout dimensions[J]. International Journal of Stress Management，2007，14(2)：142-159.

⑧ 赵富强，罗奎，张光磊，陈耘. 基于资源保存理论的工作家庭冲突对工作绩效的影响研究[J]. 中国人力资源开发，2006，21：25-33.

资源不足而被组织所忽略（Dawn，Witt & Michele，2008）①。基于资源保存理论，本研究认为员工在经历乡愁时消耗内在资源，资源的消耗使得个体没有足够资源去应对工作场所的复杂任务与人际网络的维持，因此不能履行角色内绩效和角色外行为。基于此，本研究提出：

H3：员工的乡愁与其工作绩效显著负相关。

（3）员工乡愁的中介作用

组织多元包容型人力资源管理实践可以通过规则框架的设定为多元化员工提供正式化制度化组织资源支持，让员工能够快速融入组织，在减少由于新环境不适应造成的故乡眷恋对生理与心理资源的消耗与占用，同时游刃有余地去处理任务，且有较为充裕的生理与心理资源去履行更多的人际促进与工作投入提升工作绩效。基于此，本研究提出如下假设：

H4：乡愁中介多元包容型人力资源管理实践对工作绩效的影响。

H4a：乡愁中介多元性选拔对工作绩效的影响。

H4b：乡愁中介个性化配置对工作绩效的影响。

H4c：乡愁中介包容性发展对工作绩效的影响。

H4d：乡愁中介参与性评估对工作绩效的影响。

H4e：乡愁中介针对性薪酬对工作绩效的影响。

7.2.3　依恋风格的调节作用

依恋风格是个体和亲属联系及依赖"依恋网络"收到关系的特有方式（Kenneth，Levy，William，Lori，Samantha & Bernecker，2011）②，包括依恋焦虑和依恋回避，组合为安全型（低焦虑低回避）、焦虑型（高焦虑低回避）、回避型和恐惧型等依恋类型（Brennan，Clark & Shaver，1998；Fraley & Shaver，2000）③④。研究发现，个体的依恋风格与离职意向和情绪调节

①　Carlson D S, Witt L A, Zivnuska S, Kacmar K M, Grzywacz J G. Supervisor appraisal as the link between family-work balance and contextual performance［J］. Journal of Business Psychology，2008，23(1/2)：37-49.

②　Levy K N, Ellison W D, Scott L N, Bernecker S L . Attachment style［J］. Journal of Clinical Psychology，2011，67(2)：193-203.

③　Brennan K A, Clark C L, Shaver P R. Self-report measurement of adult attachment：An integrative overview［M］//Simpson J A, Rholes W S, Simpson J A, Rholes W S. Attachment theory and close relationship. New York：Guilford Press，1998：46-76.

④　Fraley R C, Shaver P R. Adult romantic attachment：Theoretical developments, emerging controversies, and unanswered questions［J］. Review of General Psychology，2000，4(2)：132-154.

有关(Richards & Schat，2011)①。

多元包容性人力资源管理关注员工需求、归属感和幸福感，提高员工的积极性和满意度(邱国斌，2013)②。安全型依恋个体更容易感受到依赖、安慰和安全感，减少焦虑不安(俞睿玮、张嘉琪、朱函昱、刘文，2016；Colquitt，Scott & Lepine，2007)③④，因而具备较高的心理安全感及韧性(Mikulincer & Shaver，2007)⑤，对环境有较高的适应性(朱迪、傅强，2016)⑥，能够显著减少威胁感受与痛苦体验(李彩娜、孙颖、拓瑞、刘佳，2016)⑦。因此，安全型依恋风格的个体在感到多元包容型人力资源管理实践给予其积极情绪后，会减少威胁感受与痛苦体验(Mikulince & Florian，1998；Shaver & Clark，1994)⑧⑨。在遭遇困难的、时的回避性个体更多采取回避策略，拒绝信任他人(Mikulincer & Shaver，2007；Overall，et al.，2015)⑩⑪，几乎不寻求他人帮助(Riggs，Jacobovit & Hazen，2002)⑫。在压力情境下，不安全依恋个体则常持有无价值的消极自我表

① Richards D A，Schat A C. Attachment at（not to）work：applying attachment theory to explain individual behavior in organizations[J]. Journal of Applied Psychology，2011，96(1)：169-178.

② 邱国斌. 基于包容性人力资源管理内涵及特征下的新型物元模型效能评价方法分析[J]. 商，2013(21)：87-87.

③ 俞睿玮，张嘉琪，朱函昱，刘文. 不同依恋类型下积极情绪与成人创造性的关系[J]. 中国健康心理学杂志，2016(1)：130-134.

④ Colquitt J A，Scott B A，Lephine J A. Trust，trustworthiness，and trust propensity：A meta-analytic test of their unique relationships with risk taking and job performance[J]. Journal of Applied Psychology，2007，92(4)：909-927.

⑤ Mikulincer M，Shaver P R. Attachment in adulthood：Structure，dynamics，and change[M]. New York，NY：Guilford Press，2007.

⑥ 朱迪，傅强. 员工依恋风格、社会认同与建言行为：辱虐管理之有调节的中介[J]. 苏州大学学报(哲学社会科学版)，2016(5)：112-120.

⑦ 李彩娜，孙颖，拓瑞，刘佳. 安全依恋对人际信任的影响：依恋焦虑的调节效应[J]. 心理学报，2016，48(8)：989-1001.

⑧ Mikulincer M，Florian V. The relationship between adult attachment styles and emotional and cognitive reactions to stressful events[J]. Attachment theory and close relationships，1998，9(4)：143-165.

⑨ Brennan K A，Clark C L，Shaver P R. Self-report measurement of adult attachment：An integrative overview[J]. Attachment Theory and Close Relationship，1998：46-76.

⑩ Mikulincer M，Shaver P R. Attachment in adulthood：Structure，dynamics，and change[M]. New York，NY：Guilford Press，2007.

⑪ Overall N C，Fletcher G J O，Simpson J A，Fillo J. Attachment insecurity，biased perceptions of romantic partners' negative emotions，and hostile relationship behavior[J]. Journal of Personality and Social Psychology，2015，108(5)：730-749.

⑫ Riggs S A，Jacobovitz D，Hazen N. Adult attachment and history of psychotherapy in a normative sample[J]. Psychotherapy，Theory，Research，Practice，Training，2002，39(4)：344-353.

征(李彩娜、孙颖、拓瑞、刘佳，2016)①，即使多元包容型人力资源管理实践更加注重员工的需求和员工在工作过程中的归属感和幸福感(邱国斌，2013)②，为其提供积极的组织氛围，但由于不安全型依恋风格个体不信任别人和几乎不寻求他人帮助(Riggs，Jacobovitz & Hazen，2002)③，所以多元包容型人力资源管理实践对其工作绩效的正向关系会减弱。综上所述，依恋风格不同的个体，其面对困难时的心理和感受是不同的，所以依恋风格会影响乡愁与工作绩效之间的关系。基于此，提出如下假设：

H5：依恋风格调节多元包容型人力资源管理实践(DI-HRP)与工作绩效之间的正向关系，依恋水平越高的个体，其正向关系越强。

H5a：依恋风格调节多元性选拔与工作绩效之间的正向关系，依恋水平越高的个体，其正向关系越强。

H5b：依恋风格调节个性化配置与工作绩效之间的正向关系，依恋水平越高的个体，其正向关系越强。

H5c：依恋风格调节包容性发展与工作绩效之间的正向关系，依恋水平越高的个体，其正向关系越强。

H5d：依恋风格调节参与性评估与工作绩效之间的正向关系，依恋水平越高的个体，其正向关系越强。

H5e：依恋风格调节针对性薪酬与工作绩效之间的正向关系，依恋水平越高的个体，其正向关系越强。

H6：依恋风格调节多元包容型人力资源管理实践(DI-HRP)与乡愁之间的负向关系，依恋水平越高的个体，其负向关系越强。

H6a：依恋风格调节多元性选拔与乡愁之间的负向关系，依恋水平越高的个体，其负向关系越强。

H6b：依恋风格调节个性化配置与乡愁之间的负向关系，依恋水平越高的个体，其负向关系越强。

H6c：依恋风格调节包容性发展与乡愁之间的负向关系，依恋水平越

① 李彩娜，孙颖，拓瑞，刘佳. 安全依恋对人际信任的影响：依恋焦虑的调节效应[J]. 心理学报，2016，48 (8)：989-1001.
② 邱国斌. 基于包容性人力资源管理内涵及特征下的新型物元模型效能评价方法分析[J]. 商，2013(21)：87-87.
③ Riggs S A, Jacobovitz D, Hazen N. Adult attachment and history of psychotherapy in a normative sample[J]. Psychotherapy：Theory，Research，Practice，Training，2002，39(4)：344-353.

高的个体，其负向关系越强。

H6d：依恋风格调节参与性评估与乡愁之间的负向关系，依恋水平越高的个体，其负向关系越强。

H6e：依恋风格调节针对性薪酬与乡愁之间的负向关系，依恋水平越高的个体，其负向关系越强。

H7：依恋风格会调节多元包容型人力资源管理实践（DI-HRP）通过乡愁对工作绩效的间接作用，依恋水平越高的个体，其间接作用会越强。

H7a：依恋风格调节多元性选拔通过乡愁对工作绩效的间接作用，依恋水平越高的个体，该间接作用越强。

H7b：依恋风格调节个性化配置通过乡愁对工作绩效的间接作用，依恋水平越高的个体，该间接作用越强。

H7c：依恋风格调节包容性发展通过乡愁对工作绩效的间接作用，依恋水平越高的个体，该间接作用越强。

H7d：依恋风格调节参与性评估通过乡愁对工作绩效的间接作用，依恋水平越高的个体，该间接作用越强。

H7e：依恋风格调节针对性薪酬通过乡愁对工作绩效的间接作用，依恋水平越高的个体，该间接作用越强。

7.3　研究方法

7.3.1　数据收集

本研究数据描述性统计如表 7-1 所示，为了提高研究结果的普遍代表性，本研究招募了来自各行各业的全职员工参与数据收集。样本分布主要集中在广东、上海、武汉等地，行业有教育、金融、建筑等领域，样本有效问卷 552 份。

表 7-1　样本特征的描述性统计结果

变量	结　　果
性别年龄	男性 311 人（56.3%）；女性 241 人（43.7%） 18～25 岁 91 人（16.5%）；26～35 岁 220 人（39.9%）；36～55 岁 237 人（42.9%）；56 岁以上 4 人（0.7%）

续表

变量	结　　果
异地工作	异地 391 人(70.8%)；非异地 161 人(29.2%)
学历	大专及以下 126 人(22.8%)；本科 288 人(52.2%)；硕士 125 人(22.6%)；博士及以上 13 人(2.4%)
工龄	3 年及以下 169 人(30.6%)；3~5 年 85 人(15.4%)；6~10 年 104 人(18.8%)；10 年以上 194 人(35.1%)

7.3.2　变量测量

①多元包容型人力资源管理实践(DI-HRP)：采用赵富强等(2020)开发的 5 维度 20 题项的量表，量表 Cronbach's α 值为 0.96。

②乡愁：基于 Stroebe 等(2002)[①]编制的五维度 22 题项量表。通过专家讨论与初试样本检验，确定为 5 维度 20 题项量表，示例："我会经常想念自己的父母"，Cronbach's α 为 0.943。

③工作绩效：采用赵富强等(2017)[②]的 19 题项量表。示例："当同事困难时，我乐意协助同事解决工作上的困难"，Cronbach's α 为 0.96。

④依恋风格：采用修订后的成人依恋量表(AAS)，包括亲近、依赖与焦虑三维 18 题项(如："我发现当我需要别人帮助时，没人会帮我")，本量表有 7 个条目为反向计分条目，研究中进行相应处理，量表 Cronbach's α 值为 0.93。

控制变量：参考已有研究，将性别、年龄、民族、宗教信仰、婚姻、学历作为控制变量。

7.4　研　究　结　果

7.4.1　共同方法偏差检验

数据采集采用自评法，因而需对共同源方差进行检验。本研究采用

① Stroebe M, van Vliet T, Hewstone M, Willis H. Homesickness among students in two cultures: Antecedents and consequences[J]. British Journal of Psychology, 2002, 93：147-168.
② 赵富强，杨淑媛，陈耘，张光磊. 工作-家庭平衡型人力资源管理实践对员工绩效的影响：工作繁荣与真实型领导的作用[J]. 中国人力资源开发，2017(9)：81-96.

Harman 单因子检验，未旋转因子分析结果析出 12 个特征值大于 1 的因子，累计解释总体方差的 71.695%，其中最大因子对方差的解释率为 24.091%，没有超过 40% 的判断标准，说明不存在严重的共同方法偏差问题。为更进一步检验共同方法偏差问题，这里采用更严格的统计方法，即在理论因子结构上加上一个所有测量项目负载的加入共同方法偏差（CMV）因子（Podsakoff，MacKenzie & Podsakoff，2012）[①]，加入 CMV 因子后拟合指标见表 7-2 的六因子模型拟合结果，与加入 CMV 因子前相比，$\Delta\chi^2/df$ 为 0.08，ΔCFI 与 ΔIFI 均为 0.02，ΔNFI 为 0.03，ΔRMSEA 均为 0.00，没有得到较大改善。

表 7-2　测量模型比较

模型	因子结构	χ^2/df	NFI	CFI	IFI	RMSEA
六因子	CMV，IHRP，故乡眷恋，适应障碍，工作绩效，依恋风格	3.95	0.96	0.97	0.97	0.07
五因子	IHRP，故乡眷恋，适应障碍，工作绩效，依恋风格	4.03	0.93	0.95	0.95	0.08
四因子	IHRP，乡愁，工作绩效，依恋风格	4.13	0.92	0.93	0.93	0.08
三因子	IHRP，故乡眷恋+适应障碍+依恋风格，工作绩效	5.26	0.84	0.88	0.88	0.10
二因子	IHRP，故乡眷恋+适应障碍+依恋风格+工作绩效	6.06	0.68	0.72	0.72	0.14
单因子	IHRP+故乡眷恋+适应障碍+依恋风格+工作绩效	11.64	0.46	0.60	0.60	0.16

① Podsakoff P M, MacKenzie S B, Podsakoff N P. Sources of method bias in social science research and recommendations on how to control it[J]. Annual Review of Psychology, 2012, 63: 539-569.

7.4.2　区分效度检验

变量的信度 α 值如前所述，进一步，本研究采用因子模型法对研究变量进行区分效度检验，如表 7-2 所示，四、五因子拟合度均良好，本研究根据实际情况，选择四、五因子模型进行研究，进一步考虑中国情境下乡愁的影响。为检验关键变量间的区分效度，本研究采用 AMOS 24.0 对关键变量进行验证性因素分析。

7.4.3　描述性统计与相关性分析

均值、标准差及相关系数如表 7-3 所示。多元包容型人力资源管理实践及其五个维度(多元性选拔、个性化配置、包容性发展、参与性评估、针对性薪酬)与工作绩效显著正相关，相关系数为 0.453、0.428、0.388、0.382、0.395、0.393($p<0.01$)。多元包容型人力资源管理实践、个性化配置、包容性发展、参与性评估及针对性薪酬与乡愁显著正相关，相关系数为 0.120($p<0.01$)、0.085($p<0.05$)、0.141($p<0.01$)、0.101($p<0.05$)、0.169($p<0.01$)，多元性选拔与乡愁不相关($r=0.018$，n.s.)。乡愁与工作绩效显著正相关，相关系数为 0.149($p<0.01$)。H1 及其子假设初步得到支持，H2、H3 及其分假设均未得到验证，且与假设相反，后续作进一步研究。

7.4.4　假设检验

①主效应检验。本研究利用多元回归分析检验假设。结果如表 7-4 所示。在控制了性别、年龄、籍贯、工作地、民族、宗教、异地等变量以后，多元包容型人力资源管理实践及其五个维度(多元性选拔、个性化配置、包容性发展、参与性评估、针对性薪酬)显著正向影响工作绩效($\beta=$ 0.314、0.285、0.238、0.223、0.242、0.226，$p<0.001$)，支持 H1、H1a、H1b、H1c、H1d、H1e。

表 7-3　变量的均值、标准差及相关系数

	Mean	SD	1	2	3	4	5	6	7	8	9	10	11	12	13	14	15
1. 性别	1.440	0.496	1														
2. 年龄	2.280	0.739	-0.219**	1													
3. 籍贯	12.350	7.017	-0.044	0.02	1												
4. 工作地	13.030	7.165	0.058	-0.019	0.577**	1											
5. 民族	1.230	1.433	0.047	-0.074	0.152**	0.084*	1										
6. 宗教	6.360	1.746	-0.055	-0.04	-0.064	-0.074	-0.015	1									
7. 异地	1.290	0.455	0.118**	-0.609**	0.037	0.081	0.100*	0.013	1								
8. 多元性选拔	3.869	0.819	0.032	-0.072	0.01	0.002	-0.017	-0.037	0.054	1							
9. 个性化配置	3.536	0.894	0.068	-0.022	0.012	0.02	-0.025	0.002	-0.057	0.637**	1						
10. 包容性发展	3.554	0.934	0.01	-0.06	0.011	0.008	-0.005	-0.008	0.009	0.686**	0.742**	1					
11. 参与性评估	3.678	0.889	0.018	-0.04	-0.012	-0.005	-0.01	-0.002	0.003	0.696**	0.702**	0.772**	1				
12. 针对性薪酬	3.411	0.948	0.025	-0.076	0.044	0.041	0	-0.025	0.026	0.632**	0.681**	0.770**	0.746**	1			
13. DI-HRP	3.610	0.785	0.035	-0.062	0.015	0.016	-0.013	-0.016	0.007	0.827**	0.860**	0.910**	0.895**	0.880**	1		
14. 乡愁	3.171	0.649	-0.140**	-0.047	0.04	0.031	0.068	-0.013	0.01	0.018	0.085*	0.141**	0.101**	0.169**	0.120**	1	
15. 依恋风格	3.051	0.708	-0.139**	0.039	0.04	0.062	0.028	-0.01	-0.036	0.05	0.075	0.164**	0.115**	0.214**	0.144**	0.555**	1
16. 工作绩效	4.079	0.541	-0.029	0.04	0.046	0.056	-0.058	-0.022	-0.027	0.428**	0.388**	0.382**	0.395**	0.393**	0.453**	0.149**	0.149**

注：* 表示 $p<0.05$，** 表示 $p<0.01$（双尾检验）。

表 7-4　多元回归分析结果表

变量	工作绩效						
	M1	M2	M3	M4	M5	M6	M7
1. 性别	-0.024	-0.032	-0.052	-0.023	-0.028	-0.027	-0.035
2. 年龄	0.019	0.038	0.041	0.044	0.036	0.048	0.049
3. 籍贯	0.002	0.001	0.002	0.002	0.002	0.001	0.001
4. 工作地	0.004	0.004	0.003	0.003	0.003	0.003	0.003
5. 民族	-0.023	-0.019	-0.02	-0.022	-0.022	-0.022	-0.02
6. 宗教	-0.006	0.000	-0.006	-0.004	-0.005	-0.003	-0.003
7. 异地	-0.008	-0.018	0.044	0.013	0.007	0.009	0.018
8. 多元性选拔		0.285***					
9. 个性化配置			0.238***				
10. 包容性发展				0.223***			
11. 参与性评估					0.242***		
12. 针对性薪酬						0.226***	
13. DI-HRP							0.314***
R^2	0.010	0.195	0.162	0.157	0.167	0.165	0.216
F	0.758	16.450***	13.256***	12.636***	13.632***	13.389***	18.731***

注：* 表示 $p<0.05$，** 表示 $p<0.01$，*** 表示 $p<0.001$（双尾检验）。

如表 7-5 所示，多元包容型人力资源管理实践、个性化配置、包容性发展、参与性评估及针对性薪酬与乡愁显著正相关 [$\beta=0.100(p<0.01)$、$0.068(p<0.05)$、$0.095(p<0.01)$、$0.074(p<0.05)$、$0.113(p<0.001)$]，多元性选拔对乡愁不存在显著影响（$\beta=0.015$，n.s.），不支持 H2、H2a、H2b、H2c、H2d、H2e。乡愁对工作绩效存显著正向影响（$\beta=0.128$，$p<0.001$），因而假设 H3 未得到验证。

表7-5　多元回归分析结果表

变量	工作绩效							乡愁					
	M1	M2	M3	M4	M5	M6	M7	M8	M9	M10	M11	M12	M13
1. 性别	0.003	-0.006	-0.030	-0.004	-0.007	-0.011	-0.017	-0.214***	-0.222***	-0.213***	-0.215***	-0.216***	-0.217***
2. 年龄	0.031	0.049	0.049	0.051	0.044	0.053	0.055	-0.091	-0.086	-0.081	-0.087	-0.078	-0.083
3. 籍贯	0.002	0.001	0.002	0.002	0.002	0.001	0.001	0.001	0.001	0.001	0.001	0.000	0.000
4. 工作地	0.003	0.004	0.003	0.003	0.003	0.003	0.003	0.003	0.003	0.003	0.003	0.002	0.003
5. 民族	-0.027	-0.023	-0.023	-0.025	-0.025	-0.024	-0.023	0.031	0.032	0.032	0.032	0.032	0.032
6. 宗教情况	-0.005	0.001	-0.005	-0.004	-0.004	-0.002	-0.003	-0.008	-0.008	-0.007	-0.008	-0.006	-0.007
7. 异地工作	0.000	-0.010	0.048	0.017	0.013	0.013	0.023	-0.064	-0.049	-0.054	-0.059	-0.055	-0.055
9. 乡愁	0.128***	0.122***	0.098**	0.085*	0.095**	0.074*	0.083*						
10. 多元性选拔		0.284***						0.015					
11. 个性化配置			0.231***						0.068*				

续表

变量	工作绩效								乡愁				
	M1	M2	M3	M4	M5	M6	M7	M8	M9	M10	M11	M12	M13
12. 包容性发展				0.215^{***}						0.095^{**}			
13. 参与性评估					0.235^{***}						0.074^{*}		
14. 针对性薪酬						0.217^{***}						0.113^{***}	
15. DI-HRP							0.306^{***}						0.100^{**}
R^2	0.033	0.216	0.175	0.167	0.180	0.172	0.226	0.034	0.042	0.052	0.044	0.061	0.048
F	2.288^{***}	16.555^{***}	12.781^{***}	12.052^{***}	13.189^{***}	12.533^{***}	17.547^{***}	2.388	2.990^{***}	3.751^{***}	3.109^{***}	4.401^{***}	3.428^{***}

注：* 表示 $p<0.05$，** 表示 $p<0.01$，*** 表示 $p<0.001$（双尾检验）。

（2）中介效应检验。为进一步检验乡愁的中介作用，本研究使用PROCESS 程序实施 Bootstrapping 分析来生成间接效应 95%偏差校正置信区间（CI）。结果如表 7-6 所示，多元包容型人力资源管理实践、包容性发展、参与性评估及针对性薪酬通过乡愁对工作绩效的间接效应 95%置信区间不包含零，说明乡愁的中介效应是显著的。多元性选拔和个性化配置通过乡愁对工作绩效的间接效应是不显著的，95%置信区间包含零，因而H4、H4c、H4d、H4e 得到验证，不支持 H4a、H4b。

表 7-6　中介效应检验

路径	Effect	Boot SE	BootLLCI	BootULCI
多元性选拔-乡愁-工作绩效	0.002	0.005	−0.008	0.012
个性化配置-乡愁-工作绩效	0.006	0.004	−0.001	0.016
包容性发展-乡愁-工作绩效	0.008	0.005	0.001	0.019
参与性评估-乡愁-工作绩效	0.007	0.004	0.000	0.017
针对性薪酬-乡愁-工作绩效	0.008	0.005	0.000	0.020
DI-HRP-乡愁-工作绩效	0.008	0.005	0.001	0.020

（3）调节效应检验。检验结果如表 7-7 所示，中心化后的多元包容型人力资源管理实践（$\beta = 0.020$，$p < 0.01$）与依恋风格的交互项显著正向预测工作绩效。中心化后的多元性选拔（$\beta = 0.025$，n.s.）、个性化配置（$\beta = -0.026$，n.s.）、包容性发展（$\beta = 0.012$，n.s.）、参与性评估（$\beta = 0.043$，n.s.）及针对性薪酬（$\beta = 0.029$，n.s.）与依恋风格的交互项对工作绩效的影响不显著。因此，H5 得到数据支持，不支持 H5a、H5b、H5c、H5d、H5e。

调节效应简单斜率图如图 7-2 所示。个体依恋水平较高时，多元包容型人力资源管理实践对工作绩效的影响更强；而个体依恋水平较低时，该影响更弱。因此，H5 得到数据支持，不支持 H5a、H5b、H5c、H5d、H5e。

表 7-7　依恋风格在 DI-HRP 与工作绩效间的调节效应回归分析

自变量	工作绩效												
	M1	M2	M3	M4	M5	M6	M7	M8	M9	M10	M11	M12	M13
1. 性别	-0.06	-0.096	-0.042	-0.052	-0.050	-0.064	-0.002	-0.022	-0.062	-0.018	-0.022	-0.032	-0.041
2. 年龄	0.071	0.076	0.082	0.067	0.088	0.09	0.037	0.076	0.073	0.084	0.073	0.092	0.093
3. 籍贯	0.003	0.003	0.003	0.004	0.002	0.003	0.004	0.003	0.003	0.003	0.004	0.002	0.003
4. 工作地	0.007	0.006	0.006	0.006	0.005	0.006	0.005	0.006	0.004	0.006	0.006	0.005	0.005
5. 民族	-0.035	-0.036	-0.041	-0.04	-0.040	-0.037	-0.047	-0.038	-0.039	-0.043	-0.044	-0.041	-0.039
6. 宗教情况	-0.001	-0.012	-0.008	-0.009	-0.005	-0.006	-0.009	-0.001	-0.010	-0.008	-0.011	-0.006	-0.007
7. 异地工作	-0.033	0.081	0.023	0.013	0.017	0.034	-0.005	-0.023	0.085	0.027	0.015	0.020	0.038
多元性选拔	0.528***												
个性化配置		0.439***											
包容性发展			0.385***										
参与性评估				0.398***									
针对性薪酬					0.396***								
DI-HRP						0.456***							
依恋风格							0.146**						

续表

自变量	工作绩效												
	M1	M2	M3	M4	M5	M6	M7	M8	M9	M10	M11	M12	M13
多元性选拔*依恋风格								0.025					
个性化配置*依恋风格									-0.026				
包容性发展*依恋风格										0.012			
参与性评估*依恋风格											0.043		
针对性薪酬*依恋风格												0.029	
DI-HRP*依恋风格													0.020**
R^2	0.195	0.162	0.157	0.167	0.165	0.216	0.030	0.210	0.175	0.164	0.179	0.169	0.23
F	16.450***	13.100***	12.636***	13.632***	13.389***	18.731***	2.088***	14.391***	11.475***	10.585***	11.792***	11.022***	15.491***

注：*表示$p<0.05$，**表示$p<0.01$，***表示$p<0.001$(双尾检验)。

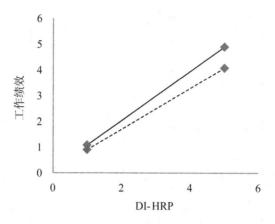

图 7-2　依恋风格在 DI-HRP 与工作绩效间的调节效应图

　　如表 7-8 所示，中心化后的多元包容型人力资源管理实践($\beta = 0.024$，$p < 0.01$)与依恋风格的交互项显著正向预测乡愁。中心化后的多元性选拔($\beta = -0.015$，n. s.)、个性化配置($\beta = 0.009$，n. s.)、包容性发展($\beta = -0.022$，n. s.)、参与性评估($\beta = 0.006$，n. s.)及针对性薪酬($\beta = 0.004$，n. s.)与依恋风格的交互项对乡愁的影响不显著。因此，H6 得到数据支持，不支持 H6a、H6b、H6c、H6d、H6e。

　　调节效应简单斜率图如图 7-3 所示。个体依恋水平较高时，多元包容型人力资源管理实践对乡愁的影响更强；而个体依恋水平较低时，该影响更弱。因此，H6 得到数据支持，不支持 H6a、H6b、H6c、H6d、H6e。

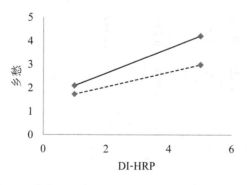

图 7-3　依恋风格在 DI-HRP 与乡愁间的调节效应图

表 7-8　依恋风格在 DI-HRP 与乡愁间的调节效应回归分析

乡　愁

自变量	M1	M2	M3	M4	M5	M6	M7	M8	M9	M10	M11	M12	M13
1. 性别	-0.330***	-0.342***	-0.329***	-0.332***	-0.332***	-0.335***	-0.171*	-0.172*	-0.179*	-0.173*	-0.173*	-0.175*	-0.175*
2. 年龄	-0.141	-0.132	-0.125	-0.134	-0.120	-0.128	-0.136*	-0.139*	-0.130*	-0.135*	-0.132*	-0.129*	-0.132*
3. 籍贯	0.001	0.001	0.001	0.001	0.000	0.001	0.002	0.002	0.002	0.002	0.002	0.002	0.002
4. 工作地	0.004	0.004	0.004	0.004	0.004	0.004	-0.002	-0.002	-0.002	-0.002	-0.002	-0.002	-0.002
5. 民族	0.048	0.050	0.049	0.049	0.049	0.050	0.035	0.035	0.036	0.035	0.036	0.036	0.036
6. 宗教情况	-0.012	-0.013	-0.012	-0.012	-0.010	-0.011	-0.008	-0.008	-0.009	-0.007	-0.009	-0.008	-0.008
7. 异地工作	-0.098	-0.075	-0.084	-0.090	-0.084	-0.085	-0.058	-0.058	-0.046	-0.052	-0.056	-0.055	-0.054
多元化选拔	0.019												
个性化配置		0.093**											
包容性发展			0.137**										
参与性评估				0.101*									
针对性薪酬					0.166***								
DI-HRP						0.121**							
依恋风格							0.545***						

续表

| | | | | | | | 乡　愁 | | | | | | |
自变量	M1	M2	M3	M4	M5	M6	M7	M8	M9	M10	M11	M12	M13
多元性选拔 * 依恋风格								−0.015					
个性化配置 * 依恋风格									0.009				
包容性发展 * 依恋风格										−0.022			
参与性评估 * 依恋风格											0.006		
针对性薪酬 * 依恋风格												0.004	
DI-HRP * 依恋风格													0.024**
R^2	0.034	0.042	0.052	0.030	0.061	0.048	0.323	0.323	0.325	0.326	0.324	0.325	0.325
F	2.341***	2.990***	3.751***	3.109***	4.401***	3.428***	32.370***	25.848***	26.081***	26.140***	25.964***	26.083***	25.989***

注：* 表示 $p<0.05$，** 表示 $p<0.01$，*** 表示 $p<0.001$（双尾检验）。

（4）被调节的中介效应检验结果。本研究采取 Hayes（2013）[①]的 PROCES 插件检验依恋风格是否调节乡愁在多元包容型人力资源管理实践及其维度与工作绩效之间的间接效应。结果见表 7-9，在高、中、低依恋水平下，多元包容型人力资源管理实践通过乡愁对工作绩效间接效应的差值显著，95% 置信区间不包含零。在不同依恋水平下，多元性选拔、个性化配置、包容性发展、参与性评估及针对性薪酬通过乡愁对工作绩效间接效应的差值不显著，95% 置信区间包含零。因此，H7 得到数据支持，不支持 H7a、H7b、H7c、H7d、H7e。

表 7-9　被调节的中介效应分析

路径		Effect	Boot SE	BootLLCI	BootULCI
多元性选拔-乡愁-工作绩效	低	0.000	0.009	−0.020	0.016
	中	−0.001	0.006	−0.014	0.010
	高	−0.003	0.009	−0.020	0.017
	Index	−0.002	0.007	−0.014	0.014
个性化配置-乡愁-工作绩效	低	0.003	0.007	−0.011	0.018
	中	0.004	0.005	−0.004	0.016
	高	0.005	0.008	−0.006	0.025
	Index	0.001	0.005	−0.008	0.015
包容性发展-乡愁-工作绩效	低	0.006	0.007	−0.007	0.020
	中	0.004	0.005	−0.003	0.017
	高	0.002	0.008	−0.009	0.023
	Index	−0.002	0.005	−0.011	0.011
参与性评估-乡愁-工作绩效	低	0.003	0.006	−0.011	0.016
	中	0.003	0.005	−0.005	0.015
	高	0.004	0.008	−0.008	0.025
	Index	0.001	0.006	−0.009	0.015

① Hayes A F. Introduction to mediation, moderation, and conditional process analysis: A regression-based approach[J]. Journal of Educational Measurement, 2013, 51(3): 335-337.

续表

路径		Effect	Boot SE	BootLLCI	BootULCI
针对性薪酬-乡愁-工作绩效	低	0.004	0.006	−0.009	0.018
	中	0.004	0.006	−0.003	0.018
	高	0.004	0.009	−0.007	0.029
	Index	0.000	0.005	−0.009	0.015
DI-HRP-乡愁-工作绩效	低	0.004	0.007	−0.010	0.017
	中	0.003	0.005	−0.005	0.015
	高	0.003	0.008	−0.009	0.024
	Index	0.002	0.005	0.001	0.013

注：$*p<0.05$，$**p<0.01$，$***p<0.001$，抽样数 = 2000。

7.4.5　数据分析结果

通过对 552 名员工的三阶段匹配数据进行实证分析，数据分析结果如表 7-10 所示。

表 7-10　数据分析结果汇总

假设	假设具体内容	检验结果
H1	多元包容型人力资源管理实践与员工的工作绩效显著正相关	支持
H1a-e	(a)多元性选拔、(b)个性化配置、(c)包容性发展、(d)参与性评估以及(e)针对性薪酬与员工的工作绩效显著正相关	支持
H2	多元包容型人力资源管理实践与员工的乡愁显著负相关	不支持，与原假设相反
H2a-e	(a)多元性选拔、(b)个性化配置、(c)包容性发展、(d)参与性评估以及(e)针对性薪酬与员工的乡愁显著负相关	不支持，H2a 不成立，H2b-e 与原假设相反
H3	员工的乡愁与其工作绩效显著负相关	不支持，与原假设相反
H4	乡愁中介多元包容型人力资源管理实践对工作绩效的影响	支持

假设	假设具体内容	检验结果
H4a-e	乡愁中介(a)多元性选拔、(b)个性化配置、(c)包容性发展、(d)参与性评估以及(e)针对性薪酬对工作绩效的影响	不支持 H4a-b，支持 H4c-e
H5	依恋风格调节多元包容型人力资源管理实践(DI-HRP)与工作绩效之间的正向关系，依恋水平越高的个体，其正向关系会越强	支持
H5a-e	依恋风格调节(a)多元性选拔、(b)个性化配置、(c)包容性发展、(d)参与性评估以及(e)针对性薪酬与工作绩效之间的正向关系，依恋水平越高的个体，这些关系会越强	不支持
H6	依恋风格调节多元包容型人力资源管理实践(DI-HRP)与乡愁之间的负向关系，依恋水平越高的个体，其负向关系会越强	支持
H6a-e	依恋风格调节(a)多元性选拔、(b)个性化配置、(c)包容性发展、(d)参与性评估以及(e)针对性薪酬与乡愁之间的负向关系，依恋水平越高的个体，这些关系会越强	不支持
H7	依恋风格会调节多元包容型人力资源管理实践(DI-HRP)通过乡愁对工作绩效的间接作用，依恋水平越高的个体，其间接作用会越强	支持
H7a-e	依恋风格调节(a)多元性选拔、(b)个性化配置、(c)包容性发展、(d)参与性评估以及(e)针对性薪酬通过乡愁对工作绩效的间接作用，依恋水平越高的个体，这些间接作用会越强	不支持

7.4.6　拓展研究

为探究多元包容型人力资源管理实践与乡愁及其与工作绩效间关系相悖于研究假设，这里我们从变量构成及其相互影响方面作进一步研究。由表 7-11 可发现，我们把乡愁前三个维度形成故乡眷恋，后两个维度形成适应障碍。

表 7-11　假 设 检 验

	工作绩效				故乡眷恋			
	模型 1	模型 2	模型 3	模型 4	模型 5	模型 6	模型 7	模型 8
控制变量								
性别	-0.02	0.01	-0.01	-0.00	-0.09*	-0.09*	-0.08	-0.08
年龄	0.02	0.04	0.03	0.05	-0.05	-0.02	-0.01	0.00
籍贯	0.03	0.01	-0.00	0.02	0.06	0.07	0.08	0.07
工作地	0.05	0.04	0.04	0.031	0.01	0.00	-0.00	0.00
民族	-0.06	-0.09*	-0.08*	-0.08*	0.06	0.06	0.05	0.05
宗教情况	-0.02	-0.02	-0.02	-0.02	-0.00	0.01	0.00	-0.00
婚姻状况	-0.01	0.02	0.03	0.05	-0.09	-0.08	-0.08	-0.08
学历	0.02	0.02	0.02	0.00	-0.01	0.02	0.02	0.02
变量								
DI-HRP					0.29***	0.25***	0.27***	
中介变量								
故乡眷恋		0.38*	0.42***	0.46***				
调节变量								
适应障碍			-0.15***	-0.24***				
故乡眷恋*适应障碍				0.25***				
依恋风格							0.14**	0.14**
DI-HRP*依恋风格								0.11**
ΔR^2	0.01	0.14	0.02	0.06	0.02	0.08	0.02	0.01
ΔF	0.68	91.34***	13.50***	39.78***	1.45	48.04***	10.79***	6.99***

注：DI-HRP 代表多元包容型人力资源管理实践；* 表示 $p<0.05$，** 表示 $p<0.01$，*** 表示 $p<0.001$（双尾检验）。

根据模型 2，多元包容型人力资源管理实践与思念显著正相关，而多元包容型人力资源管理实践与适应障碍以及适应障碍与工作绩效均无显著相关关系。根据模型 6、7 和 8，依恋风格显著调节多元包容型人力资源管理实践对思念的影响，其简单调节效应如图 7-4 所示。

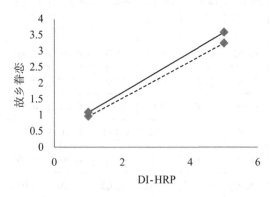

图 7-4　依恋风格在 DI-HRP 与故乡眷恋间的调节效应图

根据模型 2、3 和 4，适应障碍调节员工故乡眷恋对其工作绩效的影响，其简单调节效应如图 7-5 所示。

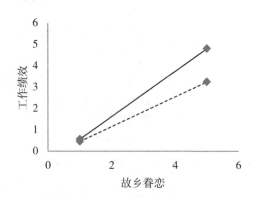

图 7-5　适应障碍在故乡眷恋与工作绩效间的调节效应图

因此，多元包容型人力资源管理实践对工作绩效的影响模型可以修正依恋风格与适应障碍两阶段调节其通过故乡眷恋对工作绩效的影响，如图 7-6 所示。

依恋风格与适应障碍两阶段调节效应检验。采用 Hayes（2013）[①]的 PROCESS 分析插件检验依恋风格与适应障碍分别在一、二阶段调节多元

① Hayes A F. Introduction to mediation, moderation, and conditional process analysis: A regression-based approach[J]. Journal of Educational Measurement, 2013, 51(3): 335-337.

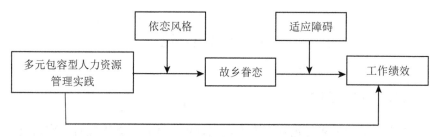

图 7-6　修正模型

包容型人力资源管理实践通过故乡眷恋对工作绩效的间接效应。结果见表
7-12，多元包容型人力资源管理实践对工作绩效的直接效应为 0.225
（$t=6.952$，$p<0.001$，95%水平置信区间为［0.161，0.288］。多元包容型
人力资源管理实践通过故乡眷恋对工作绩效的间接效应在不同水平依恋与
适应障碍的组合中均正向显著，高依恋与高适应障碍组合时其间接效应最
强。因此，依恋风格与适应障碍两阶段调节多元包容型人力资源管理实践
通过故乡眷恋对工作绩效的影响。

表 7-12　两阶段双调节的效应分析

	依恋风格，适应障碍	间接效应	95%CI 下限，上限
低依恋，低障碍	-0.252，-0.896	0.018	0.003，0.046
低依恋，中障碍	-0.252，0.000	0.039	0.008，0.081
低依恋，高障碍	-0.252，0.896	0.061	0.012，0.127
中依恋，低障碍	0.000-0.896	0.027	0.009，0.056
中依恋，中障碍	0.000，0.000	0.061	0.032，0.092
中依恋，高障碍	0.000，0.896	0.095	0.053，0.140
高依恋，低障碍	0.252，-0.897	0.037	0.011，0.076
高依恋，中障碍	0.252，0.000	0.083	0.041，0.126
高依恋，高障碍	0.252，0.896	0.130	0.070，0.193

注：* $p<0.05$，** $p<0.01$，*** $p<0.001$，抽样数 = 2000。

7.5　结　果　讨　论

7.5.1　研究总结

①中国情境下多元包容型人力资源管理实践及其各维度对工作绩效有显著正向影响。一方面，团队凝聚力、合作意识、心理归属感以及情感承诺以及规范承诺等可以促进员工的周边绩效，而多元包容型人力资源管理实践是一种尊重员工差异、认可员工价值以及包容员工错误等的人力资源实践，因而会促进其团队凝聚力、心理归属感、合作意识以及组织承诺，因而可以提升员工周边绩效；另一方面，多元包容型人力资源管理实践承认多元化、包容多元化、发挥员工潜能、鼓励员工参与以及促进员工协同等，从而有效发挥多元化优势，因而可以提高员工的工作绩效。

②中国情境下多元包容型人力资源管理实践及其各维度(除多元性选拔)对乡愁以及乡愁对工作绩效有显著正向影响。研究发现，多元包容型人力资源管理实践对乡愁以及乡愁对工作绩效没有显著负向影响，与假设相反，多元包容型人力资源管理实践对乡愁以及乡愁对工作绩效有显著正向影响。进一步研究发现这与乡愁的变量构成及其交互影响有关。将乡愁变量分为故乡眷恋与适应障碍后回归分析发现：a. 多元包容型人力资源管理实践对适应障碍(孤独寂寞、难以适应困难)以及适应障碍对工作绩效有显著负向影响，这主要因为多元包容型人力资源管理实践尊重员工价值，包容员工差别与错误，鼓励员工积极参与，促进员工协同等，这在一定程度上给予了员工一定的组织资源支持。根据资源保存理论，员工在经历适应障碍时，会自主减少角色外行为以保护不断被消耗的资源，从而使员工资源消耗与工作绩效的降低。而多元包容型人力资源管理实践给予员工支持，减少了员工的适应障碍，个体用于缓解其适应障碍的资源消耗减少，从而有更多资源用于工作任务，因而多元包容型人力资源管理实践对适应障碍以及适应障碍对工作绩效有显著负向影响。b. 多元包容型人力资源管理实践对故乡眷恋(思念亲人、朋友与家乡)以及以故乡眷恋对工作绩效显著正相关。根据资源保存理论，在中国情境下，乡愁是一种情感资源，激发员工工作的学习动机，提升员工工作的积极主动性，进而提升其工作绩效。

③乡愁在多元包容型人力资源管理实践及其各维度(除多元性选拔与

个性化配置）对工作绩效的影响中具有部分中介作用。研究发现，乡愁在多元包容型人力资源管理实践对工作绩效的影响中具有部分中介作用，但中介作用效应量（0.035）很小，进一步两阶段调节研究发现，这主要由于乡愁变量构成及其交互影响有关。根据情绪感染效应，由于员工思念家人、朋友、家乡时，会加剧其孤独寂寞与适应困难；反之，当员工孤独寂寞与适应困难时，会进一步加剧其对家人、朋友与家乡的思念。因而根据资源保存，故乡眷恋与适应障碍会相互强化，由此产生的心理资源消耗与生成此消彼长，进而整合影响其工作绩效。

④依恋风格调节多元包容型人力资源管理实践对乡愁与工作绩效的影响。进一步研究发现，依恋风格与适应障碍两阶段调节多元包容型人力资源管理实践对工作绩效的影响，低依恋与低适应障碍下，多元包容型人力资源管理实践通过故乡眷恋对工作绩效的间接作用最小；高依恋与高适应障碍下，多元包容型人力资源管理实践通过故乡眷恋对工作绩效的间接作用最大。根据资源保存理论，依恋水平越高，适应障碍水平越高，其对资源消耗的越大，因而多元包容型人力资源管理实践通过故乡眷恋对工作绩效的间接作用越强。

7.5.2　理论贡献

本研究根据资源保存理论，研究了中国情境下多元包容型人力资源管理实践通过乡愁对工作绩效影响机理，考察了依恋风格的调节作用，理论贡献有：首先，在既有研究的基础上，从跨文化的乡愁角度，界定了中国情景下多元包容型人力资源管理实践，丰富了导向性人力资源实践研究；其次，探究了多元包容型人力资源管理实践及其各维度影响个体工作绩效的机理，打开人力资源实践影响工作绩效的黑箱；再次，进一步明确了变量构成对研究结论的影响，即乡愁的内涵构成及其交互作用在人力资源实践影响工作绩效间的影响；最后，本研究考察了与跨文化乡愁有关的心理特征——依恋风格在多元包容型人力资源管理实践通过乡愁对工作绩效影响的边界，从明确了人力资源实践影响工作绩效的情景条件。

7.5.3　实践启示

通过揭示中国情境下多元包容型人力资源管理实践影响工作绩效的黑箱机制与边界条件，从而为企业通过故乡眷恋情绪的缓解以及促进个体适应性发展化的管理实践提供了理论依据与决策参考。

首先，中国情境下多元包容型人力资源管理实践与乡愁与工作绩效有

显著正向关，管理者可以因地制宜，可续而构建人力资源实践，提升员工
积极性与情感承诺等从而促进其周边绩效，提升有效发挥多元化优势，因
而可以提高员工的工作绩效。多元包容型人力资源管理实践帮助营造良好
的组织文化与组织氛围，为员工提供乡愁的疏解途径，让员工感受到家的
温暖，同时加大对家庭责任的教育，将这种刺激尽可能地转化为动力，提
升工作绩效，关注员工心理健康。

其次，乡愁的中介作用，可以通过人力资源实践进行有效降低，使员
工能够更快适应新的环境，提升对组织的回馈。企业在实践中可允许员工
合理使用即时通讯工具，随时随地了解亲朋好友的信息，能从亲人朋友那
里得到情感资源，用以缓解乡愁情绪；从同事与组织中获取所需要的工作
资源，补充自身所需的工作资源，提升工作场所的组织绩效。

最后，依恋风格与适应障碍的调节作用，管理者可以通过包容性选
拔，减少依恋水平高、多愁善感的员工，在招聘环节使组织内部人员得以
控制；工作配置中，充实员工的工作内容，减少其感慨的机会；培训开发
过程中，尽量使用社会化技巧，降低员工对新环境的适应性困难，提升工
作绩效。

本 章 小 结

随着国内五化协同和经济全球化的发展，跨国家和跨地域作的劳动力
流动急剧增长，工作场所劳动力性别、年龄、民族、教育以及文化等构成
日益多元化，这些多元化在为组织带来异质性知识碰撞激发创新的同时，
也带来诸多组织多元文化交织的冲突挑战。由于这些跨文化异乡工作的劳
动力对新环境的不适应，加上对故乡亲朋好友的思念，两者间的交互成为
羁绊其发展而又挥之不去的乡愁。因而对于组织而言，让多元化员工告别
乡愁、放下包袱、轻装前进和提升绩效的多元包容型人力资源管理实践，
成为学界和业界日益关注的问题。基于此，本研究旨在从资源保存理论视
角，探究多元包容型人力资源管理实践通过员工乡愁影响其工作绩效的黑
箱机制，并考察依恋风格作为调节变量在其间的边界条件。

本研究通过 552 个有效样本追踪发现：①中国情境下多元包容型人力
资源管理实践及其各维度对工作绩效有显著正向影响；②多元包容型人力
资源管理实践及其各维度（除多元性选拔）对乡愁以及乡愁对工作绩效均
有显著正向影响；③乡愁部分中介多元包容型人力资源管理实践及其各维

度(除多元性选拔与个性化配置)对工作绩效的影响；④依恋风格在多元包容型人力资源管理实践对乡愁与工作绩效的影响中具有调节作用；⑤进一步研究发现，依恋风格与适应障碍双重调节多元包容型人力资源管理实践通过故乡眷恋对工作绩效的间接作用。

　　本章研究理论贡献如下：首先，本研究在既有研究的基础上，从跨文化的乡愁角度，界定了中国情景下多元包容型人力资源管理实践的构成，从而丰富了导向性人力资源实践研究；其次，本研究从资源保存角度，探究了多元包容型人力资源管理实践及其各维度影响个体工作绩效的作用机理，从而进一步打开人力资源实践影响工作绩效的黑箱；再次，本研究进一步明确了变量构成对研究结论的影响，即乡愁的内涵构成及其交互作用在人力资源实践影响工作绩效间的影响；最后，本研究考察了与跨文化乡愁有关的心理特征——依恋风格在多元包容型人力资源管理实践通过乡愁对工作绩效影响的边界条件，从而进一步明确了人力资源实践影响工作绩效的情景条件。

附：问卷量表

多元包容型人力资源管理实践量表(DI-HRP)

维度一　多元性选拔

1. 公司招聘选拔不因性别、民族、宗教、籍贯及方言等而歧视
2. 公司招聘选拔不会因性格不同与专业背景而影响录用与晋升
3. 公司招聘选拔会根据具体岗位需求而采用灵活招聘选拔方式
4. 公司招聘选拔制度科学严谨、过程规范透明，结果公平公正

维度二　个性化配置

1. 公司工作分配会考虑岗位要求、自身诉求与特长
2. 公司经常采取工作轮换的方式不断提升员工素质
3. 公司工作安排允许对员工有一定工作授权与自治
4. 公司工作安排注重与员工的沟通交流与问题反馈

维度三　包容性发展

1. 公司培训方案会考虑岗位要求、员工需求与职业发展
2. 公司会根据员工不同需求制订差异化个性化培训方案
3. 公司会提供多元化(如性别、民族、文化、宗教、籍贯、方言、性格、专业以及残疾等)方面的包容尊重与换位思考的培训
4. 公司为不同员工设置多种职业发展渠道

维度四　参与性评估

1. 公司绩效评估指标的确定都会征求部门主管与员工意见
2. 公司绩效评估指标内容均与员工岗位工作内容息息相关
3. 公司会根据员工具体岗位特征选择合适评估流程与方式
4. 公司绩效评估注重结果反馈、问题诊断及优化建议征求

维度五　针对性薪酬

1. 与其他公司同类岗位相比，我的薪酬公平合理

2. 与公司其他同级岗位相比，我的薪酬公平合理

3. 我可以根据自己的需求选择薪酬种类与发放形式

4. 公司会让(性别、民族、专业等)不同多元化利益主体参与薪酬方案制订

员工乡愁

1. 我会经常想念自己的父母

2. 我会经常想念自己的家人

3. 我会经常想念自己的家庭

4. 我能感受到家人对我的思念

5. 我希望能够遇见家乡的熟人

6. 我希望能够见到熟悉的面孔

7. 我想念我信任的人，并希望与其交谈

8. 我会经常想念自己的朋友

9. 我觉得原来的环境条件比这里好

10. 我会对离开熟悉的环境感到遗憾

11. 我会持续不断地思念家乡

12. 我会反复回忆过去的情形

13. 我会感受到孤独寂寞

14. 我会感受到缺乏关爱

15. 我会有一种与世隔绝的感觉

16. 我会有一种背井离乡的感觉

17. 我发现适应新的环境比较困难

18. 我在新的环境下会感到不舒服

19. 我在新的环境下容易迷失方向

20. 我感到适应新的风俗习惯困难

工作绩效

1. 我常休息时间加班保证任务按时完成

2. 我认为完成自己的工作任务责无旁贷

3. 我会主动克服困难坚持不懈完成任务

4. 我会主动提出建设性方案供公司参考

5. 我会积极维护公司形象澄清他人误解

6. 我不假公济私利用职权谋取个人利益

7. 为提升工作品质，我会努力充实自我
8. 我会接受挑战性任务，从不挑肥拣瘦
9. 当同事成功时，我会予以赞赏和祝贺
10. 当同事困难时，我乐意协助解决困难
11. 我不在背后批评上司或谈论同事隐私
12. 只谈论那些对同事或团体有益的事情
13. 工作中，我总能公平对待和帮助他人
14. 我维护组织和谐不争权夺利钩心斗角
15. 我总能克服困难实现自己的工作目标
16. 我总能保质保量完成交办的工作任务
17. 我总能创造性地完成自己的工作任务
18. 我的任务完成得总是比同事更加出色
19. 我总能在工作中提高自己的知识技能

依恋风格

1. 我发现与人亲近比较容易
2. 我发现要我去依赖别人很困难
3. 我时常担心情侣并不真心爱我
4. 我发现别人并不愿像我希望的那样亲近我
5. 能依赖别人让我感到很舒服
6. 我不在乎别人太亲近我
7. 我发现当我需要别人帮助时，没人会帮我
8. 和别人亲近使我感到有些不舒服
9. 我时常担心情侣不想和我在一起
10. 当我对别人表达我的情感时，我害怕他们与我的感觉会不一样
11. 我时常怀疑情侣是否真正关心我
12. 我对别人建立亲密的关系感到很舒服
13. 当有人在情感上太亲近我时，我感到不舒服
14. 我知道当我需要别人帮助时，总有人会帮我
15. 我想与人亲近，但担心自己会受到伤害
16. 我发现我很难完全信赖别人
17. 情侣想要我在情感上更亲近一些，这常使我感到不舒服
18. 我不能肯定，在我需要时，总找得到可以依赖的人

第 8 章　总结与展望

8.1　结论与贡献

8.1.1　研究结论

第一，本研究通过文献查阅、专家讨论、扎根访谈、质性研究、探索性因子分析、验证性因子分析以及关联效标检验等定性与定量研究相结合，对中国情境下多元包容型人力资源管理实践(DI-HRP)内涵构成进行了科学界定，设计并验证了包括多元性选拔、个性化配置、包容性发展、参与性评估、针对性薪酬五维 20 题项的中国情境下多元包容型人力资源管理实践量表。

第二，本研究基于资源保存理论与社会交换理论，旨在通过文献研究提出中国情境下多元包容型人力资源管理实践(DI-HRP)对个体创造力影响的相关假设，构建其对个体创造力被调节的中介作用模型，通过问卷调查和统计分析揭示多元包容型人力资源管理实践对员工创造力的影响机理与边界条件作用。实证分析发现：①多元包容型人力资源管理实践及其各维度促进个体创造力；②双元学习在多元包容型人力资源管理实践及其各维度与个体创造力之间起中介作用；③魅力型领导调节多元包容型人力资源管理实践及其各维度对双元学习与个体创造力的直接作用，同时也调节多元包容型人力资源管理实践及其各维度通过双元学习对个体创造力的间接作用。

第三，本研究根据中国情境下多元包容和人力资源实践的本质，以资源保存理论为基础，探究了多元包容型人力资源管理实践对员工创新行为影响，并检验工作重塑中介作用机理和共享型领导的边界条件作用。实证研究得出如下结论：①多元包容型人力资源管理实践及其各维度显著正向影响员工创新行为；②工作重塑在多元包容型人力资源管理实践及其各维度与员工创新行为关系中起中介作用；③共享型领导调节多元包容型人力资源管理实践及其各维度(除多元性选拔)对工作重塑和员工创新行为的影响。

第四，本研究基于资源保存理论与最优区分理论，揭示了中国情境下多元包容型人力资源管理实践通过工作繁荣对员工创新绩效的影响机理，考察了共享型领导在其间的调节作用。实证分析发现：①多元包容型人力资源管理实践及其各维度正向影响员工创新绩效；②工作繁荣在多元包容型人力资源管理实践及其各维度对员工创新绩效的影响间起中介作用；③共享型领导正向调节多元包容型人力资源管理实践及其各维度对工作繁荣和员工创新绩效的直接影响以及其通过工作繁荣对员工创新绩效的间接作用。

第五，本研究从资源保存理论视角，通过移动互联背景下即时通讯的中介作用揭示乡愁对工作绩效的影响机理，并考察不同情绪耗竭状态在其间的边界条件。实证研究得出如下结论：①中国情境下乡愁与工作绩效显著正相关；②情绪耗竭调节乡愁对即时通讯和工作绩效的直接影响；③即时通讯中介乡愁对工作绩效的影响；④情绪耗竭显著调节乡愁通过即时通讯对工作绩效的间接作用。

第六，本研究从资源保存理论视角，探究多元包容型人力资源管理实践通过员工乡愁影响其工作绩效的黑箱机制，并考察依恋风格作为调节变量在其间的边界条件。追踪研究发现：①多元包容型人力资源管理实践及其各维度对工作绩效有显著正向影响；②多元包容型人力资源管理实践及其各维度(除多元性选拔)对乡愁以及乡愁对工作绩效均有显著正向影响；③乡愁部分中介多元包容型人力资源管理实践及其各维度(除多元性选拔与个性化配置)对工作绩效的影响；④依恋风格在多元包容型人力资源管理实践对乡愁与工作绩效的影响中具有调节作用；⑤进一步研究发现，依恋风格与适应障碍双重调节多元包容型人力资源管理实践通过故乡眷恋对工作绩效的间接作用。

8.1.2　研究贡献

本研究为多元包容型人力资源管理实践的相关研究做出了以下几点贡献：

第一，中国情境下多元包容型人力资源管理实践(DI-HRP)结构与测量研究的主要创新贡献如下：①基于文献研究，结合人力资源实践 A-M-O

框架，科学界定了多元包容型人力资源管理实践的内涵，从而丰富了人力资源实践尤其是导向型人力资源实践研究；②基于扎根访谈、质性研究和统计分析，设计验证了多元包容型人力资源管理实践维度构成与测量量表，从而为后续实证研究提供了测量工具。

第二，中国情境下多元包容型人力资源管理实践对个体创造力影响机理与边界条件研究的主要创新贡献如下：①拓展了化解多元冲突挑战发挥异质创新优势的导向性人力资源实践——多元包容型人力资源管理实践（DI-HRP），从而丰富人力资源实践管理理论研究；②丰富了创造力形成的理论研究，从而对创造力培育、开发与提升的管理实践提供理论依据和决策参考；③把多元包容和双元学习进行视角整合，从而拓展了人力资源实践与创造力作用机制研究的理论视角；④魅力型领导的引入和调节作用考察，丰富了组织实践与领导风格文献的发展，对促进组织管理实践、团队领导风格以及个体创造力之间的匹配应用具有重要指导意义。

第三，中国情境下多元包容型人力资源管理实践对创新行为影响机理与边界条件研究的创新贡献如下：①揭示了多元包容型人力资源管理实践影响员工创新行为的研究，丰富了多元包容型人力资源管理实践的影响效果研究；②工作重塑中介变量的引入，丰富了多元包容型人力资源管理实践作用路径与机制研究，进一步打开了多元包容型人力资源管理实践影响的黑箱机制；③共享型领导调节变量的引入，明确和丰富了多元包容型人力资源管理实践影响员工创新行为的边界条件与组织情景研究。

第四，多元包容型人力资源管理实践对创新绩效影响机理与边界条件研究的创新贡献如下：①多元包容型人力资源管理实践影响员工创新绩效的研究，丰富了导向型人力资源实践——多元包容型人力资源管理实践的理论研究；②多元包容型人力资源管理实践、工作繁荣与共享型领导以及创新绩效等变量的有机结合，丰富了既有变量及其相互影响机制的研究；③多元包容型人力资源管理实践通过工作繁荣对员工创新绩效的影响机制和共享型领导边界条件研究，揭示了人力资源实践与领导风格的资源互补作用，深化和拓展了资源保存理论的应用。

第五，异乡工作员工乡愁对其工作绩效影响的作用机理与边界条件研究的主要创新贡献如下：①中国情境下乡愁对工作绩效的影响作用揭示，丰富了异乡工作员工绩效的内部心理作用过程；②中国情境下即时通讯完全中介乡愁对工作绩效的影响，揭示了乡愁对工作绩效影响的作用机理；③情绪耗竭调节乡愁对即时通讯及其通过即时通讯对工作绩效的间接作用，丰富了乡愁对工作绩效作用机制发生的边界条件。

第六，多元包容型人力资源管理实践对工作绩效影响机理与边界条件研究的创新贡献如下：①从跨文化乡愁与资源保存角度，打开了人力资源实践影响工作绩效的黑箱；②进一步明确了变量构成对研究结论的影响，即乡愁的内涵构成及其交互作用在人力资源实践影响工作绩效间的影响；③考察了与跨文化乡愁有关的心理特征——依恋风格在多元包容型人力资源管理实践通过乡愁对工作绩效影响的边界条件，进一步明确了人力资源实践影响工作绩效的情景条件。

8.2　启示与建议

本研究对企业管理实践和决策有以下启示和建议：

8.2.1　员工创造力激发的 DI-HRP 启示

本研究发现，中国情境下多元包容型人力资源管理实践（DI-HRP）包括多元性选拔、个性化配置、包容性发展、参与性评估和针对性薪酬 5 个因子。校标效度和增量检验发现，与创新导向人力资源实践相比，多元包容型人力资源管理实践对个体创造力的预测能力更强。为此，企业应提高多元包容型人力资源管理实践水平，实现多元异质性员工的协同发展，激发员工创造力。主要体现在以下方面：

在招聘选拔方面，组织不能因性别、民族、宗教、籍贯及方言等而歧视求职者，不会因性格或专业背景不同而影响录用与晋升，确保招聘选拔制度科学严谨，过程规范透明，结果公平公正，并根据具体岗位需求而采用灵活招聘选拔方式。

在工作设计方面，管理者在分配工作时应该考虑岗位要求、员工诉求与特长，采取工作轮换的方式不断提升员工素质，工作安排允许对员工有一定工作授权与自治，并注重与员工的沟通交流与问题反馈。

在培训开发方面，企业培训方案应该考虑岗位要求、员工需求与职业发展，根据员工不同需求制定差异化个性化培训方案，提供多元化与换位思考的培训，并为不同员工设置多种职业发展渠道。

在绩效管理方面，管理者与员工应共同制定绩效评估指标，确保指标内容均与员工岗位工作内容息息相关，并根据员工具体岗位特征选择合适评估流程与方式，绩效考核后注重结果反馈、问题诊断及优化建议征求。

在薪酬福利方面，组织应该确保与其他公司同类岗位及公司其他同级岗位相比，薪酬结构公平合理，并允许不同多元化利益主体参与薪酬方案制定。

综上所述，多元包容型人力资源管理实践作为组织投入的资源，可以增加员工的资源存量，为员工带来多元化知识和技能提升，知识、技能、思维、观点和信息等的多元化有助于激发个体创造力。因此，组织应该结合企业实际，不断出台和优化人力资源管理实践，从而激发员工创造力。

8.2.2 员工创造力激发的配套建议

本研究发现双元学习中介多元包容型人力资源管理实践与个体创造力之间的正向关系，魅力型领导在这一过程中起调节作用。其中，双元学习包括整合利用现有知识的利用式学习与不断从外部获取新知识的探索式学习，可将多元包容型人力资源管理实践提供的多元异质性知识转化为员工创造力。

因此，组织可以定期举办内部研讨交流会，鼓励个体从多个渠道获得知识，并加以整合利用，为创新性想法产生提供源泉。同时，企业应选拔学习能力强的员工外出交流，从外部获取新的知识、经验和技术并与内部员工分享，使企业在不断学习中成长。

此外，领导作为组织管理和团队发展的关键人物和组织资源分配者，其办事风格和处事态度对员工行为有着深远影响。组织应该鼓励领导不仅做到包容人口多元化、性格多元化、专业多元化、文化多元化以等，还要换位思考和理解员工的难处。领导要善于树立共同愿景，利用自身魅力和感召力吸引追随者，通过愿景沟通将组织的意愿和目标传达给个体，从而使个体目标与组织目标相一致，激励个体为改善组织产品、服务、管理方式和工作流程提出新颖而有用的想法。领导应该关心团队成员的需要和感受，通过发展相互喜好和尊重来影响他人。

8.2.3 创新行为与创新绩效提升的 DI-HRP 启示

本研究发现，多元包容型人力资源管理实践对员工创新行为与员工创新绩效存在显著正向影响。为此，企业需要将"多元包容"思想融入"选""用""育""留"等人力资源管理职能中，以促进员工积极态度、行为和绩效的形成与发生。例如组织应尊重差异，认可价值，允许和包容员工试错，让他们最大程度发挥自我优势。组织应结合自身实际情况，科学构建 DI-HRP 的管理政策措施，明确 DI-HRP 措施，并转化为可观察和评估的具体实践，形成包容型文化，使多元化员工获得参与机会和体验到包容，进而激发员工实施创新行为动机，促进组织创新绩效的提升。具体而言：

在选才方面，组织在招聘选拔过程中应注重员工价值观、知识、技能、能力等的多元化，促进员工对自身独特性资源的价值认知。员工对自身价值的肯定以及自身能力的认可有助于创新行为的增加和创新绩效的改善。

在用才方面，组织应合理配置多元异质性员工，充分发挥其聪明才智，让其和平共处、求同用异、百花齐放、百家争鸣，帮助组织获取多元的异质性资源，实现员工和组织创新能力的提升。

在育才方面，组织应实施多元化人才培养机制并以建设多元化和多层次人才队伍为目标，培训内容形式新颖多样，因材施教，为员工带来知识、思维、观点和信息等多元化资源，促进创意产生、推广及实施。

在留才方面，组织应在评价制度和激励机制中融入多元包容理念，侧重评价内容、评价主体、评价层次的合理化和科学化，强调通过多样化激励手段来满足组织成员的差异化需求，实现物质层面和精神层面激励的有机结合，以提升组织成员的创新动力。

8.2.4　创新行为与创新绩效提升的配套建议

本研究发现，工作重塑与工作繁荣在多元包容型人力资源管理实践与员工创新中的中介作用，并发现共享型领导在这一过程中起促进作用。因此，为有效发挥多元包容型人力资源管理实践作用，企业应该做到如下方面：

首先，为实现多元包容型人力资源管理实践向创新行为的转化，组织应营造工作重塑环境。例如，采用弹性工作制、工作轮岗等，让员工有更多尝试其他领域的机会。与此同时，管理者应给予员工一定工作自主性，增强其工作重塑的内部动机，使员工重塑任务、认知和关系边界，积极获取资源以实施创新行为。

其次，工作繁荣这一积极心理状态可以充分催化与发挥多元包容型人力资源管理实践对创新绩效的作用。因此，认知方面，组织应鼓励员工之间交流学习，不断提升自身知识、技能和能力；情感方面，企业应组织联谊、健身、团建等娱乐活动帮助员工从工作压力中解脱出来，恢复活力的精神状态，学习和活力相互协同，促进创新想法产生和实施。

此外，组织应促进共享型领导风格转变以匹配多元包容型人力资源管理实践，形成资源互补协同。以往垂直型的领导方式效率低下且易引发信息失真。因此，自我管理型团队成为当前工作团队的最佳选择。领导应鼓励团队成员共享领导权力、共担领导责任，促进企业目标的有效达成，同时以身作则，促进团队成员之间合作学习的态度，并鼓励员工尝试新的方式和方法，促进个体创新。

8.2.5　乡愁纾解和工作绩效提升的 DI-HRP 启示

本研究表明，多元包容型人力资源管理实践能够增强故乡眷恋并减轻适应障碍，进而提升工作绩效，并探索依恋风格的边界效应。为此，组织应构建多元包容型人力资源管理实践，通过尊重差异、认可价值、宽容失败让员工适应组织，缓解乡愁带来的消极影响，提高工作绩效。具体而言，在招聘选拔过程中，组织应认可求职者间的性别、民族、宗教、籍贯、文化及方言等方面的差异，不歧视异乡人，坚持多元化个体之间的机会均等、分配公平、发展共享；在培训开发过程中，组织应增强政治技能和社会化技巧的培训，降低员工对新环境的适应性困难；员工配置过程中，组织应充分考虑员工的发展诉求，根据不同员工的需求、特点、处境予以不同的物质和心理上的支持，关注员工在工作中的归属感和幸福感，从而提高其环境适应性；在绩效评估中，组织应允许员工参与绩效考核指标的制定并根据具体岗位特征选择合适评估流程与方式，提高员工工作自主性；在薪酬福利制定中，组织应保证薪酬的内部公平性与外部竞争性，完善员工福利制度，在一定程度上给予员工更多的情感与社会支持，使其能更好地应对陌生环境所带来的威胁和挑战，从而减少乡愁。

此外，管理者可以通过依恋量表测试应聘者依恋风格，并尽量选择安全型依恋的员工，以发挥多元包容型人力资源管理实践的积极作用。

8.2.6　乡愁纾解和工作绩效提升的配套建议

本研究发现，异乡工作员工乡愁对其工作绩效存在激励作用，而即时通讯完全中介乡愁对工作绩效的影响，且情绪耗竭调节乡愁对即时通讯及其通过即时通讯对工作绩效的间接作用。

为此，组织需要营造和谐互助的组织文化与组织氛围，向员工传递接纳信号和内部人态度，让员工感受到家的温暖。管理者应向员工强调家庭责任，将乡愁转化成为家庭生活水平提高而努力工作的动力，提升工作绩效。

同时，组织对员工的即时通讯行为予以支持和尊重，设置合理休息时间，允许员工合理使用电话、微信、QQ、视频、邮件等即时通讯工具，用以缓解乡愁，而通过即时通讯从家人朋友获取的情感资源有助于个体克服适应困难，从而提高工作绩效。

此外，组织需要为异地工作的员工提供心理援助，关心员工心理健康，帮助其缓解乡愁情绪带来的不良影响。企业可以实施员工援助计划（EAP），为员工及直系亲属提供心理指导和咨询服务，帮助员工及家庭成员解决心理问题。组织通过为异乡工作者提供工具和情感支持，缓解资源耗竭带来的负面效应，提升工作积极性与工作效率。

8.3　局限与展望

8.3.1　研究局限

(1)中国情境下多元包容型人力资源管理实践结构与测量研究局限主要有：①样本局限。由于文献搜集、访谈对象、理论视野、方法掌握以及资源所限，因而量表工具普适性受限；②感知实践。由于本研究问卷调查采取个体感知评价，而组织计划的、部门实施的以及个体感知的人力资源实践均会有所不同；③同源方差。由于本研究数据收集源自个体评价数据，难以反映变量实际。

(2)中国情境下多元包容型人力资源管理实践对个体创造力影响双元学习中介与魅力型领导调节研究存在以下不足：①数据收集。尽管我们采用多时点追踪，以确保变量间因果关系的真实性，但本研究采用自我报告法采集数据，因而会导致一定的共同方法偏差。②研究设计。本研究仅关注员工感知的多元包容型人力资源管理实践的影响。尽管一定程度上保证了前因与结果变量之间的因果一致性，但组织计划的、部门实施的以及员工感知的人力资源实践在现实中还是存在差异且会相互影响。③理论视角。本研究仅基于资源保存理论，检验多元包容型人力资源管理实践通过双元学习对个体创造力影响，资源基础、制度理论、社会交换以及组织支持等也可阐释其影响机理。④情景条件。不同组织情景下管理实践对员工创造力影响不同，本研究仅从魅力型领导视角探究了人力资源实践对个体创造力的作用机理与边界条件。

(3)中国情境下多元包容型人力资源管理实践对创新行为的工作重塑中介与共享型领导调节研究存在以下局限：①数据收集。本研究变量测量采用员工自我报告法收集数据，无可避免地存在主观认知偏差，尽管多时间点测量而有所减轻共同方法偏差影响，且共同方法偏差检验说明共同方法偏差并不严重，但仍旧无法消除其影响。②理论视角。本研究仅从资源保存视角探究多元包容型人力资源管理实践影响员工创新行为的内在机制和边界条件。③变量选择。本研究基于工作重塑的中介和共享型领导风格的调节视角，探讨多元包容型人力资源管理实践影响员工创新行为的内在机制与边界条件，而多元包容型人力资源管理实践也可通过其他中介机制在其他情景条件下影响员工创新行为。④文化情景。本研究均在中国情境下展开，鉴于中西方文化差异，组织对"包容"的理解有所不同。⑤研究设计。本研究多元包容型人力资源管理实践采用员工感知的，但员工感知的人力资源实践与组织计划或团队实施的人力资源实践之间存在差异。

（4）中国情境下多元包容型人力资源管理实践对创新绩效的工作繁荣中介与共享型领导调节研究存在以下局限：①收集方法。本研究自我报告法收集数据受调查者的主观感知评价，虽然本研究采取纵向研究在不同时点收集数据，但仍不可避免存在同源偏差。②感知评价。本研究采用员工感知的多元包容型人力资源管理实践，考察其对员工创新绩效的影响，尽管可以保证水平和因果的一致性，但组织计划的和部门实施的人力资源实践与员工感知的还是存在一定差异的。③模型样本。本研究基于资源保存视角，考察多元包容型人力资源管理实践对员工创新绩效的内在作用机制，但多元包容型人力资源管理实践的内涵构成与测量工具，还有待多地域、多行业、多部门、多层次等大样本的拓展，以提升其科学性、合理性、可行性与普适性，同时多元包容型人力资源管理实践对创新绩效的影响还可能有其他影响路径与边界条件。④文化情景。本研究是在中国情境下进行的研究，但是由于中西方文化情景不同，多元包容型人力资源管理实践的内涵、构成与理解可能有所不同。

（5）异乡员工乡愁对工作绩效影响的即时通讯中介与情绪耗竭调节的研究存在如下不足：①量表局限。尽管研究参考国外较为成熟的量表，且普遍具有很好的可靠性与适用性，然而中外情景不同，加上理解偏差和样本所限，从而量表普适性受到影响。②样本局限。本研究主要选取国内外出务工人员、外派人员以及海外员工。③模型局限。研究仅选取乡愁、即时通讯、情绪耗竭以及工作绩效作为研究变量构建模型，情绪耗竭作为调节变量研究极少，加上样本对象具体情景和心理认知状态的影响，会在一定程度上造成研究调查的主观性偏差。④方法局限。本研究采用传统自我报告法，同时对收集过程进行相应控制，也进行了共同方法偏差检验，尽管同源误差并不严重，但其仍在一定程度上影响结论的准确性。

(6)中国情境下多元包容型人力资源管理实践对工作绩效的乡愁中介与依恋风格调节研究存在如下局限：①自我报告。尽管本研究为减少同源误差而采取匿名方式收集数据，并鼓励被试按真实想法填写问卷，但由于量表测量均采用自我报告的方式，同源误差难以避免。②便利抽样。问卷调查通过便利抽样而来，可能不具普遍性。③变量局限。本研究在多元包容型人力资源管理实践与工作绩效的关系时，仅仅考虑了乡愁作为中介变量。

8.3.2   未来展望

(1)中国情境下多元包容型人力资源管理实践结构与测量未来研究拓展如下：①样本拓展。未来研究可采用多区域、多行业、多部门以及多文化大样本数据，以拓展其普适性。②跨层设计。为解决个体感知人力资源实践的不足，未来研究可以从组织计划和部门实施的角度进行多层数据采集，以准确客观反映变量实际。③多源采集。为弥补个体评价数据不足，后续研究可采用异源、配对或客观数据采集，以真实反映变量实际。

(2)中国情境下多元包容型人力资源管理实践对个体创造力影响双元学习中介与魅力型领导调节未来研究拓展如下：①异源收集。未来研究可以运用配对测量或客观数据采集，从而使研究结论更为科学。②设计优化。未来研究可以检验不同层次人力资源实践及其交互对个体创造力的影响。③理论拓展。因而未来研究可从资源基础、制度理论、社会交换以及组织支持等理论视角，选择工作繁荣、工作重塑以及心理资本等其他中介变量，探究其影响机制。④情景丰富。未来研究可从权威型领导、参与型领导、共享型领导以及伦理型领导等其他领导风格，探究不同领导风格的调节作用，以充分发挥多元包容型人力资源管理实践的作用。

(3)中国情境下多元包容型人力资源管理实践对创新行为的工作重塑中介与共享型领导调节未来研究拓展如下：①客观数据。未来需要采取配对法或客观数据收集，从而使研究结论更为可靠与准确。②视角转换。未来研究可以从社会交换以及信息加工等其他理论视角探讨多元包容型人力资源管理实践对员工创新行为的影响。③变量优化。多元包容型人力资源管理实践也可通过工作繁荣与心理资本等其他中介机制在其他情景条件下影响员工创新行为，因而未来研究可以进一步探讨其他内在作用机理与边界条件。④情景丰富。未来研究可从多个国家和地区收集数据，对多元包容型人力资源管理实践产生前因及影响结果进行跨文化比较分析。⑤跨层设计。未来可在组织或团队层次进一步探讨多元包容型人力资源管理实践对个体创新行为的影响。

(4)中国情境下多元包容型人力资源管理实践对创新绩效的工作繁荣中介与共享型领导调节未来研究拓展如下：①收集方法优化。未来研究数据收集可采用更为客观评价方法如配对法进行相关变量的测量，从而保证研究结论的科学性、严谨性和有效性。②跨层研究设计。组织计划的和部门实施的人力资源实践与员工感知的存在一定差异，因而未来研究可以探讨组织计划的以及部门实施的多元包容型人力资源管理实践对员工态度、行为和绩效的影响。③模型样本丰富。多元包容型人力资源管理实践的内涵构成与测量工具有很多地域、多行业、多部门、多层次等大样本验证，以提升其科学性、合理性、可行性与普适性，同时多元包容型人力资源管理实践对创新绩效的影响还可能有其他影响路径与边界条件，因而未来研究可以纳入其他中介与调节变量，来进一步考察其黑箱机制与边界条件。④文化情景拓展。由于中西文化情景不同，多元包容型人力资源管理实践内涵、构成与理解可能有所不同，因而未来研究可进行多元包容型人力资源管理实践的跨文化研究，从而使研究结论更具拓展性和普适性。

(5)异乡员工乡愁对工作绩效影响的即时通讯中介与情绪耗竭调节的未来研究拓展如下：①量表开发。文化情景与理解偏差影响量表普适性，未来研究可开发中国本土化量表。②样本丰富。为获得更有代表性结论，未来可进行更为广泛的数据收集，尤其是外派员工，其远离家乡，与当地文化、饮食和风俗习惯等存在较大差异，更易产生乡愁情绪。③模型拓展。未来应结合实际展开更深层次的思考，引入其他变量以丰富模型作用机制从而进一步提高模型的科学解释能力。④方法改进。传统自我报告法影响研究结论的准确性，因而未来可对不同变量采用更为客观合理的测量。

(6)中国情境下多元包容型人力资源管理实践对工作绩效的乡愁中介与依恋风格调节未来研究拓展如下：①评价优化。自我报告方式使同源误差难以避免，因而未来研究可以采用配对法精确测量。②样本拓展。问卷调查通过便利抽样而来，可能不具普遍性，因而未来研究可采用更具代表性样本来推广本研究结论。③变量丰富。未来研究在考虑多元包容型人力资源管理实践与工作绩效的关系时，可以考虑情绪耗竭、心理资本等作为中介变量，个体不同心理特征和组织情景作为调节变量，以更好地阐释多元包容型人力资源管理实践影响工作绩效的作用机理与边界条件。